郭彩霞　著

新媒体公共领域对社会主义核心价值观的认同

The Recognition of
the Core Socialist Values
in the New Media Public Sphere

社会科学文献出版社
SOCIAL SCIENCES ACADEMIC PRESS (CHINA)

前　言

核心价值观是文化之魂，"一个民族、一个国家，如果没有共同的核心价值观，就会魂无定所、行无依归"。① 积极培育和践行社会主义核心价值观是中国特色社会主义发展的必然要求，也是意识形态建设的必然要求。积极培育和践行社会主义核心价值观需要从多个维度推进，从新媒体公共领域的角度探讨如何培育和践行社会主义核心价值观就是一个十分重要的研究视角。新媒体的兴起虽然时间不长，但对人们产生的影响却非常深刻，几乎改变了人们的生活方式，新媒体对人们价值观的影响也是空前的，本书旨在探讨如何推进新媒体公共领域对社会主义核心价值观的认同。

一　选题缘由

社会主义核心价值观这"十二个概念""二十四个字"自从党的十八大报告提出以来就一直是学界关注的热点话题，笔者也是诸多关注这一研究的人员之一。现阶段，我们在思想文化领域确实存在很多问题，用正确的价值观引导思想文化领域是非常必要的。但价值观念的培育是一个长期且复杂的过程，它是一个触动人的心灵、改善人的心灵、内化于心外化于行的过程，而且是改善大多数人的心灵的过程，这谈何容易。价值观是一种内在的观念，也是一种很稳定的观念，在成年人内心，价值观一旦形成就很难再改变。当然价值观也有外在表现，人的言语、行为、思维方式等都或多或少地体现了他的价值观念，当然这些外在"症候"也不一定都是价值观的真实表现，为了说明这个问题，我们可以把价值观区分为内在价值观和外在价值观两个方面，内在价值观就是人们内心深处的，潜意识地支

---

① 中共中央宣传部：《习近平新时代中国特色社会主义思想三十讲》，学习出版社，2018，第196 页。

配着人的行为的价值观念；外在价值观念就是内在价值观的外在表现，但有时候外在价值观不一定都彰显内在价值观，不但没有体现内在的价值观，一些情况下还会掩盖内在的价值观。据此，价值观培育所要达到的目的是让受众认同价值观，使价值观成为人的内在价值观，成为潜意识地支配着人的行为的价值观念。外在价值观有时候会掩盖内在价值观，也就是说，有时候价值观培育好像已经收效很好，但实际上价值观在受众那里，仅仅停留在口头、表面等外在方面，一到实际行动，人们便不自觉地恢复到原来的状态。所以，价值观的培育，关键是要让受众认同、接纳所要培养的价值观，使这些价值观"入心入脑""内化于心""外化于行"，真正成为受众的内在价值，而不仅仅是"表演给别人看"的外在价值。因此，价值观培育关键是如何达到"认同"。

一个新价值观在被认同之前大概有两种可能性：第一，受众内心深处并不认同所要培养的价值观。也就是说，所要培养的价值观是一种新的价值观，价值观培育就是让民众从无到有地接受、认同，而且是让受众心悦诚服地、真正地接受这种价值观。第二，受众内心深处已经了解，并部分认同了这种价值观，也就是所要培育的价值观在受众内心已经有了一定的基础，只是这种基础还不够坚定，价值观的培育就是要巩固这种价值观，但受众的这种状态也容易被其他社会思想所动摇，也可能认同、接受其他价值观。我们的社会主义核心价值观培育所面临的现实则属于后者，中国特色社会主义建设已经取得了巨大的成就，我国社会主义也已经走过了60多年的历程，社会主义的价值观念已经基本积淀在广大人民群众的内心深处，社会主义核心价值观已经在人民群众心灵深处生根发芽，但现阶段国际国内形势复杂，思想文化领域各种社会思潮相互激荡，社会主义核心价值观培育依然任重道远。

社会主义核心价值观培育的复杂形势尤其体现在新媒体公共领域中，新媒体之区别于传统媒体的关键所在就是新媒体是可以互动的媒体，每位受众都可以发表言论，"人人都是麦克风"，加之我们还习惯于用传统媒体的思维来应对新媒体，我们新媒体公共领域设置议题的能力还不够高，这使得诸多社会思潮在新媒体公共领域竞相发声，尤其新媒体是一个可以跨越国界的虚拟公共领域，而在整个全球话语体系中，西方的话语体系仍占主导，话语权还掌握在西方国家手中，很多人还是习惯于用西方的价值标准来评判中国，这种影响在国内的新媒体公共领域中也有表现。新媒体公共领域还存在用西方的民主、自由逻辑叙述中国故事的现象，他们得出的是有利于西方的结论。再加上新媒体公共领域在"沉默的螺旋"等传播规律的影响下，彰显中国价值的叙事难以发声，这使得一些非主流的社会思潮在新媒体公共领域中获得传播的机会。所以，探讨如何提高新媒体公共领域对社会主义核心价值观的认同就成了一个意义重大的研究课题。

笔者的学术兴趣也是选择这一课题的重要原因。一直以来，笔者都对大众媒体有着浓厚的兴趣。早些年，笔者关注较多的是西方法兰克福学派对大众文化的批判，后来转向了大众媒体，尤其是从政治社会学的角度关注大众媒介。新媒体的异军突起又促使笔者把学术兴趣转向了新媒体公共领域，这是一个新的学术领域。目前关注的人也很多，但大多偏于一般性的介绍，尤其是从公共领域的角度关注新媒体的更少。但这个领域又是一个非常重要、亟待深入研究的领域，兴趣所致，就选择了这一课题做较为深入的探讨。

二　研究意义

本课题的研究意义主要包括如下两个方面。

（一）理论意义

第一，有助于深化新媒体公共领域的学术研究。公共领域作为一个学术话题进入我国学界肇始于德国思想家哈贝马斯《公共领域的结构转型》一书被译介到我国。概念是对现实的总结提炼，也是进一步把握世界的工具，公共领域事实在我国早已有之，只不过大家用别的名字予以指代，或者至少没有太多地作为一个学术话题进行研究。哈贝马斯著作的译介让我国学界增加了一个把握现实的工具，也打开了一扇通往学术空间的大门。但哈贝马斯的理论是西方的，它在我国是否"水土不服"也是一个问题，而且公共领域也在发展，新媒体就是一个新的公共领域，但这毕竟为我们提供了一个致思思路。学术研究不仅要忠于提出重大理论的原著者，还要发展原著者的理论，尤其是要根据社会的发展而更新其理论。本研究的主要目的不是为了原封不动地再现哈贝马斯的公共领域，而是要把哈贝马斯的公共领域和新媒体结合起来，并以此为学术工具，分析探讨我国的价值观培育问题。在这一研究过程中，我们也会更新发展哈贝马斯的公共领域理论，提出并探讨新媒体公共领域这一概念，这一探讨虽然更多的是为了关照现实，但笔者认为，这在一定程度上也会推动公共领域理论的丰富和发展。

第二，有助于为社会主义核心价值观研究提供新的视角。党的十八大以来，关于培育和践行社会主义核心价值观的研究已经很多了，但本研究不是泛泛而谈地讲如何培育社会主义核心价值观，而是从新媒体公共领域的角度探讨社会主义核心价值观的培育。这是一个有一定难度的课题，因为新媒体不像传统媒体，传统媒体的引导力、控制力、传播力比较强，新媒体开创了"人人都是麦克风"的时代，主流的引导力、控制力、传播力相对减弱了，因为每个人都是"话筒"，都可以发声，主流的声音在新媒体的众声喧哗中变得不如传统媒体时代那么有力了。但新媒体却是一个极其重要的领域，中国互联网络信息中心（CNNIC）发布的《第45次〈中国互联网络发展状况统计报告〉》显示，截至2020年3月，中国网民规模达9.04亿，互联网普及率为64.5%；手机网民规模达8.97亿，无线网络覆盖明显提升。中国的网民规模和互联网普及率逐年稳步上升，这说明，我国新媒体的使用规模已经非常大了，手机网民已经达到8.97亿，尤其是年轻人所占比例很高，截至2020年3月，10～19岁、20～29岁、30～39岁网民占比分别为19.3%、21.5%、20.8%。

如果我们的社会主义核心价值观建设不抓住新媒体，那我们将会让9亿网民放任自流，所以我们要抓住新媒体这一新事物，从新媒体公共领域的角度探讨社会主义核心价值观的培育是非常必要和迫切的。本研究为社会主义核心价值观培育提供了一个新视角，当然也是非常重要的视角。

第三，有助于探讨新媒体传播规律。社会科学的研究要透过社会现象发现社会中本质性、规律性的东西，我们探讨新媒体公共领域对社会主义核心价值观的认同也不仅仅局限于社会现象的描述，而是力图探讨新媒体的传播规律。"8·19讲话"强调，宣传工作要适应新形势、新任务，要做到这一点，我们当然要明确新媒体的传播规律，按照规律办事，我们的宣传工作才会收到实效。由于新媒体本身就是个新事物，新媒体传播规律的研究也还处在探讨阶段，没有形成成熟的结论。但是，传播学的研究发展已经比较成熟了，传播学的一些传播规律在一定程度上也适用于新媒体公共领域，比如：李普曼的"强大效果论"认为大众媒介对人的观念能够产生深刻的、直接的，甚至决定性影响；麦库姆斯的"议程设置理论"认为大众媒介虽然不能决定人们"怎样想"，但是却能决定人们"想什么"；诺伊曼的"积累效果理论"认为大众媒介对人的影响是可以逐渐积累的。还有"印象刻板"理论、"沉默的螺旋"等理论。这些理论虽然是一般传播学的理论，但新媒体的传播也不可能超越传播的"一般规律"，本研究试图较为详细地探讨这些传播规律及其在新媒体中的表现，笔者认为，这有助于新媒体传播规律的研究。

（二）现实意义

第一，有助于自觉运用新媒体创新宣传方式。中央已经明确意识到新媒体在意识形态建设中的重要地位，2013 年 8 月 19 日，习近平总书记在《在全国宣传思想工作会议上的讲话》中指出："互联网已经成为舆论斗争的主战场。有同志讲，互联网是我们面临的'最大变量'，搞不好会成为我们的'心头之患'。西方反华势力一直妄图利用互联网'扳倒中国'，多年前有西方政要就声称'有了互联网，对付中国就有了办法'，'社会主义国家投入西方怀抱，将从互联网开始'。从美国的'棱镜''X—关键得分'等监控计划看，他们的互联网活动能量和规模远远超出了世人想象。在互联网这个战场上，我们能否顶得住、打得赢，直接关系我国意识形态安全和政权安全。"① 而且，习近平总书记还很重视新媒体，在同一篇讲话中，他指出："我国网民有近六亿人，手机网民有四亿六千多万人，其中微博用户达到三亿多人。很多人特别是年轻人基本不看主流媒体，大部分信息都从网上获取。必须正视这个事实，加大力量投入，尽快掌握这个舆论战场上的主动权，不能被边缘化了。"② 而且网民数量还在逐年攀升。在"人人都是麦克风"的时代，党的宣传工作要想取得良好的效果，就必须遵守新媒体传播规律。事实也已经证明，不遵守新媒体传播规律，按照传统媒体时代的那种靠行政手段来化解矛盾的传播方式在新媒体时代已经无法奏效，这种宣传方式不仅无法收到良好的效果，在一些情况下，还会产生相反的

① 习近平：《在全国宣传思想工作会议上的讲话》，载中共中央文献研究室编《习近平关于社会主义文化建设论述摘编》，中央文献出版社，2017，第 28 ~ 29 页。

② 习近平：《在全国宣传思想工作会议上的讲话》，载中共中央文献研究室编《习近平关于社会主义文化建设论述摘编》，中央文献出版社，2017，第 29 页。

效应，新媒体的批评之声不绝于耳，其中有一部分就是针对我们不懂得充分利用新媒体而展开的。新媒体和传统媒体存在明显的差别，这就需要我们研究新媒体，尤其是研究新媒体传播规律，适应新媒体传播规律，并以此为基础创新我们的宣传方式，使我们的宣传更加贴近现实，能够被新媒体公共领域所认同，只有这样，我们的宣传才是有效的宣传。否则，新媒体公共领域对我们的宣传更多的将是嗤之以鼻、不认同和消极抵抗。本课题的研究就是要探讨新媒体公共领域的传播规律，及新媒体对价值观念认同、接纳的规律，这对我们党的宣传工作，尤其是宣传方式创新会有新的启迪。

第二，有助于培育和践行社会主义核心价值观。习近平总书记曾经指出："价值观念在一定社会的文化中是起中轴作用的，文化的影响力首先是价值观念的影响力。世界上各种文化之争，本质上是价值观念之争，也是人心之争、意识形态之争，正所谓'一时之强弱在力，千古之胜负在理'。"① 价值观培育意义重大，所以现阶段有关培育和践行社会主义核心价值观的研究成果及立项的各类课题已经很多了，但以笔者之见，既有的研究偏于宏大叙事，对于社会主义核心价值观到底如何"掌握群众"，如何"入心入脑""内化于心""外化于行"等"微观叙事"研究得不够，但社会主义核心价值观培育研究的关键是如何让社会主义核心价值观生活化，使之成为支配人的行为的某种"潜意识"。一个民族的核心价值实际上就是这个民族民众的"集体无意识"，人们虽然不一定意识到这种价值观念的存在，但人们的言行却淋漓尽致地体现了这种价值观，这样的价值观才是活的、真正发挥作用的价值观。卢梭说过，真正的法律不是刻在铜板和大理石上的，而是刻在公民心中。同样道理，真正的核心价值观不应仅仅是写在红头文件上的文字和书写在广告栏中的标语符号，而应该真正写入公民心中，成为支配人们行为的"集体无意识"。社会主义核心价值观培育要达到这一点是一个复杂的系统工程，这就需要从多个方面开展工作，尤其是从人们"日用而不觉"的日常生活中开展工作，新媒体公共领域已经成为人们尤其是年轻人日常生活须臾不可离开的部分了。微信已经成为很多人获取信息、沟通感情的渠道了，乃至于现在"低头族"越来越多，这说明

---

① 习近平：《在十八届中央政治局第十二次集体学习时的讲话》，载中共中央文献研究室编《习近平关于社会主义文化建设论述摘编》，中央文献出版社，2017，第105页。

新媒体公共领域已经成为人们天天接触的内容。如果我们能够充分利用新媒体公共领域这一平台积极地、有效地开展培育社会主义核心价值观的工作，社会主义核心价值观就更容易以"随风潜入夜，润物细无声"的方式嵌入受众的心灵深处。当然，这一工作是一个复杂的过程，做不好会适得其反，引起受众的反感，但不管怎样，社会主义核心价值观培育绕不开新媒体这一重大领域，即便有困难也要面对。本课题就是试图直面这一困难，笔者认为，本研究所开展的工作应该有助于社会主义核心价值观培育工作。

第三，有助于用社会主义核心价值观引领社会思潮。随着改革开放的日渐深入，以及诸多社会问题的涌现和利益多元化趋势的发展，人们对现实问题的看法以及思想观念也呈现出多元化的趋势。在这一社会大背景下各种社会思潮空前活跃，甚至有的思潮试图与我们的主流意识形态争夺地盘。"左"的思潮认为，我们改革开放之所以出现这么多问题，比如官员腐败、道德滑坡、诚信危机、食品安全等，就是因为我们的方向错了，我们走向了资本主义，要想挽回错误，就应该回到改革开放前。而以自由主义为代表的右的思潮也盯住了我们改革开放以来所出现的问题，他们认为，我们之所以出现这么多问题，根源就是我们的改革不够彻底，保留了太多的国有企业，我们的政治体制改革不彻底，要想消除这些问题，就应该彻底私有化，走西方的道路。习近平总书记强调，我们"既不走封闭僵化的老路，也不走改旗易帜的邪路"，这主要就是针对"左"的错误思潮和自由主义思潮而言的，它们试图左右中国道路的发展方向。除了"左"的和右的思潮，还有民主社会主义、政治儒学、保守主义等。这些社会思潮活跃的一个主要表现就是在新媒体公共领域活跃，有的思潮有自己的网站，定期举办活动，以扩大它们的影响力。正面宣传社会主义核心价值观，对增强社会正能量，提高社会认同度，抵制拜金主义，应对道德滑坡等方面具有积极意义。社会主义核心价值观是中国特色社会主义道路的理论底蕴，社会主义核心价值观的影响力和话语权的扩展有助于引领社会思潮，有助于弘扬社会主旋律，为中国道路提供思想文化基础与合法性，以应对各种试图影响中国道路发展方向的社会思潮。

三　研究方法

适合研究议题的方法是课题得以顺利展开的理论工具，本课题研究主要使用如下几种研究方法。

第一，文献参考法。对于既有的研究文献进行深入的研究，以期为本研究提供广泛的学术综述，这是本研究得以开展的基础。任何研究都是在既有研究的基础上把学术往前推进，为了使本课题研究得以顺利开展，本研究主要参考如下几大类的文献：①公共领域研究的成果。包括哈贝马斯、阿伦特、桑内特等国外学者的研究成果，和国内有关公共领域研究的相关成果。研究这些成果的目的是为了界定新媒体公共领域概念和阐释新媒体公共领域的一些理论。②新媒体的研究成果。新媒体是新事物，虽然研究还处于起步阶段，但已经有一些研究成果了，包括一批专著和大量的学术论文。③社会主义核心价值观的研究成果。至今社会主义核心价值观的研究已经较为丰富了，本研究要在认真研读既有研究成果，尤其是与本课题具有密切相关性的成果的基础上展开。④新媒体公共领域与社会主义核心价值观的成果。这类成果很少，但确实已经存在一些相关的研究了，这些研究和本课题具有直接的相关性，是文献参考的重点内容。

第二，调查研究法。本课题不是一项纯理论的研究，而是一项针对现实问题的研究，所以社会学的实证调查研究法是基本的研究方法。不过本课题毕竟不是社会学的课题，社会学的研究方法只是用来了解现实问题的工具。在笔者看来，社会学研究更多的是对事实的描述，虽然也有分析和论述，但分析和论述淹没在描述之中。本课题的研究总体上还是以规范性研究为主导，社会学研究方法只是达到论证和分析的工具。具体来说，本课题研究所使用的调查研究法主要包括：①问卷调查。根据研究意图设计若干调查问卷，在一些群体，尤其是高校大学生群体中分发，他们是新媒体使用的主要群体，通过问卷了解他们的情况。②案例分析。选择若干具有典型意义的，涉及价值观念的新媒体公共事件，观察网民的跟帖发言，从跟帖发言中了解新媒体公共领域对社会主义核心价值观的认同情况。本课题的调查研究法主要涉及这两种方法，当然其他的方法也会涉及，但不是主要的，在此不赘述。

第三，分析和归纳的方法。对调研结果进行深入的分析和归纳，以寻找具有普遍意义的问题，这是本课题研究的主要目的，所以，分析和归纳的方法就显得尤为重要。调查研究法只是了解现实问题的第一步，它可以为我们的研究搜集大量的第一手资料，但这些资料本身还需要进一步加工，进行归纳提炼，归纳出新媒体公共领域对社会主义核心价值观的认同状况。这是研究的基础，要提升新媒体公共领域对社会主义核心价值观的认同度，首先就要了解新媒体公共领域对社会主义核心价值观的认同度现状，并分析认同度及其相关原因，认同度高有高的原因，不高也有不高的原因，研究就是要寻找这些原因，找到问题的根源。只有这样，课题提出的对策才不会无的放矢，才会具备有效性和说服力。而要做到这一点，就需要充分利用分析和归纳等方法。

四　研究框架

本书从如下几个方面展开论述。

导论部分介绍了本课题的研究缘由、研究方法、研究意义和研究框架。

第一章探讨了基本概念及基本研究状况。结合学界基本研究状况探讨了公共领域概念的内涵以及新媒体公共领域的内涵、特征、表现形式、基本叙事模式等。还探讨了社会主义核心价值观的基本内涵及其提出过程，探讨了认同概念的基本内涵，为研究的开展提供明晰的基本概念。并在此基础上综述了学界既有的研究文献。

第二章探讨了新媒体公共领域对社会主义核心价值观的认同现状。这部分我们综合运用文献法、调查研究法、比较研究法等研究方法，大致概括新媒体公共领域对社会主义核心价值观的认同现状。

第三章探讨了新媒体公共领域认同社会主义核心价值观的一般机制。主要探讨了新媒体公共领域在提升社会主义核心价值观认同中的优势及不足；社会氛围在新媒体公共领域认同社会主义核心价值观中的作用；新媒体公共领域认同社会主义核心价值观的规律；新媒体公共领域认同社会主义核心价值观的心理机制；新媒体公共领域的政治社会化功能等。

第四章探讨了新媒体公共领域认同社会主义核心价值观面临的挑战。主要包括：我们的社会主义核心价值观培育工作还存在不适应新媒体的地方，新媒体公共领域还存在拜金主义、民粹主义、历史虚无主义、自由主义、"左"的思潮、去意识形态化、"普世价值"等思潮。

第五章探讨了提升新媒体公共领域对社会主义核心价值观认同的具体路径。本书认为，我们要培育健康的新媒体公共领域，创设新媒体公共领域情景促进社会主义核心价值观入心入脑机制的形成，利用新媒体领域的传播规律提升社会主义核心价值观认同度，积极构建新媒体公共领域话语权，改善宣传方式提升社会主义核心价值观的吸引力和凝聚力。

五　预期创新之处

研究的角度有一定新意。从新媒体角度探讨如何培育社会主义核心价值观已经有了一些研究，但是把新媒体作为一种公共领域，并以此来关注如何培育社会主义核心价值观则在学界还不多见。而且这一研究视角也是一个十分重要的视角，因为现阶段新媒体普及率非常高，可以说新媒体已经成为人们日常生活无所不在，甚至是须臾离不开的重要部分了，如果我们能够充分利用这一重要的传播资源，社会主义核心价值观的培育就掌握了一个十分重要的渠道。

研究观点有一些新意。本研究借用了传播学的一些理论，尤其是像"沉默的螺旋""议程设置""培养理论"这样的传播效果理论。新媒体的传播虽然不同于传统媒体的传播，但它毕竟是一种传播方式，不可能违背传播学的一般规律，要想提升新媒体公共领域对社会主义核心价值观的认同，就必须遵循传播规律，而目前学界将传播学的理论引入新媒体公共领域对社会主义核心价值观的认同研究的成果还不多。

目　录

第一章　绪论

概念明晰是研究得以深入的前提，有的概念具有多重含义，我们应该首先明确是在什么意义上使用一个概念的。本章主要探讨了公共领域概念、新媒体公共领域概念及其表现形式、本课题的若干理论工具、社会主义核心价值观及其认同以及本课题的相关文献综述等内容。

第一节　公共领域概念界定

概念明晰是研究得以深入的前提，"在理论研究中，概念的含义必须是确定的，概念的模糊容易导致偷换概念的逻辑错误。"[1] 对一些新出现的概念，尤其如此。新媒体公共领域是一个新概念，为了本研究的深入开展，我们首先要明确这一概念的内涵和外延，本节就是为了完成这一任务。公共领域对应的德语词是 öffentlichkeit，英文是 public sphere，公共领域概念在我国学界成为一个重要概念得益于哈贝马斯、阿伦特等的著作在我国的翻译及其引发的学术研究。本研究的公共领域概念是在既有研究的基础上总结概括出来的。

一　西方学者对公共领域概念的界定

公共领域概念虽然也可以在汉语语境中溯源，但其现代意义完全是舶来品，要了解公共领域的内涵需要回顾西方学者对公共领域的界定。

哈贝马斯是法兰克福学派第二代领军人物，在学界具有重要影响。他的《公共领域的结构转型》是他公共领域思想的集中体现，也是在我国学界引发公共领域研究热忱的主要著作。关于公共领域提出的针对性，我国

---

① 郑杭生主编《社会学概论新修（第四版）》，中国人民大学出版社，2013，第85页。

学者孙承叔指出，"公共领域理论的提出，是直接针对西方社会的普遍异
化，即资本的原则成为整个社会的普遍原则，而所有的人都成为资本的奴
隶。"① 人沦落为金钱的奴隶，金钱变成了人类的唯一追求，这一资本逻辑
超越了市场的边界而侵入到生活世界，而且资本开始与权力结盟，使生活
世界全面殖民化。公共领域的提出就是为了抵制资本逻辑的泛滥。汪民安
在《文化研究关键词》一书中指出，公共领域是介于市民社会与国家权力
之间的机构，其中个体公民聚集在一起，共同讨论他们所关注的公共事务，
形成某种接近于公众舆论的一致意见，并组织对抗武断的、压迫性的国家
与公共权力形式，从而维护总体利益和公共福祉。② 哈贝马斯指出，"所谓
'公共领域'，我们首先意指我们的社会生活的一个领域，在这个领域中，
像公共意见这样的事物能够形成。公共领域原则上向所有公民开放。"③ 公
共领域是面向所有公民开放的，是公共舆论形成的领域，因此我们要明确，
这不是讨论私人利益的场所，而是关注公共利益的空间。当参与这一讨论
的规模很大的时候，在咖啡馆等较小的场所就无法展开讨论了，为了适应
公共领域的开放性，公共领域往往依托报纸、期刊、广播、电视等媒介，
以期形成指向某些公共事务的公共舆论。该领域所形成的公共舆论可能直
接指向政治事务，也可能指向资本逻辑的泛滥，但不管怎样都是指向公共
事务，而不是关注某个私人事务。"公"和"私"的明确区分是现代公共领
域形成的基础，与封建社会"公""私"不明确相对应的是"代表型公共领
域"，它不同于现代公共领域，参与代表型公共领域是身份的标志，"代表
型公共领域的出现和发展与个人的一些特殊标志是密切相关的：如权力象
征物（徽章、武器）、生活习性（衣着、发型）、行为举止（问候形式、手
势）以及修辞方式（称呼形式、整个正规用语），一言以蔽之，一整套关于
'高贵'行为的繁文缛节。"④ 这是象征身份和地位的空间。随着资本主义的
来临，市场消解了代表型公共领域，资产阶级公共领域（即现代公共领域）

---

① 孙承叔、韩欲立、钱厚诚、罗富尊：《重建历史唯物主义——西方马克思主义基础理论研
究》，复旦大学出版社，2015，第 224 页。
② 汪民安：《文化研究关键词》，凤凰出版传媒集团、江苏人民出版社，2007，第 91 页。
③ 〔德〕哈贝马斯：《公共领域（1964）》，汪晖译，载汪晖、陈燕谷主编《文化与公共性》，
三联书店，2005，第 125 页。
④ 〔德〕哈贝马斯：《公共领域的结构转型》，曹卫东、王晓珏、刘北城、宋伟杰译，学林出
版社，1999，第 7 页。

出现了，尤其是随着邮政和出版业的发展，资产阶级公共领域逐渐发展健全，参与资产阶级公共领域的不再只是具有"贵族"身份的人，而是所有的公民，公共领域的参与者都是主体，其目的也在于批判公共领域中出现的问题。在哈贝马斯那里，公共领域就是这样一个介于市民社会（私人领域）和国家领域（公共权力领域）之间的旨在对社会现实中不合理的社会问题进行批判以形成公共舆论，对现实构成一定压力的领域。

汉娜·阿伦特是 20 世纪政治思想家中最杰出、最独特的人物之一。[①]阿伦特独特之处就在于她力图弘扬古希腊的共和主义传统，以对抗当代的消极自由主义，她区分了三个重要概念：劳动、工作和行动，其中劳动和工作属于私人领域，带有隐私性；而行动则属于公共领域，带有公开性。阿伦特不同意马克思对劳动的评价，她认为，"劳动在现实中不是人类所特有的，而是一种生物功能。就像一切动物一样，人们为了维持生命，必须利用自然环境。"[②] 所以，劳动不是人类的本质属性。而工作和劳动一样，也涉及与自然环境的互动，但工作是"一种创造性的、完全属于人类的活动。它不是劳动的动物的领域，而是一个作为创造者的人的领域，他是他生活其中的物品的创造者"[③]。与劳动比起来，工作更加重要、更加"有尊严"，因为工作更多的是自由创造的领域，而劳动是为了满足生物需要，是受必然性支配的行为，是不自由的。工作虽然更多的是自由的领域，但因为它也是与自然打交道，受自然必然性的支配，所以它的自由度也不高。只有行动才是真正自由的领域，工作的自由度高于劳动，低于行动。行动是处理人与人关系的活动，它反映了最人性的一面，即多样性，"行动是人类活动中至高无上的、无可逃避的人性形式。"[④] 阿伦特的政治观实际上接近于古典的共和主义，在古希腊雅典等城邦国家，只有公共领域才是彰显人类本质属性的领域，私人领域中的人受必然性支配，是人类自由的压抑。

---

① 〔英〕迈克尔·H. 莱斯诺夫：《二十世纪的政治哲学家》，冯克利译，商务印书馆，2001，第 79 页。
② 〔英〕迈克尔·H. 莱斯诺夫：《二十世纪的政治哲学家》，冯克利译，商务印书馆，2001，第 88 页。
③ 〔英〕迈克尔·H. 莱斯诺夫：《二十世纪的政治哲学家》，冯克利译，商务印书馆，2001，第 89 页。
④ 〔英〕迈克尔·H. 莱斯诺夫：《二十世纪的政治哲学家》，冯克利译，商务印书馆，2001，第 95 页。

阿伦特主张一种积极的生活，行动概念就是其积极生活观的重要体现。贡斯当在探讨古代人的积极自由时说，"在古代人那里，个人在公共事务中几乎永远是主权者，但在所有私人关系中却是奴隶。作为公民，他可以决定战争与和平；作为个人，他的所有行动都受到限制、监视和压制；作为集体组织的成员，他可以对执政官或上司进行审问、解职、谴责、剥夺财产、流放或处以死刑；作为集体组织的臣民，他也可能被自己所属的整体的专断意志褫夺身份、剥夺特权、放逐乃至处死。与此相对比，在现代人中，个人在其私人生活中是独立的，但即使在最自由的国家中，他也仅仅在表面上是主权者。他的主权是有限的，而且几乎常常被终止。若说他在某些时候行使主权（在这时候，也会被谨慎与障碍所包围），更经常地则是放弃主权。"① 也就是说，古代人以积极参与公共领域为荣，而以沉浸在自我私人领域为耻，这和现代的消极自由正好相反。阿伦特的政治哲学在一定程度上就是为了对抗这种消极自由。

阿伦特的公共领域就是上述共和主义政治哲学的集中体现，她认为"公共"一词，"首先是指，凡是出现于公共场合的东西都能够为每个人所看见或听见，具有最广泛的公开性。""第二，世界对我们来说是共同的，并与我们的私人地盘相区别。"② 公共领域应该有共同话题，有凝聚力，否则虽有群体但不一定有公共领域，人们在公共领域的讨论中固然要追求卓异，但不应该争强好胜，而应该理性地讨论问题；公共领域应该排除金钱的资本逻辑，应该是多元的，具有差异性的意见的聚集场所；但公共领域应该达成相对统一的意见，形成公共舆论。阿伦特的公共领域尤其是强调参与者应该是"积极"的参与者，应该以公共利益最大化为基本宗旨。

美国学者托马斯·雅诺斯基的《公民与文明社会——自由主义政体、传统政体和社会民主政体下的权利与义务框架》一书主要探讨了公民理论问题，尤其是权利和义务的关系。公共领域是公民理论中的重要方面，所以这部著作也涉及了公共领域问题，雅诺斯基的公共领域具体可参照图1-1（雅诺斯基公共领域示意图）。雅诺斯基把社会分为四个领域：国家领域、

① 〔法〕邦雅曼·贡斯当：《古代人的自由与现代人的自由》，阎克文、刘满贵译，商务印书馆，1999，第27页。
② 〔德〕汉娜·阿伦特：《公共领域和私人领域》，载刘锋译，汪晖、陈燕谷主编《文化与公共性》，三联书店，2005，第81、83页。

私人领域、公众领域（即公共领域）、市场领域。但这四个领域存在明显的相互重叠部分，"前两个领域，即国家和私人领域，不是像后两个领域，即市场领域和公众领域，那样复杂。国家领域包括立法、行政（执法）和司法（依法律和宪法作评定）的组织。私人领域包括家庭生活、亲友关系及个人财产的处理。私人领域的存在有赖于隐私权利，但国家、市场和公众如今都对私人领域有侵犯（即哈贝马斯所说的'生活世界的殖民化'）。"①尽管如此，但"主要由家庭和亲友构成的私人领域依然存在，大多数公民可以在其中平静地生活。"而市场领域包括"那些通过商品生产和服务而实际创造收入和财富的私营经济及若干公营组织。"②

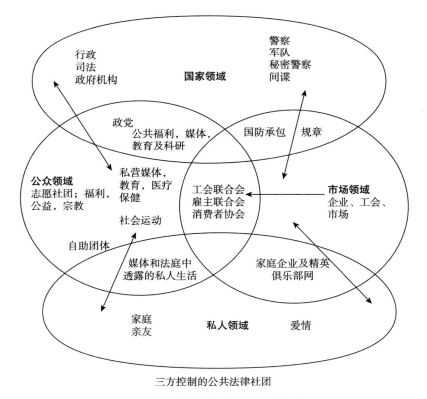

三方控制的公共法律社团

图 1－1　雅诺斯基的公共领域示意

① 〔美〕托马斯·雅诺斯基：《公民与文明社会——自由主义政体、传统政体和社会民主政体下的权利与义务框架》，柯雄译，辽宁教育出版社，2000，第 18 页。
② 〔美〕托马斯·雅诺斯基：《公民与文明社会——自由主义政体、传统政体和社会民主政体下的权利与义务框架》，柯雄译，辽宁教育出版社，2000，第 18 页。

公共领域是雅诺斯基重点说明的领域，结合图 1-1 公共领域包括如下几个方面。

首先，有五类组织活动于公共领域。公共领域（即雅诺斯基的公众领域）是"需要加以说明的最重要的一个项目，但也最难说清楚。至少有五种类型的志愿联合组织活动于这一领域，政党、利益集团、福利协会（它本身即是一个复杂的类别）、社会运动及宗教团体。"① 在这五种组织中，第一是政党。"政党显然与国家相关，但它们竞选国家职位的活动是植根于公众对话。在民主国家中，政党通常是不被纳入国家的。"也就是说，政党是国家领域和公共领域的重叠部分，在没有获得国家职位的时候，政党是公共领域的组织，在获得国家职位的时候则属于国家领域，但即便政党获得国家职业也以公共领域为基础，"植根于公众对话"。第二是利益集团。"利益集团以类似政党的方式展开活动，但它们的功能主要是对社会以及与它们在社会中的地位有关的立法施加影响。"利益集团不直接执政，而是通过施加影响给立法者以实现它们的意图。第三是福利协会。"福利协会包括各种志愿联合组织：慈善组织提供经费支援公共福利；救援组织（红十字会或联合之路协会）提供直接的社会福利服务；自助团体（嗜酒者互诫协会或唐氏综合征患儿家长互助会）为同样需要的个人或家庭提供咨询。直接参与社会福利的组织，有学校、医院以及在公共生活中起很大作用的社会福利机构。"这些组织属于纯粹的公共领域。第四是社会运动。"社会运动不像别的团体那么有组织，不像利益集团那样采用游说策略，也不像政党那样利用媒体发动宣传，而是采用比较非正式的行动方法，如游行示威、抵制和抗议。"第五是宗教团体。"宗教团体在神权政治体制中是与国家完全结成一体，但在多元社会中，它们通常都是在私人领域活动，例外的情形是它们企图通过志愿活动或公共对话，对整个社会的福利事宜施加影响。"②

其次，公共领域还包括部分私营组织和私营管理机构。私营组织在追求私人利益的时候是市场组织，但"当公司企图左右舆论或影响立法，尤

① 〔美〕托马斯·雅诺斯基：《公民与文明社会——自由主义政体、传统政体和社会民主政体下的权利与义务框架》，柯雄译，辽宁教育出版社，2000，第19页。

② 〔美〕托马斯·雅诺斯基：《公民与文明社会——自由主义政体、传统政体和社会民主政体下的权利与义务框架》，柯雄译，辽宁教育出版社，2000，第19页。

其是通过代表企业界的利益集团这样做时，该公司就是自愿地进入了公众领域。当公司威胁到社区或社会的福利时，它也进入了公众领域，也许是非自愿地进入了公众领域"。也就是说，涉及私人利益的时候，公司是市场主体，但在涉及公共利益的时候，它就成了公共领域的参与者了。公和私在一定程度上有点界限混淆，"私人领域与公众领域之间的界线一直是一个有争议的话题。"雅诺斯基在这里还区分了"自愿进入"和"非自愿进入"，非自愿进入即公司威胁到了公众利益而引发公众对公司的关注，雅诺斯基举例说，在20世纪后半期，污染和环境问题使公司非自愿地进入了公众领域。①

最后，媒体在一定程度上也属于公共领域。"媒体作为私营公司或公有机构，从本性上及绝大部分活动上来看，是在公众领域内，尽管它们可能与市场领域或国家领域有重叠。"和公司一样，媒体的公共领域性质要视具体情况而定，"当媒体组织是私营机构时，它们和别的公司一样，是立足于市场领域。但是，媒体不论是私有或公有，它们的活动位置都显然在公众领域。"②

美国学者理查德·桑内特是公共生活理论家中，与哈贝马斯、阿伦特鼎足而立的三位大家之一，他们三位也代表了三个学派。《公共人的衰落》是桑内特研究公共生活的经典之作。

在桑内特看来，"公共"意味着是与陌生人打交道，这一点和我国近代学者梁启超的观点相近。梁启超认为，规范亲朋好友间关系的道德是私德，规范陌生人之间关系的道德是公德。桑内特认为，当今社会公共生活与私人生活之间出现了失衡的现象，公共生活变成了形式和义务，"多数公民对国家事务漠然处之固不待言，而且他们的冷漠不仅体现在对待政治事件上。在人们看来，对待陌生人的礼节以及和陌生人的仪式性交往，往好处说是形式而乏味，往坏处说是虚情假意。"③桑内特说，和古希腊不同，古罗马对公共生活也逐渐失去了兴趣，"罗马人的公共生活变得极其无趣，于是他转而开始关注自己的情感，追求一种新的信仰原则。这种私人的信仰很神

---

① 〔美〕托马斯·雅诺斯基：《公民与文明社会——自由主义政体、传统政体和社会民主政体下的权利与义务框架》，柯雄译，辽宁教育出版社，2000，第19~20页。
② 〔美〕托马斯·雅诺斯基：《公民与文明社会——自由主义政体、传统政体和社会民主政体下的权利与义务框架》，柯雄译，辽宁教育出版社，2000，第20~21页。
③ 〔美〕理查德·桑内特：《公共人的衰落》，李继宏译，上海译文出版社，2008，第3页。

秘，既逃离整个世界，也逃离作为这个世界一部分的公共秩序的各种礼节。"① 当今社会在这一点上很近似于古罗马社会。"和罗马时代一样，今天对公共秩序的参与通常被当作是随大流的事情，而这种公共生活展开的场所也跟罗马城一样，正处于衰落的状态中。"② 人们普遍地对公共生活失去了兴趣，"我们试图生活在私人领域中，我们只要生活在这样一个由我们自己和亲朋好友构成的私人领域之中就够了。"③ 人是公共领域的参与者、主体，没有了积极参与的人，公共领域自然会衰落。桑内特在该书中明确表达了这样一个观点：当今时代，广场有了，但公共领域却消失了。虽然人们也会到广场，也会在广场参与各种"活动"，但人们丧失了古代社会的那种积极性和热情，人们宁愿将更多的时间用来沉浸在自我的私人领域，把一些不得不参与的公共生活视为一种应酬和负累，而把自我私人领域当作人生的目的。桑内特的著作之所以命名为"公共人的衰落"就是这个意思，随着公共人的衰落，公共领域也衰落了。在《公共人的衰落》一书中，桑内特并没有直接探讨公共领域是什么，但他一个明确的观点就是，只有参与公共领域的人从内心深处愿意积极主动地参与公共领域，公共领域才是健康的，但现时代的人们已经逐渐丧失了公共生活的兴趣，公共人的衰落导致了公共领域的衰落。

二 国内学者对公共领域概念的界定

公共领域概念及其理论是舶来品，中国古代汉语中没有公共领域这一个概念，所以我国学界对公共领域的研究源于对西方公共领域理论的翻译。随着西方公共领域理论著作的翻译，该理论逐渐引起了我国学者的关注。下面综述若干学者关于公共领域的界定。

杨仁忠对公共领域的研究集中在其博士论文《公共领域论》中。他指出，"公共领域"概念对应的英文是 public sphere，德文是 öffentlichkeit，也有学者将公共领域译作"公共论域""公共空间"等概念，但"公共领域"概念较为普及。那么什么是公共领域呢？杨仁忠综合了哈贝马斯、阿伦特、

---

① 〔美〕理查德·桑内特：《公共人的衰落》，李继宏译，上海译文出版社，2008，第 3 页。
② 〔美〕理查德·桑内特：《公共人的衰落》，李继宏译，上海译文出版社，2008，第 4 页。
③ 〔美〕理查德·桑内特：《公共人的衰落》，李继宏译，上海译文出版社，2008，第 4 页。

罗尔斯等人的公共领域理论，对公共领域做出了自己的界定，认为公共领域首先是一个社会领域，是一个介于国家公共权力领域和纯粹私人空间之间的领域，这个领域不包括如下领域：个人的隐私空间；家庭共同体；由经济交往活动而联结起来的契约空间（即市场领域）；国家公共权力领域。他从"负"的方面界定了什么不是公共领域之后，从正面给出了公共领域的分析性意蕴，"首先，从分析性意蕴来看，公共领域是一个同国家所代表的公共权力领域相对应的概念。"它不是公共权力领域，却与公共权力领域相对应，与公共权力领域不同，"公共领域作为社会交往和文化批判领域，它却是一个自由的、商谈的、公开的、平等自愿的天地。它是以社会公众自由发表言论场所的形式体现出来的、为社会公众提供讨论和争论各种公共利益的公共空间。"它不需要得到公共权力的认可，反过来还是公共权力的合法性基础，有权利批判公共权力。"其次，从分析性意蕴来看，公共领域是同市民社会相对应的概念。"公共领域不同于市民社会，却依托于市民社会，市民社会"强调封闭性、排他性和隐蔽性"，而公共领域则强调公共性，所谓的公共性包括"开放性""理性商谈性""公共利益性"等特征。①

杨仁忠最后还从政治哲学的角度界定了公共领域，"所谓公共领域，就是指在市场经济和现代民主政治条件下，依托市民社会又独立于政治国家、介于国家政治权力和市民社会之间并联结沟通二者的社会中间地带；是由享有独立人格和自由平等权利的私人组成并向所有社会公众自由开放，通过对话商谈、公众舆论、社会压力的形式对国家政治权力和其他社会势力进行监约，并能够推进国家与社会实现良性互动的民间自治领域；它是以参与者、沟通媒介和（达成）社会共识为内在结构，以能够形成公共伦理和公共理性的公共场所、公共传媒、社团组织和社会运动等公共空间为外在形式的社会交往和文化批判领域。"② 这一公共领域的基本特征包括：第一，"现代市场经济是公共领域产生与存在的社会经济基础"；第二，"国家与社会的相互分离是公共领域产生和存在的社会结构前提"；第三，"公共领域是介于市民社会与政治国家权威之间的社会交往和文化批判

---

① 参见杨仁忠《公共领域论》，人民出版社，2009，第200~216页。
② 杨仁忠：《公共领域论》，人民出版社，2009，第243页。

空间"；第四，"公共领域是促进市民社会与政治国家良性互动的动态机制"；第五，"公共领域是一个结构复杂的复合系统"；第六，"公共领域是与现代民主生活相联系的民间自治领域"；第七，"'公共领域'是一个内含多重价值追求的价值型范畴"。除了基本特征外，作者还罗列了公共领域的价值特征："商谈性与批判精神""平等协商精神""公开性和开放性""自由地追求普遍利益"。① 杨仁忠先生清晰地界定了公共领域并给出了公共领域的特征。

马长山对公共领域的研究集中体现在《公共领域兴起与法治变革》一书中。在该书中，马长山综述了哈贝马斯、阿伦特、泰勒、基恩和黄宗智等人的观点，指出了大众传播时代公共领域的使命包括：第一，"抗拒政治原则的泛化"，即抵制当代资本主义出现的国家社会化和社会国家化趋势，抵制政治原则对社会的渗透；第二，"抵制经济力量的侵蚀"，即当代资本主义的公共场所日益受到商业利益和商业原则的控制，报纸、期刊等媒介也充斥着各种商业利益和商业广告，公共领域就是要抵制这些商业利益和商业原则的泛滥；第三，"塑造公民品格"，当代资本主义公民对政治的兴趣日渐降低，政治冷漠甚至导致了"政治终结"，大众传播时代的公共领域有助于重塑理性公民。② 该书还指出了公共领域的几个时代趋势："现实空间及虚拟空间的双向延展""与政治体系的互渗与共振""非理性的放大效应"等。③

孙承叔在其和韩欲立、钱厚诚、罗富尊合著的《重建历史唯物主义——西方马克思主义基础理论研究》一书中专辟一章探讨公共领域问题。他指出，之所以提出公共领域理论，主要是针对西方社会存在的普遍异化，"即资本的原则成为整个社会的普遍原则，而所有的人都成为资本的奴隶。""在金钱和权力的双重压力下，生活世界普遍殖民化。"④ 生活世界的殖民化导致了以权力和资本为核心逻辑的系统世界和以私人生活为主要内容的生活世界之间的失衡，公共领域的出现就是为了抵制系统世界的扩张。那么

---

① 参见杨仁忠《公共领域论》，人民出版社，2009，第 220~242 页。
② 马长山：《公共领域兴起与法治变革》，人民出版社，2016，第 16~19 页。
③ 马长山：《公共领域兴起与法治变革》，人民出版社，2016，第 20~22 页。
④ 孙承叔、韩欲立、钱厚诚、罗富尊：《重建历史唯物主义——西方马克思主义基础理论研究》，复旦大学出版社，2015，第 224 页。

什么是公共领域呢？该书指出，"公共领域是人们表达公共要求的领域，它在客观上构成生活世界与系统世界之间的中间环节。"① 生活世界本身并不直接参与政治领域，它的意见要经由公共领域的整合才能传到政治领域，"个人和家庭是生活世界的主体，生活世界作为私人生活领域，并不直接产生政治要求，但是当个人和家庭的生活受到某种威胁而影响其存在和发展的时候，他们的意见往往需要通过公共领域即各种公民自发的民间组织表达出来，这些民间组织多种多样。""正是这些非政府、非经济的民间组织，不断地反映着生活世界的民间组织要求，从而不断地影响着每一个人的政治取向，因而在客观上也影响着这个社会的政治生活和文化生活。"② 公共领域实际上就是站在生活世界的立场上，抵制系统世界对生活世界的殖民的一个领域。孙承叔先生较为明确地探讨了公共领域所要解决的时代课题，公共领域不是纯粹的抽象理论，而是针对系统对生活的殖民而形成的一套理论。

三 本研究中公共领域概念

公共领域是一个复杂的概念，这一点从杨仁忠先生给出的长长的定义就可以看出来，这里笔者无意去给公共领域下一个规范性的定义，而是试图用描述特征的方法展示什么是公共领域。第一，公共领域是一种公共的空间，它不是个人的私人空间，这一空间具有公开性。第二，这一空间的参与主体是具有独立人格、积极参与公共事务的公民，它不应该是唯唯诺诺没有自我主体意识的臣民，而是具有强烈主体意识，具有理性精神和公共精神的现代公民。公共领域不是乌合之众的聚会，而是具有一定修养，具有独立人格而又积极参与公共事务的个人组成的公共空间。第三，公共领域是讨论公共事务的空间。讨论私人利益的空间虽然可能也是公共的，但这不是公共领域，公共领域必须是以探讨公共事务，以维护公共利益为主要话题的空间。第四，公共领域以舆论的形式给权力和资本构成一定的压力。当今社会最能对人们的生活世界构成威胁的就是权力和资本，而且

---

① 孙承叔、韩欲立、钱厚诚、罗富尊：《重建历史唯物主义——西方马克思主义基础理论研究》，复旦大学出版社，2015，第227页。
② 孙承叔、韩欲立、钱厚诚、罗富尊：《重建历史唯物主义——西方马克思主义基础理论研究》，复旦大学出版社，2015，第227页。

在当代资本主义社会，这两种势力大有融合之势，公共领域的出现就是要抵制这一趋势。公共领域虽然处于公共权力和市场之间，但它却对公共权力和资本形成一定的舆论压力，以促使公共权力和资本纠正偏差。第五，以报刊、咖啡厅等形式为依托，公众舆论要想形成，就需要有一个容纳公众进行讨论的依托，或者通过媒介，或者通过共处在某一个场所，随着现代技术的发展，互联网以及连接互联网的手机等新媒体已经成为公共领域新的依托形式，而且这种新形势大大拓展了公共领域的空间范围和论域内容。第六，以理性而自由的批判、讨论为主要形式，对公共性的问题进行探讨，形成一定的舆论。公共领域的讨论在相当程度上是批判现实中存在的问题，它的批判不是为了解构而批判，而是为了让社会变得更加完善，是为了建构更加美好的社会而开展的批判。

第二节　新媒体公共领域概念及其表现形式

新媒体之新在于互联网，互联网出现的时间不长，但影响巨大，它深刻影响了人们的沟通方式、行为方式、思维方式、生活方式，新媒体公共领域是一个参与面广，对受众影响深刻的虚拟平台。

一　新媒体概念

新媒体概念属于传播学范畴，传播学对这一概念研究得比较多，我们这里试图在借鉴国内传播学界对新媒体概念研究的基础上，给出本研究的新媒体概念。

媒介（media）和媒体（medium）基本是同义词，其内涵没有本质区别，只是在使用习惯上略有不同，媒介是个抽象概念，而媒体是个具体概念。媒介是事物发生联系的中介，在传播学视域中，媒介就是将信息传播给受众的工具和手段，比如电视、电台、报刊、互联网等，有时候也指传播机构。媒体概念的内涵大致类似，但它更多地强调承载信息、传播信息的工具，比如电视、电台、报纸、书刊、互联网、手机等。"新媒体"概念是相对于传统媒体而言的，约翰·维维安在《大众传播媒介（第七版）》一书中给出了一份媒介年表，梳理了媒介的发展史。

表 1 – 1　约翰·维维安的媒介年表

年代	媒介	具体事件
15 世纪 40 年代	活字	约翰尼斯·古登堡设计出金属活字，使印刷物可以大批印制。
1455 年	图书	约翰尼斯·古登堡用活字印出第一本书——《圣经》。
1690 年	报纸	约翰尼斯·古登堡印出英国殖民地的第一张报纸——《国内外公共事件》。
1741 年	杂志	安德鲁·布拉德福印出《美国杂志》，本杰明·富兰克林印出英国《综合杂志》，它们是英国殖民地最早的杂志。
1877 年	录音	托马斯·爱迪生发明能录音和放音的留声机。
1888 年	电影	威廉·迪克森发明电影摄像机。
1895 年	广播	古力尔摩·马可尼通过无线电波发出了第一条讯息。
1927 年	电视	菲洛·法恩斯沃思发明了显像管，它可以为实时传输获得移动图像。
1969 年	网络	美国国防部建立计算机系统，之后成为互联网。

资料来源：〔美〕约翰·维维安：《大众传播媒介（第七版）》，顾宜凡等译，北京大学出版社，2010。

　　所谓传统媒体就是网络出现之前的报纸、书籍、广播、电视、电影等媒体，新媒体是媒体和互联网相结合的结果，也叫数字媒体、网络媒体，严格来说应该叫"数字化互动式新媒体"，简称新媒体。"新媒体"一词最早源于美国 CBS（美国哥伦比亚广播电视网）技术研究所所长 P. 戈尔马克（P. Goldmark）的一份商业开发计划书，之后，美国传播政策总统特别委员会主席 E. 罗斯托（E. Rostow）在向尼克松总统提交的报告中，也多次使用了"New Media"，由此，新媒体一词开始在美国流行开来并很快扩展至全世界。具体而言，新媒体是一个相当宽泛的概念，传播学者匡文波指出，"新媒体亦是一个宽泛的概念，是利用数字技术，通过计算机网络、无线通信网、卫星等渠道，以及电脑、手机、数字电视机等终端，向用户提供信息和服务的传播形态。目前，新媒体主要包括网络媒体、手机媒体、网络电视等媒体形态。"新媒体和传统媒体的一个关键性的区别是互联网，以互联网为技术核心的各种媒体被称为新媒体，它主要包括连接互联网的电脑、手机等各种终端。

　　互联网虽然已经改变了整个世界和人们的生活方式，但它出现的时间并不长。互联网发端于 1969 年美国国防部的电脑网络——高级研究计划署网络，简称 ARPAnet。五角大楼建立这个网络的目的，是要帮助军事承包商和从事军事研究的大学交换信息，1983 年以促进科学为宗旨的美国国家科学基金会接管了这个网络，后来越来越多的组织开始使用这个网络，建立自己的内部网络，这样美国国家科学基金会网络成了上千个其他网络的连通者，获得互联网这个名称。但由于使用者众多，互联网拥堵问题突出，1996 年大学网络工程师设计了一个新的高速骨干网络系统来连接各研究网络，这就是第二代互联网。该系统 1999 年建立并投入使用，数据传播速度达到每秒 2.4G 字节，大大提高了速度。

手机是新媒体的重要形式，它在短时间内对人们的生活产生了深刻影响。手机出现的时间并不长，手机的发明者是美国发明家马丁·劳伦斯·库伯（Martin Lawrence Cooper，1928—），他 1973 年注册了手机专利，1985 年才诞生第一部现代意义上的移动电话，但这个手机重 3 公斤。手机的发展速度惊人，其外观越来越轻巧，功能越来越多样，价格越来越大众化，尤其是智能手机的出现更是把互联网技术和手机结合了起来，手机越来越接近于电脑。2011 年智能手机进入了"双核"时代，之后智能手机不管是从外观，还是从软件配置都以惊人的速度发展。尤其是手机微信的出现深刻改变了人们的沟通方式、娱乐方式、消费方式，可以说深刻改变了人们的生活方式。

互联网是各种新媒体的核心技术，各种新媒体尤其是以手机为主的各种移动终端的出现，大大革新了媒体的形态，出现了传统媒体所不具有的新特点和新问题。关于新媒体的特征，《新媒体概论》认为包括如下几点：①超越时空性。新媒体在信息制作、传播速度、传播范围方面大大优于传统媒体，它可以在事件发生的第一时间内将信息传播出去，甚至能实现信息的即时传播，超越了时空限制。②整合性。传统媒体的功能大多是单一的，报纸仅供阅读，广播仅供收听，电视虽然可以实现声音和图像的同时播放，但无法互动，而新媒体则几乎将传统媒体的所有功能整合到一个系统中，对文字、数据、声音、影像、视频进行数字化处理、存储和传播。③互动性。这是新媒体最突出的优势之一。④移动性。新媒体的信息不会局限于某个固定的终端发送、接受、浏览和保存信息，它可以通过无线网络随时随地实现这些功能。⑤个性化信息服务。传统媒体中受众很少有主动选择信息的余地，而新媒体为个体选择自己需要的信息提供了可能，使受众从被动接受变为主动选择。⑥海量信息。新媒体存储的信息量巨大。⑦超媒体性。新媒体可以通过超级链接的方式超越当前文本，而且可以综合文字、图形、声音和影像等多种形式呈现信息。① 《新媒体舆论——模型、实证、热点及展望》一书中认为，新媒体的优点有：传播速度快、成本低；信息量大、内容丰富；低成本全球传播；检索便捷；多媒体传播；超文本；互动性；等等。这些特点决定了新媒体以全新的媒体形态并以前所未有的速度和深度改变着整个世界和人们的生活方式。

二 新媒体公共领域概念

习近平在《在第二届世界互联网大会开幕式上的讲话》中指出，"网络空间是人类共同的活动空间"，我们要"共同构建网络空间命运共同体"。② 互联网是一个公共空间，而且是一个"全人类共同活动的空间"，其公共性之广，其他媒介无法比拟，也只有现代信息技术才能创造这样的公共空间。互联网是新媒体的技术依托，新媒体公共领域就是以新媒体为依托的公共领域，现阶段学界对新媒体和公共领域两个话题都有较多的研究了，但将这两个话题结合起来的研究却不多。新媒体公共领域并非等同于新媒体，它只是新媒体中能够发挥公共领域功能的部分，具体来说就是新媒体中能够为公共事务讨论提供平台的那部分。它包括网站、BBS（电子公告牌）、博客、微博，以及微信群、QQ 群等各种群，等等。这些公共领域大大拓展了传统公共领域，形成了诸多新特点。这些特点主要包括：第一，平等自由地参与讨论。新媒体公共领域是一种虚拟公共领域，参与者之间是平等的，现实中的利益牵扯、上下级关系以及阶层差异都被悬置掉了，参与者之间都是平等的，尽可以依据自己的理性来自由发言。第二，匿名性。新媒体公共领域的用户不一定都是真名，很多都用匿名来参加讨论，这也使得很多在现实中碍于各种关系不敢发言的人能消除后顾之忧，敢于理性地发表评论。这种匿名性也使得网络公共领域更加具有批判现实的特征。第三，广泛性。新媒体公共领域不受地域限制，参与讨论的可能是来自全国各地的人，甚至来自其他国家。第四，不完善性。由于新媒体出现的时间较短，发展速度快，相应的法律法规不健全，会出现侵犯隐私、不文明发

---

① 岳泉、汪徽志、刘红珠：《新媒体概论》，南京大学出版社，2010，第 47～50 页。
② 习近平：《在第二届世界互联网大会开幕式上的讲话》，载习近平《论坚持推动构建人类命运共同体》，中央文献出版社，2018，第 306 页。

言、言论偏激等问题。应该说，新媒体公共领域具有很多优点。网络公共领域的主要形式有：电子邮件列表；讨论组，主要形式包括 Usenet 新闻组、电子公告牌（BBS）、论坛（forum）等；聊天室（chat）；博客（web log）；播客（podcasting）；维基系统（The Wiki Model）；虚拟社区（virtual commu-nity）；协同出版（collaborative publishing）；XML 联合（XML syndication）；对等传播（P2P，peer-to-peer）；视频分享（video sharing）；大型多人在线角色扮演游戏（MMORPG）等。这些形式都是网民们探讨公共话题的空间。

三　新媒体公共领域的形式

新媒体公共领域的形式多种多样，下面介绍几种最重要的新媒体公共领域形式。

1. 网站

网站即 Website。百度百科给出的界定是"网站（Website）是指在因特网上根据一定的规则，使用 HTML（标准通用标记语言下的一个应用）等工具制作的用于展示特定内容相关网页的集合。简单地说，网站是一种沟通工具，人们可以通过网站来发布自己想要公开的资讯，或者利用网站来提供相关的网络服务。人们可以通过网页浏览器来访问网站，获取自己需要的资讯或者享受网络服务"。我国网站数量巨大，据《第 45 次〈中国互联网络发展状况统计报告〉》调查，截至 2019 年 12 月，我国域名总数为 5094 万个。其中，".CN"域名数量为 2243 万个，".COM"域名数量为 1492 万个，".中国"域名数量为 170 万个，新通用顶级域名（New gTLD）数量为 1013 万个。影响较大的网站包括四大门户网站，分别是新浪、网易、搜狐、腾讯，此外还有人民网、新华网、中新网等。

网站在一定程度上就是传统媒体的网络化及其延伸，尤其擅长新闻传播、信息公布等功能，但也增加了很多新的功能，在一定程度上网站涵盖了下面我们所要讨论的大多数新媒体公共领域形态。网站是一种典型的新媒体公共领域，它具有明显的公开性，在一定程度上它就是把传统媒体的功能进一步放大，传统的报纸杂志是公共领域的载体，这在哈贝马斯、阿伦特等学者那里有明确的表述，网站承接和扩展了传统媒体的功能，它更加便捷快速地把各种新闻报道发布给受众，尤其是连接了互联网的智能手机，更加方便受众了解新闻报道。但网站作为新媒体公共领域还有很多传统媒体所不具有的"新"的地方，网站增加了互动功能，受众可在跟帖中发表自己的看法，对各种公共事件发表自己的批评和见解，这使得网站超越了受众被动接受信息这一传统媒体的不足，使得媒体的公共领域特征更加突出，传统媒体还只是公共领域的载体，而网站则几乎就是公共领域本身，是众多受众讨论公共话题的平台。古希腊的广场最能体现公共领域的特征，而新媒体公共领域在一定程度上就是一种虚拟广场，所有即时在线的人都可以发表意见。而且很多网站还具有微博、虚拟社区等功能，这本身就是新媒体公共领域的形态。

2. BBS

BBS 是 Bulletin Board System 的缩写，意思是"电子公告牌系统"，通过在计算机上运行服务软件，允许用户在上面上传信息、阅读新闻、与其他用户交换消息等，BBS 以其自由、便捷、匿名、廉价、超时空等特征而成为参与广泛、互动性强、交流性强、论辩性强的虚拟平台。BBS 的快速发展始于 1999 年之后，尤其表现在高校校园网和新闻网站所提供的 BBS 功能。BBS 以发表和交流意见为主要讨论方式，俗称"发帖"，BBS 经常围绕着某个社会热点展开热烈的讨论甚至争论。它可以汇集各种新闻、各种观点和各种声音，在一定程度上，BBS 就是社会舆论的晴雨表。BBS 具备公共领域的诸多特点，是新媒体公共领域的一种形态。在 BBS 中，首先参与讨论者更加平等，BBS 就是个平台，在这个平台上参与主体都是以虚拟的主体出现的，遮蔽了现实中反映身份、权力、地位等不平等因素的信息，"把关人"角色也被淡化。其次讨论的及时性更加突出，BBS 的讨论几乎相当于人们面对面的讨论，对新闻事件的呈现也几乎是即时的，这使得很多讨论具有较强的现实性，对社会重大现实问题具有较高的敏感度和灵敏性，而且讨论多是自发产生的，几乎没有人为控制。再次 BBS 讨论具有较强的互动性，很多参与者对他们共同关注的话题展开讨论，而且参与互动的主体具有较高的异质性，他们可能具有不同的知识背景、成长经历、地域特色等，这也决定了参与者彼此之间观点的差异性，差异性提高了讨论的广度和深度。最后超越时空限制，在 BBS 中空间已经不再是障碍了，不管距离多远，BBS 的讨论就如同近在眼前，时间也不是问题了，很多 BBS 一天 24 小时都有人活跃在上面。基于上述特点，我们认定，BBS 就是一种新媒体公共领域。但不同的 BBS 版面有不同的关注点，有的可能纯粹就是为了娱乐或者营销，这就不能算是新媒体公共领域了，只有那些关注公共事务，展开公共说理的 BBS 才能算是新媒体公共领域。

目前 BBS 使用较多，学界关注较多的就是校院 BBS，据期刊网 CNKI 显示，以某高校的 BBS 为个案研究的论文还是比较多的，这些研究尤其关注 BBS 上的舆论引导问题、思想政治工作问题等意识形态建设的问题。

3. 微博

微博的英文即 Weibo，全称叫作微型博客，即 MicroBlog，博客的一种。所谓博客即"网络日志"的音译，"网络日志"的英文是 Blogger，即 Web Log 两词的混合，标准汉译应为"网络日志"，也有音译作"部落格"或"部落阁"的，较为少用。实际就是使用特定的软件，在网络上发表和张贴个人文章的虚拟空间，或者说就是由个人管理的、不定期贴出新文章的微型网站。博客是个人发表见解、批评时弊、讨论社会问题的重要空间。大部分博客以文字为主，也有以图片、视频等为主的博客。微博是博客的一种，可以通过关注的机制分享简短的评论信息，用户可以使用 WEB、WAP 等客户端组建个人虚拟社区，虚拟社区里以包括标点符号在内的 140 字为限发表信息，实现了即时分享，凸显了时效性，用户每时每刻都可以发表见解。微博自 2014 年 3 月 27 日创建，之后发展迅速。尤其近年来快速发展，已经成为一支重要的力量。《第 42 次〈中国互联网络发展状况统计报告〉》调查显示，截至 2018 年 6 月，我国微博用户规模为 33741 万，网民使用率为 42.1%，半年增长率为 6.8%，截至 2017 年 12 月，微博规模为 31601 万，使用率为 40.9%。[①] 据《第 45 次〈中国互联网络发展状况统计报告〉》统计，截至 2020 年 3 月，我国微博使用率为 42.5%，在抗击新冠肺炎疫情过程中，上亿用户通过微博关注最新疫情、获取防治服务、参与公益捐助，在微博中，政务微博发展快速并发挥重要作用，截至 2019 年 12 月，经过新浪平台认证的政务机构微博为 13.9 万个。[②] 微博有新浪微博、腾讯微博、网易微博、搜狐微博等，我们一般所谓的微博多为新浪微博。

---

① 中国互联网络信息中心（CNNIC）《第 42 次〈中国互联网络发展状况统计报告〉》，中国互联网络信息中心网站，http://www.cnnic.net.cn/，最后访问日期：2018 年 10 月 20 日。

② 中国互联网络信息中心（CNNIC）《第 45 次〈中国互联网络发展状况统计报告〉》，中国互联网络信息中心网站，http://www.cnnic.net.cn/，最后访问日期：2020 年 6 月 20 日。

4. 微信

微信是腾讯公司 2011 年 1 月 21 日推出的一款为智能手机提供即时通信服务的免费软件，可快速发送文字、图片、音频、视频等信息，为用户提供公众平台、朋友圈、信息推送等功能，用户还可以通过摇一摇、搜索号码、附近的人、扫二维码添加好友和关注公众平台了解信息和发布信息。微信出现前的 2010 年前后台湾出现过利用语音流分享的通信产品 Talkbox，大陆也出现过手机端免费即时通信工具"来聊"，还有移动 QQ 等类似的产品，腾讯公司也有类似的产品。2010 年 10 月，腾讯公司的研发团队看到移动互联网领域即时通信类工具米聊、Talkbox、Kik、WhatsApp 等出现，建议公司启动手机通信类项目，之后很短时间内微信就产生了。微信出现以来功能不断增加和完善，2011 年微信 1.0 版主要是即时通信、分享照片和更换头像等。到微信 2.0 版的时候新增了语音对讲功能；3.0 版新增了"摇一摇"和"漂流瓶"功能。2012 年的 4.0 版新增加了相册功能，可以把相册分享到朋友圈；增加视频聊天插件；摇一摇传图功能，新增语音搜索功能；实时对讲和多人实时语音聊天。2013 年的 5.0 版，正式转变为移动网络平台入口，扫一扫功能升级；增加支付功能；添加表情商店和游戏中心。2014 年的 5.3 版增加了面对面建群功能、文字翻译功能、收藏添加标签功能、添加表情商店和游戏中心、微信信息图片自动加载。6.0 版使微信进入视频时代，可以在朋友圈拍摄一段小视频；微信卡包收录优惠券、会员卡、机票、电影票，微信钱包设置手势密码，等等。可以说，对讲功能、寻找附近好友、摇一摇及漂流瓶反映了微信发展的三个阶段，它整合了短信、彩信、飞信、QQ 等功能，并做了一定的升级和改造，更加凸显社交化、即时化、便捷化、娱乐化、免费化等特征，设计更加满足人们的需求，更加人性化，微信在短时间内获得了快速发展。如今微信已经在互联网金融、电子商务、电子政务、新媒体营销等领域深刻影响了当今社会。据中国互联网络信息中心最新的统计数据，截至 2020 年 3 月，中国手机网民规模达 8.97 亿，较 2018 年底增加 7992 万人。网民中使用手机上网人群占比由 2018 年底的 98.6% 提升至 99.3%，提升了 0.7 个百分点。而手机用户中，有相当比例的人在使用微信。总体来说，微信有很多鲜明的特征：传播速度快，微信可以以几何倍增的速度传播信息；交流及时性、便捷性、简单化、免费化；传播方式多样化，可以通过文字、图片、音频、视频等方式传播信息；大众化，微信的简单化使得稍有文化水平的人都可以使用微信，所以微信的普及面很广泛，老人、农村人口等群体中微信也有相当高的普及率。

但用于互联网金融、电子商务、电子政府、营销、私人沟通、交流和娱乐功能的微信不是新媒体公共领域。微信的这些功能主要是服务于私人目的，而不是社会公共利益，可以算是公共领域的是微信的朋友圈和微信群。

5. 虚拟社区

虚拟社区也叫在线社区（Online Community）、电子社区（Electronic Community），"虚拟"社区是针对现实社区而言的，聚集在同一个虚拟社区中的人多具有相近的爱好、经历，是网络虚拟聚会的场所，在虚拟社区里，用户可以相互交流和分享他们的经验和见解。虚拟社区就是以计算机网络为中介而联结起来的共同体。虚拟社区的特点包括：第一，以计算机网络为纽带形成虚拟共同体。所有参与虚拟社区的人都是通过互联网而聚集到一起，虽然他们在虚拟社区里已经相互熟悉或者了解，但他们未必见过面，人们讨论问题的时候也未必都使用自己的真实身份，这使得讨论有可能和现实共同体中的讨论不太一样。第二，虚拟社区具有开放性。虚拟社区不同于博客和微信群，博客需要申请账号，每次都要登录才能进入博客，微信也有身份限制，而虚拟社区则直接点击进入即可，应该说虚拟社区的公共性更加凸显。其实 BBS 就是一种虚拟社区。

四 新媒体公共领域的叙事特点

叙事方式是表述的方式与风格。新媒体公共领域是一个新事物，它的"新"表现在很多方面，其中叙事方式的新是一个重要方式，为了能够深入了解新媒体公共领域的特征，我们有必要研究探讨新媒体公共领域的叙事方式。

（一）表达方式多样化

参与新媒体公共领域的人以年轻人为主，《第 45 次〈中国互联网络发展状况统计报告〉》显示，"截至 2020 年 3 月，我国网民规模达到 9.04亿"，其中以 10～39 岁的人群为主，占整体的 61.6%：其中 20～29 岁年龄段的网民占比最高，达 21.5%，10～19 岁、30～39 岁群体占比分别为

19.3%、20.8%。[①] 年轻一代为了彰显他们的存在感和个性，不仅思想前卫新颖，而且表述方式也力求不落俗套，与众不同。除了用汉字表情达意之外，新媒体公共领域的表达方式还有很多，可以归为如下几类：第一，用符号表达。比如微信中就有很多表情包，高兴、生气、愤怒、害羞等都有相应的表情包，这些表情包表现情感直观、形象，让人一看就明白所要表达的意思，而且能达到会心一笑的效果。除了这些基本的表情包之外，微信中还会有大量的既有表情，又配以简洁明了的文字的表情包，既表情达意，又幽默搞笑，能使人与人的沟通更加轻松快乐，又比单纯的文字表达更加丰富多彩。第二，用数字表达。比如88就是再见（byebye），345就是"相思苦"，555就是"呜呜呜"（啼哭），7456就是"气死我了"，847就是"别生气"，94即"就是"，886就是"拜拜了"，520就是"我爱你"，258就是"爱我吧"，553719就是"我深情依旧"，等等。这些数字和汉字谐音，在新媒体公共领域逐渐变成一些人约定俗成的符号。第三，用简单的英文字母表达。比如利用声母代替词语，如jj即"姐姐"，mm即"妹妹"，ddd即"顶顶顶"，PF即"佩服"，PL即"漂亮"，FB即"腐败"，BF即男朋友（boyfriend），GF即女朋友（girlfriend），VG即很好（very good），BTW即顺便说（by the way），CU即再见（see you），等等。还有将数字和拼音结合起来的，比如3Q就是"thank you"，B4就是"鄙视"，等等。[②] 第四，英语音译。如荡即"download"（下载），3X即"thanks"，3ku即"thank you"，等等。第五，汉字谐音或错别字。比如"斑竹"即"版主"，但与竹子没有任何关系，它指的是BBS的管理员；"大虾"即"大侠"，网络高手被称为"大虾"，既有"大侠"之义，又有形象性，喻指那些坐在电脑旁，弓着背，犹如大虾。还有模仿儿童故作天真的表述方式，如把东西说成"东东"，把漂亮说成"漂漂"，把一般说成"一般般"，把一下说成"一下下"等；旧词灌新意，如帖子（网络论坛上发表的文章或电子邮件）、灌水（网络论坛中乱发帖子）、潜水（聊天室里长时间不说话）、青蛙（男

---

① 中国互联网络信息中心（CNNIC）《第45次〈中国互联网络发展状况统计报告〉》，中国互联网络信息中心网站，http://www.cnnic.net.cn/，最后访问日期：2020年6月20日。

② 韩志刚：《2009网络语境与网络语言的特点》，《济南大学学报》（社会科学版）2009年第1期。

网虫)、恐龙(女网虫,尤其指姿色欠佳的女网虫);语带双关,等等。① 这些表达方式既轻松活泼,也生动传情,充满了青春气息。

这些新的表达方式在新媒体公共领域,尤其是在年轻人的圈子里很是流行,对于这些不符合汉语规范以及语言学要求的网络语言,严肃的语言学学者给予了深刻而严厉的批判,但笔者认为这些表达方式在新媒体公共领域之所以能够流行,就已经表明它们能够发挥表情达意的语言功能。凡是存在的就有一定的合理性,网络语言的存在有其存在的合理性。本研究不是从语言学角度探讨网络语言,不是为了批评这种现象,而侧重于从社会学、文化学的角度探讨网络语言所反映的社会问题。为了达致这一目的,我们需要透过丰富多彩的网络语言分析这些语言使用者的特征。第一,彰显个性,凸显存在感。青年人尤其是青年学生有自己的个性和想法,为了引起关注,他们极力追求独特与新颖。一位女大学生在网络上描述其老师如下:"那个 ZT 助教又在叽叽歪歪 ing 一些 too old 东东,so 无聊,于是先把今日新闻 py 了一遍,又上 bbs 灌水、挖坑 + 拍砖,居然发现自己现在已经是大老板级的水车了!Xixi 偶还是 so 弓虽的。"② 表达之中中英文混杂,还掺杂了缩写、数字符号等网络语言,让人读起来莫名其妙,但是具有和这位大学生相似年龄、相似知识背景的人却都能意会她所要表达的内容。这种表达方式反映了青年人对惯用表达方式的腻烦,寻求绕开既有的表述方式,用只有他们能够明白的近似"暗号"的语言表情达意。第二,表达方式轻松搞笑逗乐。新媒体公共领域的这些彰显个性的表达方式或者夹杂中英文,如汉语的动词加上 ing 表示"正在进行时",稍微有些英文常识的人,一看就明白,而且也都会会心一笑,还有"大虾""版主""3X"等谐音或别字的方式更是令人捧腹,但在令人捧腹的同时,又基本不会妨碍交流,乃至于变成了交流的常用"工具",这当然不符合汉语语法,甚至对汉语语法的严肃性构成了一定的侵蚀和伤害,但新媒体公共领域中的人就是要消解严肃,凸显诙谐幽默感和与众不同的特殊性。这反映了青年人对严肃权威的逆反心理,以自娱娱人的方式进行交流和沟通。第三,反映了求

---

① 吴传飞:《中国网络语言研究概观》,《湖南师范大学社会科学学报》2003 年第 6 期。
② 曲彦斌、王焯:《网络语言的模式、特征及发展趋势——兼就〈中国语言生活状况报告〉有关部分谈网络语言生活的和谐问题》,《辽东学院学报》(社会科学版)2009 年第 3 期。

新求奇的心理。他们所创造的符号也是用来表达想法的，而普普通通的语言文字也可以完成表情达意的功能，但他们为什么不用大家习惯使用的汉语文字表达呢？一个重要原因就是求新求奇的心理在作怪，就是要寻找别人没有用过的方式，用新的、奇怪的方式表达思想。

（二）创造了很多网络词汇

与上文所述的用各种符号和汉字相结合进行叙事相类似，网络词汇主要是创造新的汉语词汇以进行沟通和交流，而且这些词汇在红遍新媒体的同时也变成了现实语言，很多人尤其是年轻人把网络语言转换成日常语言，满口网络词汇的青年人进一步彰显了自己"新新人类"的特征，而把年龄稍长尤其是不了解网络词汇的人推进了"保守""落伍"的行列。

分类是认识新事物的有效方式，为了进一步了解网络词汇，我们这里把网络词汇分为如下几类：第一，形象地描述对象的词汇。比如"小鲜肉"这个词汇，根据网络上解释，"小鲜肉"主要是指大约 12～25 岁之间，且具有性格单纯、情感经历简单、长相俊俏、皮肤水嫩、肌肉健壮、情窦初开等特点的男士。小鲜肉的字面意思是指质地鲜嫩的肉，而具有上述特征的男士和小鲜肉的字面意思具有共性特征，用"小鲜肉"指代年轻美男子非常形象，让人把鲜肉的手感和皮肤水嫩的年轻美男子结合起来，表达到位，且想象空间丰富。类似的网络词汇还有"老腊肉""小萝莉"等。第二，外语的音译。比如"萌萌哒"就具有日语的文化背景，它源自网络词汇"么么哒"，字面意思是"该吃药了"，但网络流行后，内涵逐渐演变为诙谐地表达自己萌化的形象。再比如"逼格"一词，源于英文"bigger"的音译，强调的是在与不如自己的人的比较中获得优越感。第三，偶然的一句话经过网络炒作而成为网络用语。比如"重要的事情说三遍"；"世界那么大，我想去看看"；"你们城里人真会玩"；"为国护盘"；"明明可以靠脸吃饭，却偏偏要靠才华"；"别找我，我想静静，别问我静静是谁"；"吓死宝宝了"；"内心几乎是崩溃的"；"我妈是我妈"；"主要看气质"；"我用了洪荒之力"；"且行且珍惜"；"蛮拼的"；等等。这些因网络而走红的句子或者诙谐搞笑，或者讽刺调侃，熟悉这些用语的人通过这些句子能够在会心一笑的瞬间体会到所要表达的心情。第四，拼音的组织。比如"不造"就是"不知道"的汉语拼音连续而快速的合音。第五，汉语的不标准读法。

比如"涨姿势"实际上就是"长知识"的不标准读法，尤其是和一些地方的方言结合起来的。

每年都会有大量的网络词汇产生并走红网络，但很多词汇也仅仅是昙花一现，很快又被人们所忘记，新媒体公共领域的这一现象也很值得我们关注。因为，这是新媒体传播的一个特征，我们要想建构主流意识形态话语权，就应该顺应新媒体的传播规律和特征，否则就无法收到预期效果。新词汇的产生当然离不开互联网技术，但这一现象的出现还不仅仅是技术问题，而是复杂的社会问题和文化问题。网络词汇的创造者和推广运用者的动机更多的还是来源于社会现实，互联网只是为这种现象提供了技术手段。寻求轻松快乐或者对现实进行调侃讽刺的现实原因是网络词汇产生的动机，当然更多人只是为了寻求刺激，求新求奇，并没有什么深刻的现实动机。

第三节　本研究采用的理论

任何一项研究都不能只是描述现象，而应该有坚实的理论支撑。新媒体兴起时间虽短，但发展迅猛，且对人的思维方式、生活方式、行为方式，甚至是语言方式等社会生活的方方面面都产生了巨大的影响，我们应该充分占领这一阵地，积极提高社会主义核心价值观认同。但到底该如何提升新媒体公共领域对社会主义核心价值观的认同，理论界对这一问题的重大意义都已经给予了充分肯定，但到底该如何解决这一问题，理论界也是众说纷纭，莫衷一是，问题的复杂性决定了解决问题不可能用一种答案就可以收到立竿见影的效果。而且现阶段对这一领域的研究描述现象的比较多，真正建立起理论支撑的较少，在这里，我们认为，新媒体是一个传播体系，要充分利用传播规律，以传播规律为理论工具，寻找提升新媒体公共领域对社会主义核心价值观的认同度。对本课题研究具有重要理论支撑的传播学规律的理论工具至少有如下几个。

一　"沉默的螺旋"理论

"沉默的螺旋"理论是由德国政治学家、传播学者伊丽莎白·诺尔－诺依曼首先发现并提出来的传播学理论，该理论反映了传播学的一个规律性现象，即在一个舆论场域中，持不同意见的少数人面对大多数人的意见时会趋向于保持沉默。传播学者普遍认为，舆论是一种"社会合意"（social consensus），它的产生是一个"问题出现"—"社会讨论"—"合意达成"的理性过程。① 诺依曼曾经深入研究过 1965 年联邦德国议会选举的过程，这次选举充满了戏剧性，竞争的一方是社会民主党，另一方是基督教民主联盟和基督教社会联盟的联合阵线，起初双方势均力敌难分伯仲，这种胶着状态持续了很久，但在投票临近的时刻情况急转直下，最终基督教民主联盟和基督教社会联盟的联合阵线以压倒多数的票数胜出。诺依曼的研究表明，临近投票的时候，选民对双方的支持率并没有发生变化，但却对双方的"估计"发生了变化，越来越多的人"估计"基督教民主联盟和基督教社会联盟的联合阵线会胜出，结果这种"估计"的传播影响了选民，致使很多选民转变了投票意向。这是"沉默的螺旋"效应的结果，诺依曼曾引证托克维尔的话说，"人们对于被隔离的恐惧要大于对犯错误的恐惧"，在传播过程中对"孤立的恐惧"是选择保持沉默的心理机制。② 这是"沉默的螺旋"效应的心理机制。

"沉默的螺旋"理论包括如下核心内容：

第一，对孤立状态的恐惧和回避是"沉默的螺旋"效应的内在心理机制。一个人如果发觉自己的观点得到了大多数人的支持和认同，他就会大胆地讲出自己的见解，而如果一个人发现自己的观点在整个"意见气候"中是少数，没有人支持和认同自己的观点，这个人就会选择保持沉默，这也是出于对"孤立"的恐惧。人是社会性的动物，自古就保持群居状态，融入群体，在群体中获得支持、温暖和慰藉是人的天性，所以力图避免使自己陷入孤立状态也是人之常情。"人作为一种社会动物，总是力图从周围环境中寻求支持，避免陷入孤立状态，这是人的'社会天性'。为了防止因孤立而受到社会惩罚，个人在表明自己的观点之际首先要对周围的意见环境进行观察，当发现自己属于'多数'或'优势'意见时，他们便倾向于积极大胆地表明自己的观点；当发觉自己属于'少数'或'劣势'意见时，一般人就会屈于环境的压力而转向'沉默'或附和。"③ 传播的效果与受众

① 郭庆光：《传播学教程（第二版）》，中国人民大学出版社，2011，第 199 页。
② 〔德〕伊丽莎白·诺尔-诺依曼：《沉默的螺旋》，董璐译，北京大学出版社，2013，第 40 页。
③ 郭庆光：《传播学教程（第二版）》，中国人民大学出版社，2011，第 200 页。

的心理存在较强的关联性，只有深入研究受众心理，我们才能提升传播的效果，"沉默的螺旋"效应就是受众内在心理影响的结果。

第二，"沉默的螺旋"在传播过程中会使"强者更强"，"弱者更弱"。"沉默螺旋"效应对传播产生巨大影响，如果所传播的是一种被多数所支持的观点，那这种观点会在传播过程中呈现"放大"效应，而与之相对立的观点则相对趋于沉默乃至于逐渐被"缩小"、被边缘化。"一方的'沉默'造成另一方意见的增势，使'优势'意见显得更加强大，这种强大反过来又迫使更多的持不同意见者转向'沉默'。如此循环，便形成了一个'一方越来越大声疾呼，而另一方越来越沉默下去的螺旋式过程'。诺依曼认为，任何'多数意见'、舆论乃至流行或时尚的形成，其背后都存在着'沉默的螺旋'机制，社会生活中的'舆论一边倒'或'关键时刻的雪崩现象'，正是这一机制起作用的结果。"① 这表明在传播过程中主流话语会逐渐强化，获得越来越多的人的支持，而那些少数意见的沉默状态也会被强化，越来越被边缘化、少数化。这一趋势就像一个螺旋转过的痕迹一样，螺旋的旋转留下的痕迹是一圈比一圈大，优势意见在传播过程中就像螺旋一样，力量一点点增强，而劣势意见则类似于螺旋的逆向旋转一样，越来越小。

第三，"意见环境"非常重要。舆论生态对人的影响十分重要，这是沉默的螺旋的重要启示。在舆论场域中，个人的见解依赖于他人所表达出来的想法，或者说依赖于个体对他人所表达出来的观点的理解。② 这个"他人所表达出来的想法"就是诺依曼所谓的"意见环境"。在诺依曼看来，舆论甚至不是公众理性讨论的结果，而是"意见环境"作用的结果，害怕孤独的心理每个人都有，这一心理是舆论生态造成的，强势意见环境的氛围对边缘化的意见造成一定的精神压力，这迫使持少数意见的人选择保持沉默，以使自己被纳入大多数行列之中，成为大多数人中的一员，而不是被视为另类、被边缘者。"'沉默的螺旋'的重要理论前提之一是个人'对社会孤立的恐惧'，以及由这种'恐惧'所产生的对'多数'或'优势'意见的趋同行为。"③ 这一机制的关键因素是"意见环境"，也可以称作是"意见

---

① 郭庆光:《传播学教程（第二版）》，中国人民大学出版社，2011，第 200 页。
② 段京肃:《传播学基础理论》，新华出版社，2003，第 290 页。
③ 郭庆光:《传播学教程（第二版）》，中国人民大学出版社，2011，第 202 页。

气候""舆论环境"。① 在《皇帝的新装》这则童话中，当大家都说皇帝的新装漂亮的时候，人们大都选择了"随大流"，附和多数人的观点，只有还没有经历过"社会化"，没有形成"社会人"的"社会心理"的小孩子才敢于说出真话。

实际上，舆论并不是人们真实想法的集合，"在'沉默的螺旋'理论中，舆论与其说是'公共意见'或'公众意见'，倒不如说是'公开的意见'。换句话说，诺依曼认为，只有那些'被认为是多数人共有的、能够在公开场合公开表明'的意见才能成为舆论。一种意见一旦具备了这种性质就会产生一种强制力——公开与之唱反调就会陷入孤立状态，就有遭受社会制裁的危险。为了免于这种制裁，人们只有在公开的言行中避免与其发生冲突。由此不难看出，'沉默的螺旋'理论强调的是舆论的社会控制功能。这一点，诺依曼本人也在阐述'舆论——我们的社会皮肤'这个观点时做了明确的说明。在她看来，舆论在双重意义上是'我们的社会皮肤'：它是个人感知社会'意见气候'的变化、调整自己的环境适应行为的'皮肤'；不仅如此，它又在维持社会整合方面起着重要作用，就像作为'容器'的皮肤一样，防止由于意见过度分裂而引起社会解体。"② 沉默的螺旋效应表明，舆论只是公开表达出来的意见，自己内心保留的意见外人不知道，不能构成舆论，所以舆论并不是社会所有人的共同认识，而只是多数人的意见，其中有很多人是被舆论压力压迫着随声附和的，他们当中有的人内心并不服。

新媒体虽然不同于传统媒体，但新媒体的传播并没有超越传播规律，"沉默的螺旋"在新媒体公共领域中仍然发挥着作用，不过发挥作用的形式有新的特点。

二 议程设置理论

早在 1922 年出版的《公众舆论》中，李普曼就强调，现实世界太庞杂、太复杂，人们无法予以全部认识，是媒体选择了部分现实然后塞给受

---

① 〔德〕伊丽莎白·诺尔－诺依曼：《沉默的螺旋》，董璐译，北京大学出版社，2013，第11页。

② 郭庆光：《传播学教程（第二版）》，中国人民大学出版社，2011，第202页。

众，媒体"像一道躁动不安的探照灯光束，把一个事件从暗处摆到了明处，再去照另一个"，"他们只有靠着一道稳定的光束——新闻机构——去探索，让这光束对准他们，使一种局势足够明了，以便大众做出决定。"① 李普曼所表达的意思就是议程设置，虽然该理论的雏形可以追溯到很早的时候，但该理论的正式提出则是 20 世纪 70 年代。议程设置理论是由麦克斯维尔·麦库姆斯和唐纳德·肖共同于 1972 年提出来的，之后经过了诸多传播学者的批评和修正，"随着实证研究和理论探讨的展开，'议程设置功能'的理论和有关概念也不断趋于细致化和明确化。这主要表现在以下几个方面。"即"确认媒介议程和受众议程之间的因果关系"，"'议程设置功能'的作用机制趋于明确化"，"对'议题'不同类型进行较深入的研究"，"分析不同媒体'议程设置'的不同特点"，"对'属性议程设置'的概念的关注"，"一些研究从受众角度考察媒介议程设置效果产生的原因和条件"。②

议程设置概念表明了媒体影响受众的方式。现实世界太过于丰富和复杂了，人们需要一个简单化的图景来把握外在世界，媒体的任务就是完成这一工作。③ 媒体在影响人们"如何思考"方面作用甚微，但在影响受众"思考什么"的问题上却发挥着重要的作用。现实世界所发生的事情多种多样，不胜枚举，人们到底关注什么呢？这在一定程度上取决于媒体的传播，人们依赖媒体传播来认识世界，媒体所传播的内容是经过媒体人选择过的、筛选过的，受众心目中的"世界"实际上就是经过媒体传播出来的信息塑造出来的世界。当然"思考什么"和"怎样思考"存在密切关系，从这个意义上说，有学者认为议程设置不仅影响人们"思考什么"，也在一定程度上影响了人们"怎样思考"。从一定程度上说，"议程设置"就是反映媒体控制受众方式的概念，"在资本主义社会，居支配地位的信息源是政府机构和垄断大企业，它们进行信息操作的手段通常有两种：一是定期举办新闻发布会公开发表见解；二是以'私下放风'的方式进行舆论引导。现代传播媒介之间的激烈竞争大大加剧了它们对这些定期信息源的依赖，因此，资本主义社会的媒介'议程设置'过程，从本质上来说是占统治地位的政

---

① 〔美〕沃尔特·李普曼：《公众舆论》，阎克文、江红译，上海人民出版社，2006，第 287 页。
② 郭庆光：《传播学教程（第二版）》，中国人民大学出版社，2011，第 195～197 页。
③ 陈力丹、易正林编著《传播学关键词》，北京师范大学出版社，2009，第 212 页。

治、经济和社会势力对舆论进行操作和控制的过程。"①

具体来说，议程设置理论包括以下三个主要方面：

第一，媒介的把关作用。现代人不仅关注自我私人事务，也关注社会公共事务，而每天都有不计其数的事件发生，人们不可能也没有必要了解所有这些事件，新闻媒体选择了这些事件中的一部分进行报道，这一选择就是媒体的把关，哪些事件具有重要的意义和价值，这取决于把关人的作用。从一定意义上来说，把关人拥有强大的权力，权力的本质就是掌握影响人的资源，把关人掌握了影响人们认识世界的资源，这就是权力，这一权力在现代社会具有重大意义。

第二，媒介的选择作用。选择是媒体议程设置的重要手段，媒体不仅在不计其数的事件中进行选择，而且在很多重大事件中还进行角度选择，重大事件所有人都会关注，但不同的媒体从不同的角度，对不同的细节进行报道，这种选择影响着人们对事件的认知。媒体的选择功能和媒体的把关是同一个事情的两个不同的侧面，把关的主要表现就在于选择。

第三，媒介的解释作用。媒体不仅选择性地进行传播，还进行解释，解释也是议程设置的重要方面。"对于普通的受众来说，尽管通过媒介所接受的信息都是媒介已经选择、加工过的，但仍然不完全在自己的经验和知识储备范围内，单靠自己原有的信息解码体系还不能得到充分的认识和理解。为此，媒介对那些重要的而在受众方面又很难准确认识和把握的信息进行了必要的解释和说明。"② 普通民众对某些事件并不了解其来龙去脉，要使民众看懂新闻就需要做一定的背景性解释。所以，从一定程度上来说，媒介不仅影响着人们思考什么，而且还影响着人们怎么思考。

从积极意义上来说，议程设置理论对社会具有重要的意义，它可以引导人们正确认识客观世界的变化，引领积极健康的价值观念，抵制各种消极的风气和社会思潮，提升社会凝聚力培育积极健康的社会文化。

三 培养理论

培养理论是传播效果理论中的一个重要方面。传播学者李普曼把"现

---

① 郭庆光：《传播学教程（第二版）》，中国人民大学出版社，2011，第198页。
② 段京肃：《传播学基础理论》，新华出版社，2003，第277页。

实"分为三类不同的侧面。第一是实然存在的客观现实，叫作"客观现实"；第二是传媒有选择地做了一定取舍的呈献给观众的现实，叫作"象征性现实"，虽然很多观众认定这是对客观现实的反映，但它已经不是客观现实了，而是在一定程度上刻意凸显了某些成分，而又有意无意地遮蔽了某些成分，它只是媒体呈现出来的"现实"；第三是经过人们所理解的头脑中的现实，叫作"主观现实"，"主观现实"总体上是对客观现实的反映，但经过人的选择性认识，或者是经过媒介的解释而形成的"主观现实"很明显不完全等同于"客观现实"。"主观现实"在一定程度上是媒体"培养"的结果。培养（cultivation）也叫教化、涵化。在现代社会，"大众传媒提示的'象征性现实'对人们认识和理解现实世界发挥着巨大影响，由于大众传媒的某些倾向性，人们在心目中描绘的'主观现实'与实际存在的客观现实之间正在出现很大的偏离。同时，这种影响不是短期的，而是一个长期的、潜移默化的、'培养'的过程，它在不知不觉当中制约着人们的观念。在这个意义上，格柏纳等人将这一研究称为'培养分析'。"[1] 人们所认知的世界（康德意义上的现象界）是传媒长期地、潜移默化地培养的结果，这种主观认知对人认识客观现实产生巨大的影响，甚至左右了人的看法。培养理论的形成与传播学者对电视的研究有关，"'培养分析'尤其强调电视媒介在形成'共识'中的作用，认为电视除了与其他媒介的共同点以外，还有自己的独特优势：①电视拥有最多的受众，每天的接触时间最长；②不需要接触印刷媒介所必需的识字能力；③电视把视觉、听觉手段结合在一起，拥有强烈的目击感、现场感和冲击力；④现代人从幼年时代就与电视生活在一起，很难把'电视中的世界'与现实世界加以区分；⑤电视广泛渗透到社会的各个部分（包括儿童、低学历者以及贫困阶层）。电视的这些特点，使得它发挥着历史上其他媒介所未曾有过的巨大威力。"[2] 电视为人创造了第二世界，人们就生活在第二世界中。有学者指出，"自人类社会形成以来，人们逐步地进入了自己为自己所'制造'的符号世界中。"[3] 20世纪60年代后期，美国政府为了应对暴力和犯罪问题而专门成立了一个

---

[1] 郭庆光：《传播学教程（第二版）》，中国人民大学出版社，2011，第205页。
[2] 郭庆光：《传播学教程（第二版）》，中国人民大学出版社，2011，第206页。
[3] 段京肃：《传播学基础理论》，新华出版社，2003，第299页。

"暴力起因与防范委员会"，研究显示，电视对人的影响是巨大的，电视"习焉不察，润物细无声"地影响着人们的世界观，人们接触电视的时间越长，就越容易把电视中所呈现的"象征性世界"当作真实的"客观世界"，人们甚至会慢慢地模糊"象征世界"与"客观世界"的边界。[①] 人们在"主观世界"中甚至把从媒体所呈现的世界当作客观世界，媒体所呈现的"现实"逐渐被人们认定就是"客观现实"，媒体的是非善恶标准也逐渐成为人们的行为标准，而且这一"培养"过程是在不知不觉之间，在媒体的传播过程中潜移默化地植入人们心灵深处的，人们在长期接触媒介的过程中逐渐被"涵化"，在下意识的层面被改变。电视中的暴力画面在一定程度上可以解释现实社会暴力犯罪增多的原因。当然，随着历史的发展，新媒体的影响有可能已经超过了电视的影响。

培养理论的基本观点是，"社会要作为一个统一的整体存在和发展下去，就需要社会成员对该社会有一种'共识'，也就是对客观存在的事物，重要的事物以及社会的各种事物，各个部分及其相互关系要有大体一致或接近的认识。只有在这个基础上，人们的认识、判断和行为才会有共通的标准，社会生活才能实现协调。"[②] 共识是社会凝聚力的基础，社会之所以是社会，而非一盘散沙式的群氓，就在于社会能形成自己的共识。在现代社会，共识的形成离不开媒体，甚至可以说共识就是由媒体建构起来的主观现实，一个社会中的人形成大致相同或相近的是非善恶标准、价值观念，或者大致相同的社会认同、传统文化，这是社会存在的基础。而现代社会共识的达成离不开媒体的积极作用，"提供这种'共识'是社会传播的一项重要任务。在传统社会，这一功能是由教育和宗教来承担的，而在现代媒介社会则成了大众媒介的一项主要任务。"格伯纳认为，大众传媒不仅是现代社会的"故事讲解员"（story-teller），而且是缓和社会各种矛盾和冲突的"熔炉"（melting-pot）。"在这个意义上它还是维护现存制度的'文化武器'（cultural arms）。因此，大众传播在形成现代社会'共识'方面，已经远远超越了传统社会中教育和宗教的作用。"[③] 在现代社会，人们无法亲历一切

①　王建强：《传播学原来这么有趣——颠覆传统教学的 18 堂传播学课》，化学工业出版社，2017，第 165 页。
②　郭庆光：《传播学教程（第二版）》，中国人民大学出版社，2011，第 205 页。
③　郭庆光：《传播学教程（第二版）》，中国人民大学出版社，2011，第 205 页。

事件，也无法了解社会中的所有事物，人们更多的是通过媒介提供的信息来了解世界，而媒介则在不断地"涵化"客观现实，"以特殊的方式和基准'再现'社会现实，它在不断地告诉人们什么是存在的、什么是重要的、何者与何者有关系，以及什么是对的。一个社会透过这种方式来解释世界，并依据社会的功能与传统的方式，使行动合法化。"媒体虽然号称自己客观、公正、真实、中立，但媒介"在传播活动中不断地选择事实、解释事实、用经过选择和解释的事实来塑造特定的个人、团体或社会的形象，努力使公众通过接受这些事实形成符合媒介所希望的那种认识和价值观念"。[1]尤其是在大众媒体时代，媒介的这种功能十分强大。虽然也有传播学者对培养理论提出了一些质疑，但不可否认的是大众媒介确实对人们产生了重大而深刻的影响。

从上述关于培养理论的梳理中可以看出，大众媒介对于人们价值观的形成具有重大影响，新媒体公共领域对社会主义核心价值观的认同研究中应该引入传播学的培养理论。

第四节　社会主义核心价值观及其认同

一个民族、一个国家，如果没有共同的核心价值观，就难以形成坚强的凝聚力和干事创业的精神动力。在中国这样一个大国，建设反映全国人民共同认同的价值观这样一个"最大公约数"，事关国家前途命运，意义重大。

一　社会主义核心价值观的提出过程

社会主义核心价值观是中国特色社会主义意识形态的核心，它的提出有一个过程。

面对资本主义社会中工人阶级的苦难，空想社会主义者曾提出了一个没有剥削、人人平等、人人劳动的美好社会，这样的社会就是人们向往的目标，这一目标就是空想社会主义者的价值追求。马克思恩格斯提出了唯物史观和剩余价值学说这两大学说，使社会主义从空想发展为科学，科学

---

① 段京肃：《传播学基础理论》，新华出版社，2003，第297~298页。

社会主义所追寻的是解放全人类，解放就是让人从必然王国走向自由王国。《共产党宣言》向世人宣布，"代替那存在着阶级和阶级对立的资产阶级旧社会的，将是这样一个联合体，在那里，每个人的自由发展是一切人的自由发展的条件。"① 未来的共产主义社会是一个充满了公平正义的社会。共产主义在马克思那里既是人类发展的必然趋势，也充分彰显了科学社会主义的价值原则。

社会主义苏联使社会主义从理论变成了现实。苏联在社会主义建设过程中也非常重视价值观建设，社会主义苏联宣扬较多的是社会主义的奉献精神、集体主义精神、平等精神。新中国成立后，尤其是社会主义改造完成后，我国的社会主义建设也鼓励和宣传奉献精神、集体主义和平等精神。当然由于苏联计划经济模式社会主义的实行及其影响，价值观领域偏于重视"公"的方面，而"私"的方面被贬抑，且分配方式上的平均主义压制了效率，在一定程度上压制了个体潜能的发挥。

应该说，我们的社会主义核心价值观的形成主要是从改革开放之后开始的。而社会主义核心价值观的提出过程可以分为两个阶段。

第一个阶段，十八大之前，我们主要通过精神文明建设来弘扬主流价值。

中共十二届六中全会讨论通过了《中共中央关于社会主义精神文明建设指导方针的决议》，决议指出，"以马克思主义为指导的社会主义精神文明是社会主义社会的重要特征。在社会主义时期，物质文明为精神文明的发展提供物质条件和实践经验，精神文明又为物质文明的发展提供精神动力和智力支持，为它的正确发展方向提供有力的思想保证。社会主义精神文明建设，是关系社会主义兴衰成败的大事。"② 精神文明建设具有重要的意义和针对性，"随着社会主义商品经济的发展和社会主义民主政治的完善，人们的思想意识、精神状态发生深刻的变化，同时也对精神文明建设提出新的更高的要求。能不能适应这种要求，形成有利于社会主义现代化建设和全面改革的舆论力量、价值观念、文化条件和社会环境，有力地抵

① 《马克思恩格斯选集》第1卷，人民出版社，2012，第422页。
② 中共中央文献研究室编《改革开放三十年重要文献选编》（上），人民出版社，2008，第430页。

制资本主义和封建主义的腐朽思想，防止种种迷失方向的危险，振奋起全国各族人民的巨大热情和创造精神，用几代人的努力建设起社会主义现代化强国，这是一个历史性的重大考验。"① 社会主义精神文明建设的任务"是适应社会主义现代化建设的需要，培育有理想、有道德、有文化、有纪律的社会主义公民，提高整个中华民族的思想道德素质和科学文化素质"②。决议还提出"用共同理想动员和团结全国各族人民""树立和发扬社会主义的道德风尚""加强社会主义民主、法制、纪律的教育""普及和提高教育科学文化"强化"马克思主义在精神文明建设中的指导作用"③ 等内容。

党的十三大报告中指出，"社会主义精神文明建设有重要进展。理想教育、道德教育和法制教育，在全社会范围内广泛展开。教育、科学、文化、艺术、新闻、出版、卫生、体育事业欣欣向荣。九年制义务教育正在逐步实施。"④ 我党逐渐把物质文明和精神文明作为发展社会主义的"两手抓"。

党的十四大报告明确提出了"坚持两手抓，两手都要硬，把社会主义精神文明建设提高到新水平"，强调"物质文明和精神文明都搞好，才是有中国特色的社会主义。精神文明建设必须紧紧围绕经济建设这个中心，为经济建设和改革开放提供强大的精神动力和智力支持。"⑤ 报告指出，精神文明重在建设，要高度重视理论建设，加强理论队伍建设，坚持"为人民服务、为社会主义服务"的方向和"百花齐放、百家争鸣"的方针，积极推进文化体制改革，要重视社会效益，加强新闻、出版、广播、电视和文学艺术等方面工作，要重视职业道德建设，加强社会公德建设。搞好社区文化、村镇文化、企业文化、校园文化的建设，等等。十四大已经把精神文明建设作为"九十年代改革和建设的主要任务"之一。

十四届六中全会通过了《中共中央关于加强社会主义精神文明建设若干重要问题的决议》，决议对改革开放 18 年来精神文明建设的经验做出深刻的总结，使之更加系统化、理论化；对存在的问题做了透辟的分析，并

---

① 中共中央文献研究室编《改革开放三十年重要文献选编》（上），人民出版社，2008，第431 页。
② 中共中央文献研究室编《十二大以来重要文献选编》（下），人民出版社，1988，第 1176 页。
③ 中共中央文献研究室编《十二大以来重要文献选编》（下），人民出版社，1988，第 1509 页。
④ 中共中央文献研究室编《十三大以来重要文献选编》（上），人民出版社，1991，第 7 页。
⑤ 中共中央文献研究室编《十四大以来重要文献选编》（上），人民出版社，1996，第 30～31 页。

提出了解决的思路、对策和办法，这对进一步加强社会主义精神文明建设发挥了重大的指导作用。决议科学地回答了在发展社会主义市场经济和对外开放新的历史条件下，如何建设社会主义精神文明的问题。

十五大报告专辟一部分讲"有中国特色社会主义文化建设"，在这部分强调了要培养"有理想、有道德、有文化、有纪律"的"四有公民"，要"深入持久地开展以为人民服务为核心、集体主义为原则的社会主义道德教育"，要"引导人们树立正确的世界观、人生观、价值观。大力弘扬爱国主义、集体主义、社会主义和艰苦创业精神"，"提倡共产主义思想道德，同时把先进性要求和广泛性要求结合起来，鼓励一切有利于国家统一、民族团结、经济发展、社会进步的思想道德"，"要深入持久地开展群众性精神文明创建活动，大力倡导社会公德、职业道德和家庭美德。"[1] 这体现了党中央对思想道德建设的重视。

十六大报告提出了要坚持弘扬和培育民族精神及切实加强思想道德建设。"民族精神是一个民族赖以生存和发展的精神支撑。""五千多年的发展中，中华民族形成了以爱国主义为核心的团结统一、爱好和平、勤劳勇敢、自强不息的伟大民族精神。我们必须把弘扬和培育民族精神作为文化建设极为重要的任务，纳入国民教育全过程，纳入精神文明建设全过程，使全体人民始终保持昂扬向上的精神状态。"[2] 在道德建设上要"引导人们树立中国特色社会主义共同理想，树立正确的世界观、人生观和价值观。认真贯彻公民道德建设实施纲要，弘扬爱国主义精神，以为人民服务为核心、以集体主义为原则、以诚实守信为重点，加强社会公德、职业道德和家庭美德教育，特别要加强青少年的思想道德建设，引导人们在遵守基本行为准则的基础上，追求更高的思想道德目标"。[3] 社会主义核心价值体系和社会主义核心价值观的一些成分已经逐渐形成。

十七大报告提出了社会主义核心价值体系。十七大报告在第七部分

---

① 中共中央文献研究室编《十五大以来重要文献选编》（上），人民出版社，2000，第36～37页。

② 江泽民：《全面建设小康社会开创中国特色社会主义事业新局面——在中国共产党第十六次全国代表大会上的报告》，人民出版社，2002，第39页。

③ 江泽民：《全面建设小康社会开创中国特色社会主义事业新局面——在中国共产党第十六次全国代表大会上的报告》，人民出版社，2002，第40页。

"推动社会主义文化大发展大繁荣"中明确提出"建设社会主义核心价值体系，增强社会主义意识形态的吸引力和凝聚力"的要求。报告强调，"社会主义核心价值体系是社会主义意识形态的本质体现。""要巩固马克思主义指导地位，坚持不懈地用马克思主义中国化最新成果武装全党、教育人民，用中国特色社会主义共同理想凝聚力量，用以爱国主义为核心的民族精神和以改革创新为核心的时代精神鼓舞斗志，用社会主义荣辱观引领风尚，巩固全党全国各族人民团结奋斗的共同思想基础。"[1] 在社会主义核心价值体系培育上，要"切实把社会主义核心价值体系融入国民教育和精神文明建设全过程，转化为人民的自觉追求。积极探索用社会主义核心价值体系引领社会思潮的有效途径，主动做好意识形态工作，既尊重差异、包容多样，又有力抵制各种错误和腐朽思想的影响"。[2] 社会主义核心价值体系的提出并不断丰富和完善为社会主义核心价值观的提出奠定了基础，也为我党在价值观培育上从"精神文明建设"的提法向"积极培育和践行社会主义核心价值观"的提法的转变提供了基础。[3] 在十七届六中全会审议通过的《中共中央关于深化文化体制改革推动社会主义文化大发展大繁荣若干重大问题的决定》中，中央明确了社会主义核心价值体系的四个组成部分：指导思想是马克思主义，坚定中国特色社会主义共同理想，弘扬以爱国主义为核心的民族精神和以改革创新为核心的时代精神，树立和践行社会主义荣辱观。并明确提出"推进社会主义核心价值体系建设，巩固全党全国各族人民团结奋斗的共同思想道德基础"的要求。决议明确指出："社会主义核心价值体系是兴国之魂，是社会主义先进文化的精髓，决定着中国特色社会主义发展方向。"[4] 决议要求"必须强化教育引导，增进社会共识，创新方式方法，健全制度保障，把社会主义核心价值体系融入国民教育、精神文明建设和党的建设全过程，贯穿改革开放和社会主义现代化建设各领

---

① 胡锦涛：《高举中国特色社会主义伟大旗帜为夺取全面建设小康社会新胜利而奋斗——在中国共产党第十七次全国代表大会上的报告》，人民出版社，2007，第34页。

② 胡锦涛：《高举中国特色社会主义伟大旗帜为夺取全面建设小康社会新胜利而奋斗——在中国共产党第十七次全国代表大会上的报告》，人民出版社，2007，第34页。

③ 胡锦涛：《高举中国特色社会主义伟大旗帜为夺取全面建设小康社会新胜利而奋斗——在中国共产党第十七次全国代表大会上的报告》，人民出版社，2007，第34页。

④ 《中共中央关于深化文化体制改革推动社会主义文化大发展大繁荣若干重大问题的决定》，人民出版社，2011，第11页。

域，体现到精神文化产品创作生产传播各方面，坚持用社会主义核心价值体系引领社会思潮，在全党全社会形成统一指导思想、共同理想信念、强大精神力量、基本道德规范"。① 对社会主义核心价值体系培育提出了具体的指导意见。

第二个阶段，十八大之后社会主义核心价值观正式提出并开展了丰富多样的培育和践行活动。

十八大报告对社会主义核心价值体系做了进一步的丰富和诠释，指出"社会主义核心价值体系是兴国之魂，决定着中国特色社会主义发展方向。要深入开展社会主义核心价值体系学习教育，用社会主义核心价值体系引领社会思潮、凝聚社会共识。"② 并提出了"大力弘扬民族精神和时代精神，深入开展爱国主义、集体主义、社会主义教育，丰富人民精神世界，增强人民精神力量。"③ 提出要"加强社会公德、职业道德、家庭美德、个人品德教育，弘扬中华优秀美德，弘扬时代新风"。要"推进公民道德建设工程"④ 等。报告还提出了"倡导富强、民主、文明、和谐，倡导自由、平等、公正、法治，倡导爱国、敬业、诚信、友善，积极培育和践行社会主义核心价值观。牢牢掌握意识形态工作领导权和主动权，坚持正确导向，提高引导能力，壮大主流思想舆论"。⑤ 至此，社会主义核心价值观在党的文件中正式提出。

2013 年 12 月，中央印发了《关于培育和践行社会主义核心价值观的意见》，该意见指出，"社会主义核心价值观是社会主义核心价值体系的内核，体现社会主义核心价值体系的根本性质和基本特征，反映社会主义核心价值体系的丰富内涵和实践要求，是社会主义核心价值体系的高度凝练和集

① 《中共中央关于深化文化体制改革推动社会主义文化大发展大繁荣若干重大问题的决定》，人民出版社，2011，第 11～12 页。
② 胡锦涛：《坚定不移沿着中国特色社会主义道路前进为全面建成小康社会而奋斗——在中国共产党第十八次全国代表大大会上的报告》，人民出版社，2012，第 31 页。
③ 胡锦涛：《坚定不移沿着中国特色社会主义道路前进为全面建成小康社会而奋斗——在中国共产党第十八次全国代表大大会上的报告》，人民出版社，2012，第 31 页。
④ 胡锦涛：《坚定不移沿着中国特色社会主义道路前进为全面建成小康社会而奋斗——在中国共产党第十八次全国代表大大会上的报告》，人民出版社，2012，第 32 页。
⑤ 胡锦涛：《坚定不移沿着中国特色社会主义道路前进为全面建成小康社会而奋斗——在中国共产党第十八次全国代表大大会上的报告》，人民出版社，2012，第 31～32 页。

中表达。"① 该意见进一步确认了社会主义核心价值观的"三个倡导",并对如何培育和践行社会主义核心价值观做出了具体的指导意见。《在全国宣传思想工作会议上的讲话》(2013 年 6 月 19 日)、《在北京大学师生座谈会上的讲话》(2014 年 5 月 4 日)、《在文艺工作座谈会上的讲话》(2014 年 10 月 15 日)、《在全国党校工作会议上的讲话》(2015 年 12 月 11 日)、《在哲学社会科学工作座谈会上的讲话》(2016 年 5 月 17 日)等诸多讲话中,习近平总书记都深入地阐述了社会主义核心价值观的培育和践行问题。这些讲话使社会主义核心价值观的培育和践行的方向更加明确,思路更加清晰。

二 社会主义核心价值观的内涵阐释

社会主义核心价值观由三个组成部分,内容丰富,概括全面,既富有现代意味,也蕴含传统文化的优秀成分。

国家层面倡导富强、民主、文明、和谐。

国家高于个人的观念是优秀传统文化的重要组成部分,是传统社会士大夫的情怀,屈原曾发出"长太息以掩涕兮,哀民生之多艰"的悲天悯人感慨;陆游写出"一生不自恤,忧国涕纵横"这样充满家国情怀的伟大诗句;谭嗣同发出"四万万人齐下泪,天涯何处是神州"的忧国忧民喟叹;顾炎武的"天下兴亡,匹夫有责"淋漓尽致地诠释了传统士大夫的家国情怀。在传统社会,孝悌忠信礼义廉耻是核心价值观,忠是个体对国家的义务,孝是个体对父母的义务,在传统社会的核心价值观中,"忠"的排序要优先于"孝",这也意味着,国家高于个人,国家的事再小也是大事,个人的事再大和国家的事情比起来也是小事。社会主义核心价值观充分吸收了传统优秀文化,在国家层面倡导富强、民主、文明、和谐。

富强,是近代以来中国人的梦想,积贫积弱的旧中国处于被动挨打的地位,中国共产党的成立为中国带来了希望,领导中国进行了新民主主义革命,走上了社会主义道路,建立了新中国,使中华民族站起来了。改革开放的发展使中国人逐渐富裕起来,但是我们的发展和发达国家比起来还存在一定差距,很多核心技术还被人卡脖子,还需要继续发展,我们要坚定中国特色社会主义的道路自信、理论自信、制度自信和文化自信,推动

---

① 《关于培育和践行社会主义核心价值观的意见》,人民出版社,2013,第 3 页。

中国特色社会主义事业发展，努力实现国家富强。

民主，就制度而言，是少数服从多数的国家管理制度，就价值而言，民主就是由人民当家做主。资本主义民主相对于前资本主义而言是人类的一大进步，但它仍然是一定阶级范围内的民主，科学社会主义超越了资本主义，实现了大多数人的民主。社会主义中国的国体是无产阶级专政，它实现了大多数人的民主。改革开放四十余年，我国的民主政治获得巨大的发展，取得了巨大的成就，虽然还有诸多有待进一步发展的地方，但人民当家做主是我们党矢志不渝的奋斗目标，在民主政治的发展道路上，我们明确既不走封闭僵化的老路，也不走改旗易帜的邪路，要坚持走中国特色社会主义政治发展道路。

文明，与野蛮相对，社会的进步是脱离野蛮走向文明的过程，文明是社会主义核心价值观的重要组成部分。我们的文明既包括以民主政治为主要内容的政治文明，也包括经济快速发展的物质文明，还包括山青水绿地美、"望得见山、看得见水、记得住乡愁"的生态文明，更包括文明出游、文明礼貌、文明用语等日常生活的文明。

和谐。中华文化历来崇尚和谐，和合文化源远流长，比如：天人合一的宇宙观，民胞物与的自然观，协和万邦的国际观，和而不同的社会观，人心和善的道德观等，还有和气生财、和衷共济、和合共生等日常用语都体现了传统和谐文化的影响。和谐社会是我们治国理政的价值追求，它力图在尊重个体个性的基础上维系社会的和谐稳定。

社会层面倡导自由、平等、公正、法治。

社会是由个人组成的，但由个体组成的社会需要诸多规则，没有规则，社会难以形成秩序，自由、平等、公正、法治都是社会规则。

自由，从本意上来说就是依自我意志而行动，但自由从来都不是随心所欲，从来都没有绝对自由，自由是有约束的行为，任何人的自由都需要以不妨碍他人的权利为前提。自由表面上是个体的事情，但本质上是一个社会的事业，任何人的自由都是在某一个社会中的自由，没有社会，个体也无所谓自由不自由，自由是个体与社会的有机统一。自由是人类进步的动力，是个体发挥创造潜力的社会前提，是发挥个体天性的环境，同时自由也是人类发展所追求的目标。自由的实现需要有坚实的物质基础，否则自由只是无法实现的镜花水月。作为社会主义核心价值观的自由与资本主义的自由有质的区别，不能把作为社会主义核心价值观的自由与资本主义的自由等量齐观。

平等，是现代文明的重要表现，现代社会消除了种种特权，实现了人与人的平等。平等内涵丰富，包括：人格平等，即不分性别、职业、民族等外在条件，人人应该得到同等的权益和尊重；机会平等，机会就是成功的可能，机会可以分为自然机会和社会机会，自然机会是由运气、天赋等自然因素导致的机会，社会机会是由政府提供的机会，我们所说的机会平等更多的是社会机会；权利平等，即任何人在法律面前都具有同等的权利。

公正，公正的本质是得其应得，失其应失，一个人的所得是他应得的就是公正，如果一个人所得不是他应得的，那就是不公正。那么什么是应得呢？应得的理由主要是自我努力程度，应得的回报与贡献成正比就是公正，否则就是不公正。现阶段我国收入差距明显偏大，有些高收入者不一定是劳动所得，而劳动所得占国民财富的比重相对来说偏低，这就需要推进分配体制改革，提高劳动者的收入，进一步实现分配公正。

法治。现代社会应该是法治社会，法律是社会的最高权威，任何行为都必须在依法的前提下进行。依法治国是我国宪法确定的治国理政的基本方略，政府要依法行政，遵循"凡没有明文授权的即违法"的公法原则；公民要遵守法律，遵循"凡是没有明确禁止的即自由"的私法原则。法治不仅体现在有健全的法律体系、严格的执法系统，还体现在全社会对法律的信仰上，所谓的"打官司就是打关系"的状态，有事绕过法律的行为都是传统社会人治的残留，我们应该积极培育法律文化、法治信仰。

个人层面倡导爱国、敬业、诚信、友善。

一个社会的文明程度具体体现在国民的素养上，社会主义核心价值观就是要解决"培养什么样的公民"的问题，个人层面是社会主义核心价值观的重要层面。

爱国。国家是公民的强大后盾，一个公民在境外如果出了什么事情，国家会尽全力进行交涉处理，公民应该热爱自己的祖国，爱国是公民的基本道德情操，是个体对祖国的情感、归属感和认同感，也是中华民族的优秀传统，诸多志士仁人的爱国故事彰显了他们对祖国的情感，爱国也是凝聚全国各族人民的精神支柱。

敬业。敬业是公民对自己所从事的职业的认同，把自己的职业看得甚至比生命还重要。著名国学大师冯友兰要完成《中国哲学史新编》这部著作，步入晚年的他双目失明，撰写这部著作困难重重，但他克服了种种困难完成了这部著作，当完成这部著作的时候，说了一句话令在场的所有人为之动容，这句话就是"我可以有病不吃药了"，也就是说，书还没有完成的时候，我有病了你们要救我，给我拿药，不能让我死，使命还没有完成我怎能死呢？现在书写好了，使命完成了，有病可以不吃药了。这句朴素的话诠释了什么是敬业，敬业就是把自己的事业看得比生命还重要。这种精神不仅是个人的素养，也是国家发展的精神力量，工匠精神就是敬业精神的进一步延伸，这种精神是我国实现从高速度发展向高质量发展的精神力量。

诚信。诚信就是讲信用、真诚、老实的意思，是现代人的基本修养。市场经济是现代社会的经济运行模式，市场经济需要诚信的市场主体，市场主体的"理性人"特征决定了其利益最大化的追求，而这一追求又极易导致短期行为，不诚信是典型的短期行为。但时间和历史已经证明，短期行为不可能培育健康的市场，只会破坏市场经济的运行，所以现代社会都有严格的诚信制度，严格的诚信制度使诚信逐渐转化为个体内在的自觉行为。现阶段我国还存在不诚信的行为，地沟油、毒奶粉、假疫苗等虽属个别现象，但也说明了诚信制度有待建立健全，社会诚信有待进一步提升。

友善。与人为善是社会健康发展的基础，也是个人应该具备的基本素养。竞争是现代社会的常态，但竞争并不必然导致以人为壑的人际关系。市场经济时代的人既要重视物质利益和社会竞争，也应该有较为深厚的人文情怀和友善精神，这是社会主义核心价值观的重要方面，也是社会公序良俗的文化基础。

要准确解释社会主义核心价值观，我们还要做如下几点补充：

要明确社会主义核心价值观是社会主义的核心价值观，而不是别的什么主义的核心价值观。它所体现的是社会主义所追寻的价值，在这一点上它与别的"主义"存在本质区别。我们要明确，社会主义核心价值观是社会主义核心价值体系的高度凝练和集中表达。社会主义核心价值体系的指导思想是马克思主义，共同理想是中国特色社会主义，另外还包括以爱国主义为核心的民族精神和以改革创新为核心的时代精神，最后还包括以八荣八耻为内容的社会主义荣辱观。社会主义核心价值体系把马克思主义的指导地位和中国特色社会主义的共同理想地位凸显了出来。八荣八耻的内容是"以热爱祖国为荣、以危害祖国为耻。以服务人民为荣、以背离人民为耻。以崇尚科学为荣、以愚昧无知为耻。以辛勤劳动为荣、以好逸恶劳为耻。以团结互助为荣、以损人利己为耻。以诚实守信为荣、以见利忘义为耻。以遵纪守法为荣、以违法乱纪为耻。以艰苦奋斗为荣、以骄奢淫逸为耻。"这也充分彰显了"社会主义"的本质特征。社会主义核心价值观是从社会主义核心价值体系中凝练和概括出来的,那么社会主义核心价值观就必然凝练和体现社会主义核心价值体系中的"社会主义"特质。

要明确社会主义核心价值观是社会主义意识形态的核心。价值观是意识形态的核心成分,社会主义核心价值观是中国特色社会主义意识形态的核心成分。意识形态的本质是观念上层建筑,其职能是维系和支持政治上层建筑并服务于经济基础,社会主义意识形态就是要维系和支持社会主义的上层建筑和服务于社会主义的经济基础。社会主义核心价值观作为中国特色社会主义意识形态的核心成分就是力图使社会主义核心价值观入心入脑、落实落细,生活化为人民群众自觉的行为方式,使人民群众从内心深处自觉认同和接纳我们党的路线、方针、政策,自觉坚定中国特色社会主义道路自信、理论自信、制度自信、文化自信。最大程度凝聚社会共识,为中国特色社会主义发展提供强大的精神动力支持。

社会主义核心价值观不同于西方资本主义的核心价值观,二者虽然存在若干字面的相同,但却存在本质的区别。社会主义核心价值观包括"富强、民主、文明、和谐、自由、平等、公正、法治、爱国、敬业、诚信、友善"十二个概念,这十二个概念中的部分概念与西方资本主义所宣扬的价值观存在部分的字面重合,西方资本主义的核心价值观包括"自由、平等、博爱"等方面,社会主义核心价值观也包含了"民主""自由""平等"等概念。但社会主义核心价值观与资本主义核心价值观存在质的不同,不能用西方自由主义诠释社会主义核心价值观。虽然在字面上有部分的相同,但社会主义核心价值观与西方资本主义的自由主义、个人主义有质的区别,不能把二者混为一谈。

三　社会主义核心价值观的认同

本研究的主题是探讨新媒体公共领域对社会主义核心价值观的认同问

题，明确社会主义核心价值观认同的内涵具有重要意义，概念的清晰明白是研究得以深入开展的前提，我们先耙梳界定认同概念的内涵。

（一）何谓"认同"

认同概念在日常语言中似乎是一个自明的概念，人们日用而不觉、习焉而不察，使用者从不严肃考虑这一概念的内涵是什么，日常语言的模糊性可以容忍这种情况，但学术研究不能仅仅满足于日常语言概念，尤其是这一概念是本研究的关键术语，这就有必要对这一概念的内涵做一番清理和界定。

认同概念的复杂性在于包括心理学、社会学、法学、哲学在内的多个学科都非常关注这一概念，并从不同角度对之做出解读。认同概念对应的英文词是"identity"，有"认同""同一性""身份"等不同的译法。哲学关注认同，更多的是对差异性基础之上的同一性的确认，它强调从多样性、异质性中发现同一性和共性，从"多"中找寻"一"①；心理学关注认同强调"自我对自身同一性、与他人同一性的主观肯定态度"，强调认同是个体的内在心理活动，个体通过模仿、学习等过程将社会的价值、规范内在化为个体"内在律令"，从而获得心理上的同一感，人在获得这种同一感、连续感的同时也实现了自我确证，主观的自我确证是认同的重要因素，"人能意识到自身的属性，更能意识到这种属性所具有的社会意义，于是在自我的基础上产生了一种主观的心理感受和态度，这就是认同。"② 心理学对认同的研究更具实证性和效能性；社会学关注认同问题强调"个体对身份的共识以及对社会关系的影响和意义"，注重从身份的角度关注认同对社会关系的影响。③ 探讨社会主义核心价值观认同偏重于心理层面和社会层面。

从心理学上来看，认同之所以成为学界使用频率极高的词语与心理学界的研究有着直接的关系。曹卫东认为，认同概念主要包括三个主要来源：第一，美国心理学家的研究。美国心理学家艾里克·艾里克森（Erik Homburger Erikson）在 20 世纪 50 年代创造了"认同危机"概念，他修改了弗洛伊德的心理学理论，减少生理性冲动在个体发展中的重要性，他认为人在发展过程中有与外界进行互动的需要，而健全的人格也正是在这一互动过

---

① 白苏婷、秦龙、杨兰：《认同概念的多学科释义与科际整合》，《学术界》2014 年第 11 期。
② 白苏婷、秦龙、杨兰：《认同概念的多学科释义与科际整合》，《学术界》2014 年第 11 期。
③ 白苏婷、秦龙、杨兰：《认同概念的多学科释义与科际整合》，《学术界》2014 年第 11 期。

程中逐渐形成的，"认同危机"贯穿于整个人生的始终，不断的自我调整也贯穿人的一生。第二，符号互动理论的影响。尤其是米德的符号理论，米德《自我、心灵与社会》是最经典的代表，米德认为人通过符号与外在客观世界互动，人通过这种互动重构自我，他构想了一个"客我"，这一个"客我"是人在互动中形成的，"客我"不断刺激自我形成自我认同。第三，欧陆心理学界对社会认同的研究。泰弗尔（Henri Tajfel）和约翰·特纳（John C. Turner）在 20 世纪 70 年代研究族群之间互相歧视的问题时十分关注认同问题，特纳提出了自我归类理论，他们认为社会冲突虽然用"剥夺理论""挫折—攻击"理论可以得到合理的解释，但认同问题是一个重要变量，在一定程度上可以解释社会冲突。① 心理学关注认同的微观层面，关注个体对规范的内化与接纳。

从社会层面研究认同问题已经成为社会学研究的一个重要话题。李春玲、刘森林认为，一般意义上的认同"是个人或者群体的自我建构"，"它涉及我是谁或我们是谁、我在哪里或我们在哪里的反思性理解以及什么对我和我们最有意义"等问题，而社会学意义上的认同"特别强调社会及社会结构对自我认同的影响，认为认同的实质就是对社会建构的角色认同"。② 社会认同也被定义为，"个体知晓他/她归属于特定的社会群体，而且他/她所获得的群体资格会赋予其某种情感和价值意义。"③ 可以说，归属感是社会认同的核心要素。对于现代社会来说，滕尼斯意义上的"共同体"状态已经成为过去，但人为什么还要追求对群体的归属感呢？实际上，即便是在滕尼斯意义上的"社会"中，也并没有彻底消解共同体。在现代的"社会"中，共同体和个体存在合理的张力，既不是古代"共同体本位"时代个体完全依附于共同体，也不是一盘散沙式的过于侧重个体而忽视共同体的状态。在存在着社会认同的社会群体中，个体和群体有一个合理的张力。这一张力在个体与群体之间不断调整，在不断的调整中维持这种张力的动态合理与平衡。即，如果一个人发觉自己在某个群体中个性过于张扬，就会有一种收敛个性，

---

① 曹卫东：《从"认同"到"承认"》，《人文杂志》2008 年第 1 期。
② 李春玲、刘森林：《国家认同的影响因素及其代际特征差异——基于 2013 年中国社会状况调查数据》，《中国社会科学》2018 年第 4 期。
③ 〔澳〕迈克尔·A. 豪格、〔英〕多米尼克·阿布阿姆斯：《社会认同过程》，高明华译，中国人民大学出版社，2011，第 9 页。

向群体的共性驱同的倾向；相反，如果一个人发觉自己过于趋同，没有任何个性，就会产生一种尽力张扬个性，以在群体中凸显自我的倾向。在个体和群体的这种合理的张力中，个体能够保持自我生存的舒适感。

认同本质上是认可、承认、接纳，并进而对所认同的对象产生归属感、亲切感的心理活动。探讨认同的内涵，我们还需要做如下几点补充：第一，认同就是寻求同一，从主观意愿上把自己与所认同的对象统一起来，不管是身份认同、政治认同、地域认同，还是价值观认同都是主观上认定自己就是归属于、统一于所认同的对象。第二，认同包含有信仰的成分，认同固然包含有理性认知的因素，但认同感一旦形成，人们就不必事事都要经过理性的辨别，而是直接经过直观认定，这种认同甚至可以说已经变成了一种信仰。第三，认同会令人产生亲切感、愉悦感、安全感等心理体验，认同感会令人心里舒畅，使人精神世界充实。

（二）认同的意义

社会认同有什么意义呢？我们可以从社会和个体两个方面来说。就社会而言，社会认同有助于增强社会的凝聚力和整合度。归属感实际上就是对群体成员所共享的信仰、价值和行动取向的归属。个体的这种行为倾向有助于增强个体对群体的向心力，避免分崩离析状态的出现。对个体而言，社会认同也有重要的意义，这里笔者认可赵志裕等学者的观点：第一，社会认同有助于提高自尊，归属于某个群体可以让个体在同其他群体比较中产生地位、荣誉等骄傲感和优越感；第二，可以降低无常感，提高安全感，群体生活的相对稳定性和共同性可以令个体感觉到集体的温暖与安全；第三，可以满足归属感与个性的需要，归属于某个群体和张扬自我个性是个体的共同需要，这两个既相互对立，又相互依存的需求只有在群体中才能够得到满足；第四，找寻存在的意义，人都难免一死，只有在群体中个体才能寻找到生的温情与意义。① 社会认同无论对于社会还是对于个体而言都是非常重要的，认同出现危机，不仅社会缺乏整合度和凝聚力，个体也会出现种种莫名的烦恼与不适。

社会认同是个体发自内心的对群体的归依。在存在着共享价值观的社

---

① 赵志裕、温静、谭俭邦：《社会认同的基本心理历程——香港回归中国的研究范例》，《社会学研究》2005 第 5 期。

会共同体中，群体中的个人对群体有一种归属感。这种归属感不是强硬指派或外在强加的，而是发自内心的一种自我评价。根据认同在英语中的语义，认同有两方面的含义：一个是同一性，即与同群体中的他者共有的特征或情况；一个是个性，即个人不同于他人或其他群体的鲜明的个性或特征。这两个方面的含义实际上是相通的，只有和他者区别开来才能保证自我的同一性。曼纽尔·卡斯特指出，"认同是行动者自身的意义来源，也是自身通过个体化过程建构起来的。"① 所以，认同更多的是强调承载者的主体感受，强调其自我评价，自我构建，不是通过外部力量（如意识形态）强制灌输给主体的，是主体带有某种感情和价值意义的一种内化，就像卡斯特所说的那样，"认同尽管能从支配性的制度中产生，但只有在社会行动者将之内在化，并围绕这种内化过程构建其意义的时候，它才能够成为认同"。②

社会认同的建构与社会语境有关，同时它需要一些现实的经济条件、社会环境的支撑。正如吉登斯所说，认同是寻求自身"本体性安全"的结果，这种"本体性安全"是以具体的例行性日常生活为依托的。在传统社会中，每个人的社会角色、生存空间和交往对象都是相对固定的，社会认同就建立在这样相对固定的社会环境中。但是，在"流动的现代性"社会中，例行性的日常生活被打破，认同和信任的基础也随之消失，甚至会出现认同危机和道德危机。伦理学家泰勒就强调了认同对于一个社会人道德定位的重要性，一个缺乏社会认同的人很可能会混淆是非，缺失诚信，失去前进的方向。

现阶段的中国正发生着政治、经济、文化、社会等各个方面深刻的社会转型，利益结构、社会结构、权力结构等发生了深刻的变化和重组，一些人的政治、经济和社会地位发生了深刻的变化，这导致了对自己身份地位看法的改变，甚至在一定程度上出现认同危机。传统社会所形成的社会认同逐渐受到冲击，新的社会认同还没有真正建构起来，这是现阶段中国社会认同出现问题的主要原因。随着经济社会的快速发展，新的社会认同的建构就成为摆在我们面前的重要问题。因此，在社会转型期，增强社会认同对于凝聚社会共识、促进社会的稳定与和谐至关重要。

---

① 〔美〕曼纽尔·卡斯特：《认同的力量》，曹荣湘译，社会科学文献出版社，2006，第5页。
② 〔美〕曼纽尔·卡斯特：《认同的力量》，曹荣湘译，社会科学文献出版社，2006，第5页。

（三）社会主义核心价值观认同

价值观是人的行动指南，价值观对人的指导是深刻而广泛的，在界定社会主义核心价值观认同之前，我们有必要先了解社会主义核心价值观的生成情况，这有助于我们诠释社会主义核心价值观的认同问题。

1. 价值观具有稳定性

价值观念对人的影响是深刻而久远的，其影响可以分为两种情况：一种情况是自己刻意追求某种价值观念，刻意让自己的行为表现为某种价值观，是个人有意而为之的行为；另一种情况是某种价值观已经深入到心灵深处，已经成为不自觉地支配自己行为的内在的心理品质。[①] 只有第二种价值观才是真正的价值观念。孔子曾说，"吾十有五而志于学，三十而立，四十而不惑，五十而知天命，六十而耳顺，七十而从心所欲，不逾矩。"也就是说，孔子到了七十岁的时候，随心所欲的行为都是符合道德规范的，道德规范已经成为内在的心理品质了，已经几乎成为本能了。价值观是人的一种稳定的观念，它一旦产生就会深深扎根于人们的心灵深处，成为自觉支配人的行为方式的内在品质。卢梭说，真正的"法律既不是铭刻在大理石上，也不是铭刻在铜表上，而是铭刻在公民们的内心里……"[②] 同样道理，真正的社会主义核心价值观念不是写在红头文件上和作为标语写在墙上的，而是真正写入人的心灵深处，入心入脑，熔铸在人的行为方式之中。坊间流传的一个故事很能说明问题，在德国，有一个抢银行的劫匪，抢完银行后发现银行里面的桌子上放着一瓶美酒，就用枪指着银行职员，令其将酒拿过来，这个银行职员非常聪明，说道："对不起先生，按照我国法律，只有年满十八周岁的人才能饮酒，你如想饮酒，请出示您的证件，证明您已年满十八周岁。"这个劫匪没有多想，本能地拿出证件，最后他得到了美酒，这个案子很快告破，因为职员暗暗记下了劫匪证件上的信息。一种文明，只有深入到人的心灵深处，成为人们生活方式自然而然的一部分的时候，才是真正的文明。同样道理，真正能够支配人的行为的价值观念才是价值观念，那些装出来、刻意表现出来的价值观念不是真正的价值观

---

① 李永杰：《增强社会主义核心价值体系的吸引力和凝聚力》，《湖北社会主义学院学报》2011 年第 2 期。

② 〔法〕卢梭：《社会契约论》，何兆武译，商务印书馆，1980，第 73 页。

念，这种行为只能算是一种作秀。

明确价值观的上述特征十分重要，我们探讨价值观发生论，肯定需要明确应然状态的价值观是什么样的，所发生的价值观应该是真正的价值观，而不是虚假的、装出来的价值观。

2. 价值观发生的两种形态

最早涉及发生论问题的领域是认识论，皮亚杰的认识发生论就是探讨认识的发生发展过程的理论，是探讨认识从无到有的生成过程，这是认识论的基础问题。皮亚杰通过对儿童认识的发生、形成过程的探讨得出结论：认识的发展就是一个从初级的、简单的认识格局转化为高级的、较复杂的认识格局的过程。格局（schema）是认识发生论的核心范畴，也是认识结构的起点。所谓格局也就是人的认识结构，这个结构本身就是认识的结果，人们的认识最终在头脑中沉淀成一个知识结构，认识的发展就是这个结构向更加复杂的结构的转变，而在这个过程中，格局通过两种方式来丰富和发展自己：同化和调节。所谓同化就是个体把外界的刺激纳入原有的格局之内，就好像消化系统将营养物吸收一样，同化只会丰富格局的内容，不会改变和创新格局；所谓调节就是指人的认识受到刺激或由于环境的作用而引起原有格局的变化和创新以适应外界环境的过程。[①] 刚出生的婴儿，头脑中没有格局，格局是随着婴儿的成长而产生的，可以说格局就是人类社会的产物，是社会化在婴儿心灵深处的沉淀，格局一旦形成，就会通过上述两种方式丰富和发展自己。从皮亚杰的认识发生论可以得出这样的结论：认识是人类社会的产物，认识是在人类实践基础上逐渐形成的。

学者们虽然深刻地探讨了认识发展的规律，但是对人的认识到底是怎么样产生的这一基本问题却少有顾及，皮亚杰的工作具有开创意义。价值观和认识一样也有一个发生论的问题，我们探讨社会主义核心价值观培育也有一个发生论的问题，价值观发生论就是探讨价值观如何发生发展的理论。价值观的发生可以分为两种情况。

第一种情况，自发的价值观发生过程。所谓自发的价值观发生就是价值观自然而然地形成的过程，没有或者较少有人为的干涉。这种情况可以分为相互联系的两个方面，从群体层面来说，就是一个群体的价值观念逐

---

① 〔瑞士〕皮亚杰：《发生认识论原理》王宪钿等译，商务印书馆，1987，第3~4页。

渐形成的过程，一个群体的价值观实际上就是这个群体在长期的社会实践过程中逐渐沉淀在人们心灵深处的稳定的趋势，比如中华民族所具有的民族性、国民性就是中华民族在漫长的历史发展过程中形成的。这一发生过程是漫长的，某一代人无法觉察到价值观的发生过程。上一代人总是会将自己所接纳的价值观传授给下一代，下一代在内化这种社会遗传的过程中，也会有一定的调适，但在漫长的自然经济时代，这种调适是极其微弱的，人们几乎感受不到。但是在社会发生巨大变化的时期，这种调适是相当大的，比如处于转型期的我国，代与代之间的差异性非常大，甚至相隔几岁就有代沟，价值观念的变迁能够明显地被感知。就个体层面来说，价值观的发生就是从婴儿没有价值观的状态发展成为有价值观的状态，刚出生的婴儿和普通动物一样，没有价值观念，但是随着他的长大，他也会形成价值观念，儿童价值观念的形成是家庭教育的结果，这说明价值观念是后天形成的，价值观念在很大程度上是社会教育的产物，家庭、社会对个体价值观的形成发挥着极其重要的作用。上述这两个方面是相互联系的，群体离不开个体，群体的价值观是个体价值观的整合，个体的价值观也受到群体价值观的影响，个体的价值观正是在群体的环境中内化本群体所具有的价值观而形成的。

第二种情况，自觉的价值观发生过程。自觉的价值观发生过程就是人为干预价值观的培育过程。为了社会发展的需要，人类会有意识地积极培育某种价值观念。在远古时代，个人对历史的影响是自发且渺小的，近代以来，人类历史发展的自觉性增加了，个人对历史的影响越来越大。在历史发展过程中，人们发现现有的一些观念因素是不适合现代文明的，同时也发现我们所处的社会中还缺乏现代文明所具有的一些因素，所以人们开始修正自己的文明，剔除传统文化中的糟粕，增加适合现代文明的观念因素，这就是人类自觉地改造价值观的过程。启蒙就是典型的价值观培育，它试图在普罗大众中间培育理性、自由、民主等价值观念。康德说，"启蒙运动就是人类脱离自己所加之于自己的不成熟状态。不成熟状态就是不经别人的引导，就对运用自己的理智无能为力。当其原因不在于缺乏理智，而在于不经别人的引导就缺乏勇气与决心去加以运用时，那么这种不成熟状态就是自己所加之于自己的了。要有勇气运用你自己的理智！这就是启蒙运动的口号。"① 启蒙就是让人们明白自己是自己的主人,有权力决定自己的事务,实际上就是将现代性的价值观念灌输给普罗大众。

第一种路径是"自生自发秩序"的结果,第二种路径是建构主义的路径。建构主义强调人为因素在社会发展中的作用,人为因素确实会对社会发展产生重大影响,马克思曾说过,"人类史同自然史的区别在于,人类史是我们自己创造的,而自然史不是我们自己创造的。"② 但人的自觉因素是有限度的,人的理性不是万能的。哈耶克说,"如果我们把人类文明完全说成自觉的理性的产物或人类设计的产物,或者我们自以为完全有能力自觉地重建或维持我们在不知道自己做了什么的情况下建立起来的东西,我们就太不自量力了。我们的文明虽是个人知识积累的结果,然而获得这种结果,靠的并不是自觉地把所有这些知识集中在哪个人的头脑中,而是由于它包含着我们在并不理解的情况下使用的符号、包含着各种习惯和制度、工具和观念,这使社会中的人能够不断从一个知识整体中获益,但不管他是什么人,都不可能完全掌握这个知识整体。"③ 康德说,启蒙价值观的培育是一个艰难的过程,"通过一场革命或许可以实现推翻个人专制以及贪婪心和权势欲的压迫,但却绝不可能实现思想方式的真正变革;而新的偏见也正如旧的一样,将会成为驾驭缺少思想的广大人群的圈套。"④ 马克思也说过,无论在哪一个社会形态,在它所能容纳的全部生产力发挥出来以前,是决不会灭亡的;而新的更高的生产关系,在它存在的物质条件在旧社会的胎胞里成熟以前,是决不会出现的,所以人类始终只提出自己能够解决的任务,因为只要仔细考察就可以发现,任务本身只有在解决它的物质条件已经存在或者至少在形成过程中的时候,才会产生。他还说,"我的观点是:社会经济形态的发展是一种自然历史过程。不管个人在主观上怎样超脱各种关系,他在社会意义上总是这些关系的产物。"⑤ 人类的理性是有限度的,它要遵从客观规律。因此,可以说,价值观培育的纯粹"自生自发"途径是不可能的,纯粹的建构主义路径也是走不通的,正确的途径应该是

---

① 〔德〕康德:《历史理性批判文集》,何兆武译,商务印书馆,1990,第23页。
② 〔德〕马克思:《资本论》第1卷,人民出版社,2004,第429页。
③ 〔美〕哈耶克:《科学的反革命》,冯克利译,译林出版社,2003,第87~88页。
④ 〔德〕康德:《历史理性批判文集》,何兆武译,商务印书馆,1990,第25页。
⑤ 《马克思恩格斯选集》第2卷,人民出版社,1995,第207~208页。

二者的有机结合，在遵循客观规律的基础上发挥理性的作用，而理性的作用又以不违背"自生自发秩序"为限度。

3. 社会主义核心价值观的发生论探讨

探讨社会主义核心价值观发生论问题的一个前提是，要明确我们所提炼出来的社会主义核心价值观是怎样得来的。十八大报告提出的 24 字社会主义核心价值观到底是如何提炼出来的呢？是现实社会已经存在这些价值观念，我们只是进行提炼和概括而得出来的，还是现实中不存在，但我们认为现实社会应该存在，而对现实社会提出的要求呢？社会主义核心价值观的提炼，当然不是纯粹的第一种情况，如果这些价值观念已经实然存在，且已深深扎根于人们的心灵深处，那就不需要再进行培育了；同时也不是纯粹的第二种情况，如果现实中不存在这些价值观念，而我们要人为地提出一套价值观念，然后将其灌输给广大民众，这种情况也不可能实现，因为即便我们强制"灌输"到广大民众头脑中，他们也不一定真正认同、接纳这些东西。真实的情况应该是这样的，这些价值观念虽然并没有在现实中明确存在，没有深深扎根于人民群众的心灵深处，但这些价值观念是人民群众所期盼的东西，也是整个社会所期盼的东西，在相当多的群体中已经部分存在，但还没有真正入心入脑、内化于心、外化于行，需要我们花大力气去培育，使这些价值观念逐渐沉淀为广大民众的内在心理品质和基本行为规则。

社会主义核心价值观发生论还要明确两种情况：第一种情况是在儿童身上的发生；第二种情况是在成年人身上的发生。社会主义核心价值观在儿童身上的发生是在儿童的社会化过程中完成的，社会化是人从生物学意义上的人转变为社会学意义上的人的必经过程，价值观念的形成是社会化的重要方面。但是儿童社会化也有其局限性，那就是限于年龄，儿童所能内化的价值观念都是较为简单的价值观念，像自由、平等、公正这样抽象的价值观念，儿童根本无法产生深刻理解，所以社会主义核心价值观在儿童身上的发生是有限度的。社会主义核心价值观在成年人身上的发生较为复杂，需要做具体的分析，其复杂之处就在于成年人已经具备了较为成熟的价值观念，这些已有的价值观念对社会主义核心价值观念的培育将会产生至关重要的影响。由于所处环境、所接受的教育、本身的素质等因素的差异，成人在接受社会主义核心价值观的过程中至少要区分为如下几种情况来具体说明：第一，已有的价值观念大部分都接近于社会主义核心价值观，这种情况下，社会主义核心价值观的发生就比较容易，他本身就已经接纳、认可了社会主义核心价值观的主要内容了，所以培育起来就相对容易了。第二，原有的价值观念大都和我们所要培育的价值观念相抵触，也就是说，社会主义核心价值观的培育意味着，要让他放弃原有的价值观念，而重起炉灶地接纳、认可并内化我们的社会主义核心价值观，现阶段这种情况的人是少数。如前所述，人的价值观念一旦形成就很难改变。要完成这种情况下的社会主义核心价值观发生论，需要切实触动其灵魂，令其真正领悟到自己所坚持的价值观念的不足，深刻认识到社会主义核心价值观的价值，之后才能逐渐使其价值观念转变。第三，原有的价值观念大约一半接近于社会主义核心价值观，而另一半相反，或者说虽然具有社会主义核心价值观念，但不明确，不稳定。这种情况的人可能占社会的大多数，毕竟我们的社会主义建设已经取得了令世人瞩目的成就，我们的实践已经令人信服地向世人证明，社会主义优于资本主义。社会主义核心价值观是社会主义的灵魂，它拥有旺盛的生命力，但是现阶段还存在诸多的社会问题，一些人的认识还受到现实的影响，人们心中还存在一些不同意见和看法。在这种人身上培育社会主义核心价值观既要巩固其已有的接近社会主义核心价值观的价值观念，也要积极用社会主义核心价值观凝聚社会共识，减少其非社会主义的价值观念。上述三种情况是为了说明问题而做的抽象分析，如果说要对这三种情况做一个总体判断的话，笔者认为，处于第一种情况的人是少数，处于第二种情况的人也是少数，处于第三种情况的人属于多数。所以从价值观发生论的角度探讨社会主义核心价值观培育应该主要针对第三种情况。

4. 社会主义核心价值观的认同问题

江畅把社会主义核心价值观认同分为"合理性认同"和"道义性认同"两个方面。所谓合理性认同是"人们因为认识到核心的或占主导地位的价值观具有充足的理由而认同它，源于其内容的说服力"；所谓道义性认同"源于国家治理公正性所产生的良好社会效果（良效），即人民所体会到的国家对社会资源与公共利益的公正分配。道义性认同更多地取决于公众对国家治理结果的公正性和良效性的感知、领悟和理解，不同于依赖理性分析的合理性认同，且在核心价值观社会认同中具有关键性的意义"。① 这两种认同都强调推进社会主义核心价值观认同的合法性，社会主义核心价值观认同对中国特色社会主义发展，对于社会文明程度的提升都具有重要的意义。本课题研究的主要目的就是探讨如何在新媒体公共领域这个平台推进社会主义核心价值观的认同。积极培育和践行社会主义核心价值观的关键是如何让社会主义核心价值观入心入脑、内化于心、外化于行、落实落细，真正成为我们日常生活的行为规范，成为人们自觉的生活方式，而这一过程中培育认同感则具有重要意义。

明晰社会主义核心价值观认同问题，我们还需要明确如下几个问题：第一，谁的认同。积极培育和践行社会主义核心价值观于国于民都是一件十分重要的事情，它既是我们党意识形态建设的重要内容，也是提升社会文明程度的重要抓手，社会主义核心价值观应该被整个社会大多数人所认同和践行。本课题的研究目标就是力图使更多的人认同社会主义核心价值观。第二，认同的程度。认同更多的是一种心理状态，这种心理状态是社会共识的基础，具有重要意义，但认同的程度是有区别的。社会主义核心价值观的认同涉及意识形态建设，也涉及个人行为，我们所追求的社会主义核心价值观认同应该是深入的认同，应该入心入脑，成为每个人的行动指南，成为每个人习焉而不察、日用而不觉的标准，成为内化于心、外化于行的规范。从国家的角度来看，认同的程度要深。第三，谁来推动认同。在很多人看来，推动社会主义核心价值观认同的主体应该是党和国家，党和国家固然是推进社会主义核心价值观认同的主导力量，但社会大众也是重要的力量，而且社会主义核心价值观培育和践行更需要社会大众的积极参与，而且笔者认为，党和国家引领社会主义核心价值观的目的就是为了调动公众参与的积极性。

如何在一个充满变数、充满风险和流动性的转型社会中保持较高的社会认同度，已成为一个亟待解决的重大现实问题。以互联网等新媒介为核心的大众媒介的崛起为增进社会认同提供了一个新的视角。在充满大众媒介的现代社会里，利用大众媒介的传播规律提高社会共识是增强社会认同的一个很好的途径。

---

① 江畅：《核心价值观的合理性与道义性社会认同》，《中国社会科学》2018 年第 4 期。

第五节　相关文献综述

社会主义核心价值观建设所探讨的是"我们要建设什么样的国家、建设什么样的社会、培育什么样的公民的重大问题"[①]，具有重大的战略意义，所以学界对社会主义核心价值观已经有了较多的研究，但对从新媒体公共领域角度探讨社会主义核心价值观认同的研究则相对较少。

一　学界关于社会主义核心价值观培育和践行的研究

研究新媒体公共领域对社会主义核心价值观的认同离不开一般意义上的社会主义核心价值观培育和践行，所以我们有必要首先综述一下关于社会主义核心价值观的培育和践行的研究。

对社会主义核心价值观培育的研究总体上可以分为两类，一类是宣传性的研究，一类是学术性的研究，对于社会主义核心价值观的培育来说，这两类研究都是必需的，目前这两类研究都取得了较为丰硕的成果。

（一）宣传性研究

对于培育和践行社会主义核心价值观，宣传是一项重要的工作。所谓宣传性的研究主要是把社会主义核心价值观的内涵讲细、讲深、讲透，它更多不是求"新"，而是求"准确"，目的在于宣传。自社会主义核心价值观提出以来，宣传性的研究成果就迅速多起来。总体而言，目前宣传性的研究可以分为如下几个方面：第一，中央层面的解读读本及相关讲话。这一层面的成果具有最高的政治权威，是各类研究的依据及导向。这一层面的成果有：①《关于培育和践行社会主义核心价值观的意见》（2013 年 12 月 11 日），由中共中央办公厅印发，这是十九大报告明确提出"三个倡导"的 24 字社会主义核心价值观后党中央对社会主义核心价值观培育和践行的第一个指导意见，《意见》对培育和践行社会主义核心价值观的意义和指导思想、融入国民教育、落实到经济发展实践和社会治理中、加强宣传教育、

[①]　习近平：《青年要自觉践行社会主义核心价值观——在北京大学师生座谈会上的讲话（2014 年 5 月 4 日）》，新华网，http://www.xinhuanet.com/potitics/2014 - 05/05/c_110528066.htm，最后访问日期：2020 年 6 月 20 日。

开展涵养实践、加强组织领导等方面做了具体的部署和要求。②《培育和践行社会主义核心价值观行动方案》（2017 年 12 月 1 日），由中央宣传部和中央文明办联合印发。《行动方案》是《关于培育和践行社会主义核心价值观的意见》的配套文件，对具体开展培育和践行活动做了明确安排，是深化社会主义核心价值观建设的重要步骤。《行动方案》强调要把社会各方面力量动员起来、组织起来、行动起来、坚持下去，用社会主义核心价值观凝聚人心，推动全社会形成共同的价值追求。第二，习近平总书记涉及社会主义核心价值观培育的相关讲话。这些讲话包括《青年要自觉践行社会主义核心价值观——在北京大学师生座谈会上的讲话》（2014 年 5 月 4 日）、《在文艺工作座谈会上的讲话》（2014 年 10 月 15 日）、《在哲学社会科学工作座谈会上的讲话》（2016 年 5 月 17 日）、《在全国宣传思想工作会议上的讲话》（2013 年 8 月 19 日）、《在全国党校工作会议上的讲话》（2015 年 12 月 11 日）、《在党的新闻舆论工作座谈会上的讲话》（2016 年 2 月 19 日）、《全国宣传思想工作会议上的讲话》（2018 年 8 月 21 日）等，还包括《习近平谈治国理政》第一卷、第二卷和第三卷以及《习近平关于社会主义文化建设论述摘编》等。这些成果对社会主义核心价值观的理论内涵、培育途径、指导思想都做了进一步的阐释和丰富，是下一步开展研究的指导思想。第三，党中央层面出版的相关研究读本。包括中宣部编《习近平总书记系列重要讲话读本》（2014 年）和《习近平新时代中国特色社会主义思想三十讲》（2018 年），这两个读本虽然不是直接以社会主义核心价值观培育为主题，但其中有大量涉及社会主义核心价值观培育的论述。第四，公开发表的各类宣传社会主义核心价值观的读本和文章。学者们撰写的社会主义核心价值观读本很多，比如余达淮的《社会主义核心价值观通俗读本》（江苏凤凰文艺出版社，2018），赵晓庆、李颖的《社会主义核心价值观文化读本·微言大义》（北京时代华文书局，2016），吴伟国的《社会主义核心价值观教育读本（小学中年级）》（华东师范大学出版社，2015），王九菊、乔忠延《社会主义核心价值观青少年故事读本》（山西人民出版社，2015），丁振宇《社会主义核心价值观儿歌读本（注音版）》（北京工业大学出版社，2015），云南省委宣传部编的《社会主义核心价值观领导干部读本》（人民出版社，2015），等等。此类的读本还有很多，这里不再一一罗列。除了各类读本之外，还有大量的发表在《人民日报》《光明日报》《求是》《红旗文稿》等报纸杂志上的文章，这些文章的作者多数为学者或者官员，学者们以自己深厚的学术功底来讲清楚社会主义核心价值观的内涵、外延及其培育途径，用学术讲政治，力图使社会主义核心价值观落细、落小、落实，把社会主义核心价值观日常化、具体化、形象化、生活化。

宣传性的研究侧重于向受众讲清楚社会主义核心价值观的内容及其培育方式，重要的是按照中央的精神进行诠释，讲清楚"是什么"的问题，其研究主体多为领导干部和相关的学者，研究内容语言平实、通俗易懂，影响范围较大。宣传性的研究对于社会主义核心价值观具有重要意义。

（二） 学术性研究

社会主义核心价值观培育的学术性研究就是把培育和践行社会主义核心价值观作为一个学术课题来研究，以探讨如何使社会主义核心价值观入心入脑。学术性的研究主要表现为如下几个方面：①对社会主义核心价值观做一般性的研究。这类研究相对较少，也更接近于宣传性的研究，比如韩震的《社会主义核心价值观新论：引领社会文明前行的精神指南》（人民大学出版社，2014），何海翔的《什么是社会主义核心价值观》（中华工商联合出版社，2014），等等。②对社会主义核心价值观关键词的研究。社会主义核心价值观包括国家、社会、个人三个层面的"三个倡导"，具体由十二个概念组成，学界对这十二个概念做了一定的研究，比如江苏人民出版社的"社会主义核心价值观研究丛书"出版了十二本书，分别探讨社会主义核心价值观的核心概念。韩震主编的《社会主义核心价值观·关键词》（中国人民大学出版社，2015）也是分 12 册探讨了社会主义核心价值观的 12 个概念。此类研究还包括大量的学术论文。③从不同角度对社会主义核心价值观进行深入的研究。这类研究较为丰富，也较为深入，学术研究不在于大而全，而在于深入，只有选择一个角度才会把问题引入深处。比如从学校教育的角度探讨社会主义核心价值观的培育问题，从道德建设的角度探讨社会主义核心价值观的培育问题，从传统文化的角度探讨社会主义核心价值观培育的问题，等等。这类的成果较多，这里不再一一罗列。

学术性的研究对社会主义核心价值观培育研讨得较为深入，也深入研究了社会主义核心价值观的根本问题，研究的角度丰富多样，但总体而言从新媒体公共领域这一视角探讨社会主义核心价值观认同的研究还偏少，我们的意识形态工作还不太适应新媒体的传播方式，所以我们需要深入了解新媒体公共领域对价值观认同的一些规律性的东西。本研究有助于我们党掌握新媒体的传播规律，有助于自觉运用新媒体创新宣传方式，有助于培育和践行社会主义核心价值观；有助于深化新媒体公共领域的学术研究，也有助于为社会主义核心价值观研究提供新的视角。本研究对于用社会主义核心价值观引领社会思潮，加强精神文明建设，正面宣传社会主义核心价值观，增加社会正能量，提高社会认同，抵制拜金主义，应对道德滑坡等方面具有积极意义。

那么学界对新媒体公共领域及其对社会主义核心价值观的认同研究达到什么样的程度呢？接下来我们综述新媒体公共领域对社会主义核心价值观的认同研究。

二　新媒体公共领域对社会主义核心价值观认同问题的研究

新媒体公共领域是一个新概念，但这一新概念的形成有着深厚的理论基础，可以说新媒体公共领域就是新媒体理论研究的必然逻辑结果。

新媒体虽然发展迅速，但其存在的历史并不长，学界对新媒体的研究也很不充分，从公共领域的角度关注新媒体的研究尤其不充分，学界有一定影响的成果可以做如下综述。

胡泳的《众声喧哗——网络时代的个人表达与公共讨论》（广西师范大学出版社，2008）一书讨论了网络空间中的私域与公域问题。网络的发展迅速，这为公共生活的扩展提供了良好的平台，在网络空间中，既要有公共生活，也应该注意保护公民的隐私空间。网络公共领域是公众舆论形成的空间，它对社会的影响深刻而巨大。郭玉锦、王欢的《网络公共领域建构研究》（北京邮电大学出版社，2015）一书主要从社会学视角探讨了网络公共领域的存在、建构和功能。该书在理论上探讨了公共领域和网络公共领域的概念，论证了网络公共领域的可能性，在实践上通过中国网络公共参与发展、个案分析和几个主要场域的实证分析证明了中国网络公共领域的存在，论述了网络公共领域中的建构二重性、建构过程及其理性和情绪化倾向。在功能上，重点分析了政治功能、社会控制和社会认同与建构功能，指出网络公共领域目前存在和未来可能出现的问题。熊威的《网络公共领域研究》（中国政法大学出版社，2016）一书在分析传统公共领域理论的基础之上，探讨了现代网络公共领域的产生与兴起，并对其进行理论化的构建。该著作结合中国当下网络发展状态及特点，对我国网络公共领域的存在基础及现实体现进行了梳理和探讨，同时就中国网络公共领域与司法审判制度之间的相互关系进行审视，并对我国网络公共领域的法治化发展路径提出设计建议。胡晓的《寻找公共领域的意义世界——中国网络政治的一个剖面》（中国政法大学出版社，2017）一书，讨论了中国网络公共领域所发生的空间场所和边界问题，作者认为我们需要重新回到社会叙事研究框架下研究市民社会的几个要素，即主体行为、制度环境和价值规范，并以此为分析框架研究中国的现实问题。

除了上述直接涉及互联网公共领域的研究之外，还有大量的侧面涉及互联网公共领域的研究，但总体而言，目前关于新媒体公共领域的研究呈现如下特点：第一，研究成果偏少。新媒体公共领域是一个新事物，它对人们的生活方式、交流方式、思维方式，乃至对整个社会都产生了深刻的影响，既有的研究和这一问题的重要性不相称。第二，新媒体公共领域研究中互联网公共领域的研究比较多，而其他方面，比如微信公共领域的研究则较少，而这些方面也是非常重要的。第三，既有的研究还侧重于新媒体公共领域的一般性研究，关注其形成历史、概念界定、一般特征、社会功能等方面，对新媒体与社会主义核心价值观的培育还缺少深入的研究。

社会主义核心价值观关乎培养什么样的公民等重大问题，我们应该充分利用各种可以利用的资源培育和践行社会主义核心价值观，新媒体公共领域是一个重要的、会对人产生深刻影响的平台，这一平台利用得好，将有利于社会主义核心价值观的入心入脑，内化于心，外化于行；如果利用得不好，则有可能导致各种消极的社会思潮盛行，不利于我们的意识形态工作。而且新媒体公共领域已经成为人们生活的一部分，对人们的生活产生了重要影响。据中国互联网络信息中心公布的最新统计数据显示，中国网民数量已经超过了 9 亿，互联网普及率为 64.5%，远远超过其他国家，其中，手机网民规模将近 9 亿，网民中使用手机上网的人群比例由 2018 年底的 98.6% 提升至 99.3%，远高于其他设备上网的网民比例，手机依然是中国网民增长的主要驱动力。① 互联网的普及率在未来的几年内还会提高。

---

① 中国互联网络信息中心（CNNIC）《第 45 次〈中国互联网络发展状况统计报告〉》，中国互联网络信息中心网站，http://www. cnnic. net. cn/hlwfzyj/hlwxzbg/hlwtjbg/201401/t20140116_43820. htm，最后访问日期：2020 年 6 月 20 日。

其次，新媒体对人们的影响极其深刻。以手机为主体的新媒体已经成为很多人，尤其是青年人工作、生活须臾不可离开的工具了。人们的工作方式、思维方式、交往方式、生活方式，甚至语言方式、思维方式都深受新媒体的影响。应该说，新媒体的影响是非常大的，如果我们能够充分利用新媒体的积极作用，提升整个社会对社会主义核心价值观的认同是会收到良好的效果的。

但是，学界对新媒体公共领域对社会主义核心价值观的认同却并没有给予充分的重视，目前还没有相关的著作出版，相关的论文倒是有一些，比如张琼的《网络境遇下大学生社会主义核心价值观认同探析》（《思想政治教育研究》2013 年第 4 期）、魏晓波的《自媒体时代高校学生社会主义核心价值观认同探析》（《山东社会科学》2015 年第 12 期）、笔者的《试论新媒体在社会主义核心价值观培育中的作用》（《中共福建省委党校学报》2014 年第 4 期）、笔者的《论新媒体公共领域中的民粹主义》（《福建行政学院学报》2017 年第 1 期）、李勇的《新媒体环境下社会主义核心价值观传播体系的建构研究》（《电化教育研究》2015 年第 2 期）、郭惠琴的《利用新媒体加强大学生社会主义核心价值观教育》（《河北工程大学学报（社会科学版）》2018 年第 12 期）、何刚晴的《新媒体公共领域塑造及其在社会治理中的作用》（《传播与版权》2016 年第 2 期），等等。直接以新媒体对社会主义核心价值观认同为主题的论文很少，但从新媒体公共领域的角度探讨社会主义核心价值观培育确实是一个重要的现实课题，需要深入研究，本课题的主要内容就是要深入探讨这一主题。

第二章　新媒体公共领域对社会主义核心价值观认同的现状

本章主要采用社会学的问卷调查法、观察法来呈现现阶段新媒体公共领域对社会主义核心价值观的认同现状。

第一节　实证研究的方法论阐释

选择适合所研究内容的研究方法是任何一项研究的前提，本课题研究很适合用社会学的实证研究方法，但在社会研究方法中，我们力图综合运用问卷法和观察法相对准确了解人们的价值观态度。

一　问卷调查法引入的优点及限度

实证研究不管具体采用哪种方法，都是为了客观准确地认识问题，偏离了这一根本目标，方法将会把研究引向歧途。郑杭生主编的《社会学概论新修（第四版）》认为社会学的主要研究方法包括问卷调查法、田野调查法、实验法、历史比较法。① 这四大类方法都是为了客观准确地呈现所要研究的社会问题，但这些方法在呈现问题的过程中也都有其限度，正如唯物辩证法所指出的，真理是相对真理和绝对真理的辩证统一，任何实证研究的方法都无法穷尽现实，也就是说，任何研究方法都只能在一定程度上呈现问题，我们所要追求的是如何能够更加客观准确地呈现问题。

价值观必然涉及善恶问题，人在评价自我的时候都会倾向于把自己评价的更善而不是更恶，更好而不是更坏。价值观具有明显的主观色彩，没有人认为自己的行为是不善的，所以访谈、问卷等实证研究方法在呈现人

---

① 郑杭生主编《社会学概论新修（第四版）》，中国人民大学出版社，2013，第88~93页。

们对价值观认同现状的过程中存在一定的问题，即所获取的信息有可能与真实的现实有一定的差距，也就是说，所获取的信息有可能不够准确和客观，因此笔者认为，人们在自觉地接受访谈或者做问卷的时候会有意识地掩饰自己的某些想法，人人都有个"面子"心理，把自己有不道德倾向的想法掩饰起来，而把自己塑造得更加符合道义。这就是问卷法、访谈法等实证方法在价值观认同调查方面的局限性。

二　观察法的优势

基于上述考虑，笔者试图在本研究中引入观察法，以较为客观地呈现新媒体公共领域对社会主义核心价值观认同的基本状况。公共领域是由人组成的，是人表达自己意见的平台，作为公共领域平台的新媒体只具有工具意义，它本身并无价值观问题，无所谓认同不认同，新媒体公共领域只是一个中介，是作为个体呈现价值观认同状况的中介。我们的研究是试图抽取若干具有典型性的案例，尽量多地搜集新媒体公共领域中参与者的发言，通过分析这些发言来概括出新媒体公共领域对社会主义核心价值观的认同状况。这一方法的优点是：

第一，能够较为客观和准确地呈现新媒体公共领域参与者对价值观认同的状况。社会学研究常用的方法是问卷和访谈，这两种方法都是科学的研究方法，但这两种方法都需要被访谈者主动做出判断，而被访谈者在做出判断的时候会有很多主观想法，这些主观想法可能会干扰他们做出客观的判断，尤其是在涉及道德善恶评判的时候，他们可以掩饰自己的某些想法，所以在涉及价值观等道德因素的研究中，这两种方法的局限性比较明显，容易干扰研究结论。而客观观察法则不需要直接接触新媒体公共领域中的参与者，它更多的是事后研究，新媒体公共领域的言行都留有痕迹，客观观察法更多的是搜集这些"痕迹"，从痕迹中分析、研判出新媒体公共领域对社会主义核心价值观的态度和认同状况。

第二，新媒体公共领域的特点决定了这一研究方法具有可行性。研究方法是服务于研究的，研究方法要能够客观准确反映所要研究的内容，也要具有可行性。新媒体公共领域每天都有成千上万的话题，参与者会有大量的发言和跟帖，研究者也很容易搜集到这些发言，这些发言有很多会涉及意识形态和价值观问题，这些特点使得通过观察法可以更多了解参与者的舆论趋势，了解社会大众对社会主义核心价值观的认同状况。而且其数量庞大，研究者可选择的余地很大，所反映的新媒体公共领域对社会主义核心价值观认同状况也有更为坚实的依据。

第三，这一方法所获得的资料是新媒体使用者想法的自发呈现。价值观是支配人的言行的深层次主导力量，价值观对言行的支配作用是自发表现出来的，而不是自觉的有意识的表现，人的言行可以是有意识的、自觉的，也可能是无意识、不自觉的，只有无意识的、不自觉的言行，或者说近乎无意识、不自觉的行为才是价值观的真实反映。有意识的、自觉的行为在一定程度上是可以做出来的，或者说是"装"出来的，这种言行有可能掩饰自己的真实价值取向。我们的研究更多的是要获取这种无意识的、不自觉的言行，观察法不介入新媒体使用者的发言，我们搜集的材料是新媒体使用者自发流露留下来的痕迹，新媒体使用者发言的时候，作为研究者的我们根本不存在，我们是事后才搜集这些言论"痕迹"的，这一方法或许更为客观。

三 观察法运用时要注意的几个问题

第一，选择案例要具有典型意义。新媒体公共领域每天都会有大量的案例，但有些案例不一定具有典型意义，我们要呈现问题就需要选择若干案例进行具体分析，这些案例要有典型意义和代表性。首先，案例要内蕴社会主义核心价值观因素。不一定要有相关的社会主义核心价值观字样，因为价值观主要体现在言行之中，而不是体现在是否高喊口号上，有的人口号喊得很响亮，但并不一定入心入脑。其次，案例要具有代表性和普遍意义。包含价值观因素的案例不一定都具有典型性和普遍性，有的案例较偏，只能反映个别人的想法和趋向，这样的案例就无法客观呈现大多数人的价值观倾向。最后，新媒体公共领域的参与者对案例的发言和跟帖要尽量多。社会学研究方法所获得的数据反映的是社会趋势，从严格的逻辑学意义上来说，归纳法不可能推论出具有普遍意义的判断，因为我们无法把所有的情况都做归纳，所以社会学研究方法所得出的结论更多的是概数和趋势，而所选择的研究目标越多，其获得的结果就越具有普遍性。

第二，我们要准确把握社会主义核心价值观的内涵。首先，社会主义核心价值观是社会主义的核心价值观，而不是别的"主义"的核心价值观。《关于培育和践行社会主义核心价值观的意见》中指出："社会主义核心价值观是社会主义核心价值体系的内核，体现社会主义核心价值体系的根本性质和基本特征，反映社会主义核心价值体系的丰富内涵和实践要求，是社会主义核心价值体系的高度凝练和集中表达。"① 而社会主义核心价值体系的指导思想是马克思主义，共同理想是中国特色社会主义，也就是说，社会主义核心价值观的性质是社会主义的，其中所讲到的自由、民主、平等等价值理念是社会主义的，是和西方自由主义的"自由、民主、平等"有着本质的区别的，不能因为社会主义核心价值观也有"自由、民主、平等"等字样，就用西方自由主义来解读社会主义核心价值观。社会主义核心价值观是中国特色社会主义意识形态建设的重要方面，核心价值观是意识形态的核心，因此我们的实证研究部分就不能只盯着社会主义核心价值观的字面意思，而是要从中国特色社会主义意识形态建设的高度来关注社会主义核心价值观，否则就没有准确理解社会主义核心价值观。

第三，要综合考虑各个方面的情况，切忌以偏概全。新媒体公共领域种类繁多，不同的新媒体公共领域在价值观上可能有不同的倾向，我们的研究要注意区分这些不同的倾向，也要综合考虑，做出较为全面的判断。俗话说，物以类聚，人以群分。持有相同或相近价值观态度的人会形成某些新媒体公共领域，以交流彼此之间的见解。比如乌有之乡网站就具有一定的"左"的倾向，这一网站所发表的文章和跟帖就具有明显的"左"的倾向；而个别微信群则有自由主义倾向，对西方的"三权分立""轮流执政""军队国家化"等自由主义理念较为亲近。这两类新媒体公共领域对社会主义核心价值观的认同状况就可能有一定的问题，但这两类新媒体公共领域又是一种客观存在，不能做掩耳盗铃式的忽视。这就需要我们的研究要全面，既要把主要方面突出出来，也不能忽视一些非主流的、带有明显偏见的趋势。要通盘考虑、综合研究，才能获得客观准确的结论。

---

① 《关于培育和践行社会主义核心价值观的意见》，人民出版社，2013，第3页。

第二节　新媒体公共领域对社会主义核心价值观的认同现状

我们的研究要综合利用问卷法和观察法，本节主要是用问卷法呈现新媒体公共领域对社会主义核心价值观的认同度。新媒体公共领域对社会主义核心价值观的认同状况是一个复杂问题，问题的复杂性在于社会主义核心价值观内容庞杂，包括三个层面，十二个概念，二十四个字，而新媒体公共领域也是内容多样，单就形式而言，包括网站、微博、微信群等，而且由不同群体组成的新媒体公共领域有不同的倾向性和态度，我们的研究要综合这些因素。为了使新媒体公共领域对社会主义核心价值观的认同现状更具有可操作性，我们分几个层面来做实证分析，即对马克思主义的认同、中国特色社会主义的认同、社会主义核心价值观的国家认同、社会主义核心价值观的社会认同、社会主义核心价值观的个人认同。

一　调查问卷样本的基本情况

我们设计的新媒体公共领域对社会主义核心价值观认同状况的调查问卷情况是这样的，共发放问卷 1100 份，回收问卷 1045 份，有效问卷 1034 份，回收率为：1045/1100 = 95%，有效问卷率为：1034/1100 = 94%。

表 2 - 1　被调查者的职业

单位：人，%

		人数	占比
有效	教师	258	25.0
	学生	466	45.1
	公务员	205	19.8
	企业职员	23	2.2
	自由职业者	67	6.4
	总计	1019	98.5
缺失	系统	15	1.5
总计		1034	100.0

表 2 - 2　被调查者的年龄分布

单位：人，%

		人数	占比
有效	25 岁及以下	550	53.2
	26~35 岁	124	12.0
	36~45 岁	197	19.1
	46~55 岁	147	14.2
	56 岁及以上	15	1.5
	总计	1033	99.9
缺失	系统	1	0.1
总计		1034	100.0

表 2 - 3　被调查者每天上网的频率

单位：人，%

		人数	占比
有效	1 小时以下	53	5.1
	1~2 小时	213	20.6
	2~3 小时	245	23.7
	3 小时以上	520	50.3
	总计	1031	99.7
缺失	系统	3	0.3
总计		1034	100.0

我们的研究对象多为年轻人，年轻人是新媒体的主要使用群体，《第 45 次〈中国互联网络发展状况统计报告〉》调查显示，截至 2020 年 3 月，10~19 岁、20~29 岁、30~39 岁网民占比分别为 19.3%、21.5%、20.8%，年轻人（10~39 岁）是网民的大多数，占网民的 60% 以上。而在网民的职业结构上，则呈现如下特征：

学生所占的比例相当高，而且年轻人网民和学生网民是相对较为固定的，是"老网民"。我们问卷调查所涉及的群体主要包括：大学生群体（466 份）、高校教师群体（258 份）、公务员群体（205 份）。我们就以这三个群体的问卷情况为分析样本展开研究，这三个群体共有分析样本 929 份。其余的企业职员（23 份）和自由职业者群体（67 份）则因所调查的样本过少，不作为分析样本。

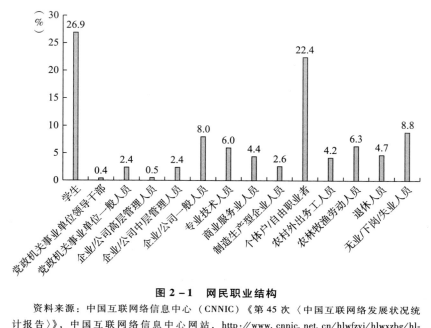

图 2-1　网民职业结构

资料来源：中国互联网络信息中心（CNNIC）《第 45 次〈中国互联网络发展状况统计报告〉》，中国互联网络信息中心网站，http://www.cnnic.net.cn/hlwfzyj/hlwxzbg/hlwtjbg/201401/t20140116_43820.htm，最后访问日期：2020 年 6 月 20 日。

表 2-4　大学生年龄占比

单位：人，%

有效		人数	占比
	25 岁及以下	448	96.1
	26~35 岁	17	3.6
	46~55 岁	1	0.3
	总计	466	100.0

表 2-5　大学生上网频率及占比

单位：人，%

有效		人数	占比
	1 小时以下	20	4.3
	1~2 小时	44	9.4
	2~3 小时	86	18.5
	3 小时以上	315	67.6
	总计	465	99.8

续表

		人数	占比
缺失	系统	1	0.2
总计		466	100.0

表2-6　高校教师分年龄上网频率及占比

单位：人，%

		人数	占比
有效	25 岁以下	1	0.5
	26～35 岁	69	26.7
	36～45 岁	114	44.2
	46～55 岁	69	26.7
	56 岁以上	5	1.9
	合计	258	100.0

表2-7　高校教师上网频率及占比

单位：人，%

		人数	占比
有效	1 小时以下	12	4.6
	1～2 小时	72	27.9
	2～3 小时	81	31.4
	3 小时以上	92	35.7
	合计	257	99.6
缺失	系统	1	0.4
总计		258	100.0

表2-8　公务员群体分年龄上网频率及占比

单位：人，%

		人数	占比
有效	25 岁以下	30	14.6
	26～35 岁	24	11.7
	36～45 岁	74	36.1
	46～55 岁	68	33.2
	56 岁以上	9	4.4
	合计	205	100.0

表 2-9　公务员群体上网频率及占比

单位：人，%

		人数	占比
有效	1 小时以下	14	6.9
	1~2 小时	79	38.5
	2~3 小时	56	27.3
	3 小时以上	56	27.3
	合计	205	100.0

可见青年大学生上网的比例非常高，67.6% 的人每天上网都在 3 小时以上，而高校教师则只有 35.7% 的人每天上网超过 3 小时，公务员群体则只有 27.3% 的人每天上网超过 3 小时。青年大学生是互联网用户中的主要群体。我们的研究也将青年人作为重点研究的样本。

二　对马克思主义的认同

马克思主义是社会主义核心价值体系的指导思想，社会主义核心价值观是社会主义核心价值体系的高度凝练和概括，当然也蕴含了作为指导思想的马克思主义。讨论新媒体公共领域对社会主义核心价值观的认同，理应讨论新媒体公共领域对马克思主义的认同。

关于对马克思主义认同的问题，理论界已经有较多的学术性探索，但学界的成果更多地集中于一般的规范性论述，真正做实证研究的并不多。

就大学生群体（466 份）、高校教师群体（258 份）、公务员群体（205 份）这三个群体的 929 份问卷而言，样本对马克思主义的认知程度和认同度呈现如下情况。

表 2-10　被调查者对马克思主义的认知程度

单位：人，%

		人数	占比
有效	非常熟悉	87	8.4
	较为熟悉	461	44.6
	一般	458	44.3
	不了解	28	2.7
	合计	1034	100.0

表 2 - 11　被调查者对马克思主义的认同度

单位：人，%

			人数	占比
有效		高度认同	570	55.1
		较为认同	385	37.2
		不关心	70	6.8
		其他	7	0.7
		合计	1032	99.8
缺失		系统	2	0.2
	总计		1034	100.0

（一）三个群体对马克思主义认同

1. 大学生认知和认同状况

表 2 - 12　大学生对马克思主义的认知程度

单位：人，%

			人数	占比
有效		非常熟悉	23	4.9
		较为熟悉	111	23.8
		一般	306	65.7
		不了解	26	5.6
		合计	466	100.0

表 2 - 13　大学生对马克思主义的认同度

单位：人，%

			人数	占比
有效		高度认同	163	35.0
		较为认同	233	50.0
		不关心	64	13.7
		其他	5	1.1
		合计	465	99.8
缺失		系统	1	0.2
	总计		466	100.0

65.7%的学生对马克思主义的认知程度是一般，非常熟悉的只有 4.9%，较为熟悉的为 23.8%，不了解的占 5.6%。而就认同度来说，高度认同的占 35.0%，较为认同的占 50.0%，不关心的占 13.7%，其他的占 1.1%。一般来说，在高校，马克思主义理论课是公共课，每个大学生都是必须学习的，但大多数仅仅只有一般性的了解。

2. 高校哲学社会科学类教师认知和认同状况

表 2 - 14　高校教师对马克思主义的认知程度

单位：人，%

		人数	占比
有效	非常熟悉	31	12.0
	较为熟悉	158	61.2
	一般	68	26.4
	不了解	1	0.4
	合计	258	100.0

表 2 - 15　高校教师对马克思主义的认同度

单位：人，%

		人数	有效占比	累计占比
有效	高度认同	178	69.0	69.0
	较为认同	76	29.5	98.4
	不关心	3	1.2	99.6
	其他	1	0.3	100.0
	合计	258	100.0	

应该说，高校教师群体要比大学生群体的认知程度高，有 12.0% 的人非常熟悉马克思主义，61.2% 的人较为熟悉马克思主义，而 26.4% 的人一般了解，只有 0.4% 的不了解。在认同度上，69.0% 的样本选择高度认同，29.5% 的样本选择较为认同，不关心的为 1.2%，其他的仅为 0.3%。我们所选的教师是在党校哲学社会科学教师培训班的学员，所以他们大多从事马克思主义理论的教学，这些数据和我们所选的样本有一定的关系。

3. 公务员群体的认知和认同状况

表 2-16　公务员群体对马克思主义的认知程度

单位：人，%

		人数	占比
有效	非常熟悉	18	8.8
	较为熟悉	137	66.8
	一般	49	23.9
	不了解	1	0.5
	合计	205	100.0

表 2-17　公务员群体对马克思主义的认同度

单位：人，%

		人数	占比
有效	高度认同	154	75.1
	较为认同	49	23.9
	其他	1	0.5
	合计	204	99.5
缺失	系统	1	0.5
总计		205	100.0

总的来说，公务员群体会参加各类公务员培训，对马克思主义理论较为熟悉。

（二） 既有研究的有关佐证数据

青年学生是互联网的主要用户之一，但青年学生对马克思主义的认知程度相对偏低。我们的研究仅仅只是一家之言，可能有这样那样的局限性，为了使我们的结论更加客观，在这里我们也引证学界既有的研究，以与我们的研究做比较或者印证。尤其是针对青年大学生群体。

第一，一项针对山西省内四所高校在读大学生展开的研究显示：

"在网络环境下是否坚持马克思主义的指导地位"的调查结果为：选择"必须坚持"的为 81.20%；选择"不用理会"的为 1.30%；选择"不清楚"的为 17.50%，应该说在主流意识形态中坚持马克思主义指导地位的是主流观点，但选择"不清楚"的竟然占到 17.50%，这也说明了马克思主义认同问题在大学生群体中面临挑战。

对"马克思主义与学习、生活、工作有着密切的联系"的认同状况的调查结果为：选择"认同"的为 62.30%；选择"其他"的为 5.40%；选择"没有想过这方面的内容"的为 13.70%；选择"不清楚"的为 18.60%。

对"我们在课堂上学习的马克思主义理论，您能切实有效地运用到生活中吗"问题的调查结果为：选择"能够运用"的为 9.60%；选择"不知道怎么运用"的为 57.20%；选择"不能运用到实际"的为 33.20%。①

第二，一项针对武汉八所高校在读大学生展开的问卷调查显示：

"对马克思主义的了解程度"问题的回答状况为：选择"非常了解"的为 14%；选择"有所了解"的为 60%；选择"不大了解"的为 23%；选择"完全不了解"的为 3%。当然该项调查还细致分析了不同专业（比如文理）、不同层次（包括专科、本科、硕士、博士）的状况，这些细节我们不做详细引证。

对"你是否信仰马克思主义"的调查结果为：选择"信仰马克思主义"的为 77%；选择信仰"非马克思主义"的占 23%。

对"青年马克思主义者培养工程的意义"的认同状况：选择"有意义"的占 78%；选择"没有意义"的占 7%；选择"说不清"的占 15%。

对"学习马克思主义的原因"的调查显示：选择"对社会主义建设有重大指导意义"的占 39%；选择"掌握一种科学的世界观与思维方式"的占 23%；选择"学校课程与考试需要"的占 29%；选择"入党与未来就业需要"的占 9%。②

第三，一项以山东大学在读本科生为调查对象的研究显示：

对"你是否认同马克思主义"的问卷调查显示：选择"非常认同"的占 30.21%；选择"部分认同"的占 52.75%；选择"无所谓"的占 12.64%；选择"其他"的占 4.40%。

对"您认为大学是否有必要开设马克思主义理论课程"的问卷调查显示：选择"有必要"的占 74.18%；选择"没必要"的占 7.69%。

对"通过学习马克思主义是否有一些收获"的问卷调查显示：选择

---

① 参见张媛媛《网络环境下大学生马克思主义认同的现状及对策》（硕士论文），山东师范大学，2018，第 24~29 页。
② 参见韩崇洁《高校学生马克思主义认同现状及对策研究——基于武汉高校调查分析》（硕士论文），武汉科技大学，2018，第 15~25 页。

"有收获"的占 89.01%。

对"马克思主义是否是一种科学的文化"的问卷调查显示：选择"是"的占 82.97%，选择"不是"的占 4.40%。

对"您认为马克思主义对我国社会发展的贡献"的问卷调查显示：选择"贡献很大"的占 57.14%，选择"一般"的占 41.76%，选择"没有贡献"的占 1.10%。

对"您对马克思主义的未来是否有信心"的问卷调查显示：选择"有"的占 70.33%；选择"无所谓"的占 19.78%；选择"没有"的占 9.89%。

对"除学校必修课本外，是否读过其他马克思主义论著"的问卷调查显示：选择"一本也没有"的占 38.30%；选择"读过一本"的占 38.32%；选择"读过两本以上"的占 23.38%。

对"你是否了解马克思主义"的问卷调查显示：选择"非常了解"的占 9.89%；选择"了解一部分"的占 75.27%；选择"不了解"的占 14.84%。①

上述数据是目前学界开展的关于马克思主义认同现状的研究成果，这些成果更多的是关于在校大学生对马克思主义的认同状况，本研究所针对的范围更加广泛，包括社会各个阶层。但是应该承认，在校大学生是一个重要的社会群体，也是代表未来的一个重要群体，对在校大学生对马克思主义认同状况的研究对本课题意义重大。在校大学生对马克思主义认同的状况与本课题开展的研究状况有一定的出入，这是正常现象，因为在校大学生必然接受马克思主义教育，对马克思主义的认知程度要比其他群体高，而就整个社会来说，对马克思主义的认知度要远远低于大学生群体。

（三）结论性的观点

结合我们的研究和既有的研究，我们可以得出这样的结论：

大多数社会成员认同作为指导思想的马克思主义，但同时也存在认识不清，或者不关注等现象。这其中固然有我们意识形态工作没有做好的原因，但也有着复杂的社会因素，随着市场经济的发展，人们把更多的注意力放在自己的工作上，那些不从事理论工作的人了解马克思主义的机会也

---

① 参见杨荔敏《文化认同视野下的高校学生马克思主义认同问题研究》（硕士论文），山东大学，2017，第 26～32 页。

不多,利益最大化的理性人逻辑消解了高大上理论的崇高性,就整个社会而言,对马克思主义的认同度不是太高也有客观原因。

三　对中国特色社会主义道路的认同情况

对中国特色社会主义道路的认同情况,我们的问卷调查结果是这样的:

就总体而言,这1034份样本所得出的对中国特色社会主义认知和认同情况如表2-18、表2-19所示。

表2-18　被调查者对中国特色社会主义的认知程度

单位:人,%

		人数	占比
有效	非常熟悉	219	21.2
	熟悉	558	54.0
	一般了解	239	23.1
	不熟悉	18	1.7
	总计	1034	100.0

表2-19　被调查者对中国特色社会主义道路的认同度

单位:人,%

		人数	占比
有效	高度认同	821	79.4
	一般认同	178	17.2
	不关心	30	2.9
	其他	4	0.4
	合计	1033	99.9
缺失	系统	1	0.1
总计		1034	100.0

（一）三个群体对中国特色社会主义道路的认同

1. 大学生认知和认同状况

466份大学生样本对"你对中国特色社会主义的认知程度"和"你认为你对中国特色社会主义道路的认同度"两个问题的回答如表2-20、表2-21所示。

表 2 - 20　大学生对中国特色社会主义的认知

单位：人，%

		人数	占比
有效	非常熟悉	52	11.2
	熟悉	207	44.4
	一般了解	190	40.8
	不熟悉	17	3.6
	总计	466	100.0

表 2 - 21　大学生对中国特色社会主义道路的认同度

单位：人，%

		人数	占比
有效	高度认同	296	63.5
	一般认同	140	30.0
	不关心	25	5.4
	其他	4	0.9
	总计	465	99.8
缺失	系统	1	0.2
总计		466	100.0

　　应该说，大学生群体对中国特色社会主义的认知程度和对中国特色社会主义道路的认同度还是非常高的，但从表中也可以看出，不了解、不关心的也是有的，只是比例非常少。

　　2. 高校哲学社会科学类教师认知和认同状况

　　258 份教师样本对上述两个问题的回答如表 2 - 22、表 2 - 23 所示。

表 2 - 22　高校教师对中国特色社会主义的认知

单位：人，%

		人数	占比
有效	非常熟悉	62	24.0
	熟悉	164	63.6
	一般了解	31	12.0
	不熟悉	1	0.4
	总计	258	100.0

表 2-23　高校教师对中国特色社会主义道路的认同度

单位：人，%

		人数	占比
有效	高度认同	232	89.9
	一般认同	23	8.9
	不关心	3	1.2
	总计	258	100.0

教师样本对中国特色社会主义道路的认同度非常高，选择"高度认同"的占 89.9%。

3. 公务员认知和认同状况

205 份公务员样本对上述两个问题的回答如表 2-24、表 2-25 所示。

表 2-24　公务员群体对中国特色社会主义的认知

单位：次，%

		人数	占比
有效	非常熟悉	71	34.6
	熟悉	126	61.5
	一般了解	8	3.9
	总计	205	100.0

表 2-25　公务员群体对中国特色社会主义道路的认同度

单位：人，%

		人数	占比
有效	高度认同	196	95.6
	一般认同	8	3.9
	不关心	1	0.5
	总计	205	100.0

公务员群体对中国特色社会主义道路也是高度认同的，选择"高度认同"的占到了 95.6%。

（二）既有研究数据

下面我们也引证目前国内开展的几项关于中国特色社会主义认同的研

究，以补充和弥补我们的研究可能存在的不足和漏洞。

一项覆盖山西十八所高校，包含人文、理工、农、医等学科，涵盖大专、本科、硕士、博士在校大学生关于中国特色社会主义认同的研究表明。

第一，中国特色社会主义道路认同方面：对改革开放道路，非常了解的占 5.30%，比较了解的占 21.00%，一般了解的占 57.40%，不太了解的占 13.20%，不了解的占 3.10%；对两个一百年奋斗目标，非常了解的占 21.30%，比较了解的占 29.80%，一般了解的占 36.00%，不太了解的占 8.20%，不了解的占 4.70%；对五位一体总体布局，非常了解的占 9.10%，比较了解的占 18.40%，一般了解的占 50.70%，不太了解的占 15.50%，不了解的占 6.30%；对中国梦的内容非常了解的占 32.60%，比较了解的占 29.30%，一般了解的占 17.00%，不太了解的占 17.90%，不了解的占 3.20%。[①]

第二，中国特色社会主义制度认同方面：对反腐倡廉，非常了解的占 40.00%，比较了解的占 23.60%，一般了解的占 12.30%，不太了解的占 17.30%，不了解的占 6.80%；对机构改革，非常了解的占 6.20%，比较了解的占 14.70%，一般了解的占 35.30%，不太了解的占 16.20%，不了解的占 27.60%；对转型综改试验区建设，非常了解的占 8.30%，比较了解的占 17.50%，一般了解的占 33.00%，不太了解的占 38.10%，不了解的占 3.10%；对网络问政，非常了解的占 38.20%，比较了解的占 25.40%，一般了解的占 13.80%，不太了解的占 12.90%，不了解的占 9.70%。[②]

第三，中国特色社会主义认同方面：不同专业背景略有不同。自然科学专业的学生认同度为 71.50%，农业科学专业的学生认同度为 79.20%，医药科学专业的学生认同度为 80.20%，工程与技术科学专业的学生认同度为 76.40%，人文与社会科学专业的学生认同度为 78.20%。[③] 所得数据都差不多。

---

① 参见刘秀芳《当代大学生对中国特色社会主义的认同研究——以山西高校在校学生为例》，太原科技大学硕士学位论文，2015。
② 参见刘秀芳《当代大学生对中国特色社会主义的认同研究——以山西高校在校学生为例》，太原科技大学硕士学位论文，2015。
③ 参见刘秀芳《当代大学生对中国特色社会主义的认同研究——以山西高校在校学生为例》，太原科技大学硕士学位论文，2015。

大连理工大学一项关于社会主义核心价值体系认同的研究表明：

对"多党制不符合中国国情"的认知状况为：同意的占85%，难以判断的占9%，不同意的占3%，没想过的占3%；对"确信只有中国共产党才能实现中华民族伟大复兴"的认知状况为：同意占84%，难以判断占8%，不同意占6%，没想过占2%；对"坚信富强、民主、文明、和谐的社会主义现代化一定能够实现"的认同状况为：同意占87%，难以判断占7%，不同意占2%，没想过占4%；对"赞同中国特色社会主义是全国各族人民的共同理想"的认同状况为：同意占86%，难以判断占7%，不同意占4%，没想过占3%；对于"赞同在现代化过程中都要坚持中国共产党的领导"的认同状况为：同意占85%，难以判断6%，不同意占4%，没想过占5%。[①]

和对马克思主义认同的研究趋势一样，关于中国特色社会主义的认同状况调查也大多数限于对高校在校大学生的研究。大学生对中国特色社会主义的认同度是很高的，但同时也出现一些趋势和苗头，"难以判断""不同意""不了解"还是占有一定的比例，虽然这一比例很小，但也说明了一些问题，中国特色社会主义的吸引力和凝聚力还没有充分发挥出来，高校思想政治课教育还存在这样那样的问题。

（三）结论

综合我们的调查和学界已有的研究，我们认定：就整个社会而言，中国特色社会主义的认同度总体上还是比较高，主流意识形态的主导地位牢牢掌握在我们党手中，但同时我们也应该清醒认识到，不关心、不关注、漠视等现象还是存在的，甚至其他的不同认识也是存在的，这就需要我们加强意识形态工作，提升社会主义意识形态的吸引力和凝聚力。

四 对社会主义核心价值观的认同状况

在我们的问卷中涉及对社会主义核心价值观的认同度问题体现在"你认为社会主义核心价值观的意义"和"你认为社会主义核心价值观培育的必要性"两个问题的回答上。就1034份问卷样本总体而言，我们的问卷调

[①] 参见李玲《大学生社会主义核心价值体系认同现状与对策》，大连理工大学硕士学位论文，2010。

查显示，社会主义核心价值观的认同呈现如下状态：

表 2 - 26　被调查者认为社会主义核心价值观的意义

单位：人，%

		人数	占比
有效	意义重大	928	89.7
	意义一般	76	7.4
	不关心	24	2.3
	无意义	6	0.6
	总计	1034	100.0

表 2 - 27　被调查者认为社会主义核心价值观培育的必要性

单位：人，%

		人数	占比
有效	非常有必要	779	75.3
	有必要	216	20.9
	无所谓	32	3.1
	其他	7	0.7
	总计	1034	100.0

不同的样本有一定的差异性。

（一）三个群体对社会主义核心价值观的认同

1. 大学生的认知和认同状况

466 份大学生样本显示：

表 2 - 28　大学生认为社会主义核心价值观的意义

单位：人，%

		人数	占比
有效	意义重大	381	81.8
	意义一般	59	12.7
	不关心	21	4.5
	无意义	5	1.0
	总计	466	100.0

表 2 - 29　大学生认为社会主义核心价值观培育的必要性

单位：人，%

		人数	占比
有效	非常有必要	284	60.9
	有必要	148	31.8
	无所谓	27	5.8
	其他	7	1.5
	总计	466	100.0

2. 高校哲学社会科学类教师认知和认同状况

表 2 - 30　高校教师认为社会主义核心价值观的意义

单位：人，%

		人数	占比
有效	意义重大	244	94.6
	意义一般	11	4.3
	不关心	3	1.1
	总计	258	100.0

表 2 - 31　高校教师认为社会主义核心价值观培育的必要性

单位：人，%

		人数	占比
有效	非常有必要	212	82.2
	有必要	43	16.7
	无所谓	3	1.1
	总计	258	100.0

3. 公务员认知和认同状况

表 2 - 32　公务员群体认为社会主义核心价值观的意义

单位：人，%

		人数	占比
有效	意义重大	201	98.0
	意义一般	3	1.5
	无意义	1	0.5
	总计	205	100.0

表 2 - 33 公务员群体认为社会主义核心价值观培育的必要性

单位：人，%

		人数	占比
	非常有必要	185	90.2
有效	有必要	19	9.3
	无所谓	1	0.5
	总计	205	100.0

我们可以看出，同类问题，学生群体的数据要低于教师群体和公务员群体。

（二）三个群体对社会主义核心价值观三大层面的认同

1. 对社会主义核心价值观国家层面的认同

社会主义核心价值观的国家层面倡导富强、民主、文明、和谐。自近代以来，国富民强就一直是中华民族的梦想，现在我们比历史上任何时期都更加接近这一梦想的实现。国家层面的富强、民主、文明、和谐是中华民族所向往的主要价值目标之一，我们的研究就是要探讨现阶段新媒体公共领域对社会主义核心价值观国家层面的认同状况。

就 1034 份问卷样本总体而言，我们的问卷调查显示，对社会主义核心价值观国家层面的认同状况（如表 2 - 34 所示）。

表 2 - 34 被调查者对社会主义核心价值观国家层面的认同度

单位：人，%

		人数	占比
	完全认同	841	81.3
	基本认同	163	15.8
有效	无所谓	26	2.5
	其他	4	0.4
	总计	1034	100.0

（1）大学生认知和认同状况

466 份的大学生样本如表 2 - 35 所示。

表 2 - 35   大学生对社会主义核心价值观国家层面的认同度

单位：人，%

有效		人数	占比
	完全认同	313	67.2
	基本认同	125	26.8
	无所谓	24	5.2
	其他	4	0.8
	总计	466	100.0

（2）高校哲学社会科学类教师认知和认同状况

258 份的教师样本如表 2 - 36 所示。

表 2 - 36   高校教师对社会主义核心价值观国家层面的认同度

单位：人，%

有效		人数	占比
	完全认同	237	91.9
	基本认同	20	7.8
	无所谓	1	0.3
	总计	258	100.0

（3）公务员认知和认同状况

205 份的公务员样本如表 2 - 37 所示。

表 2 - 37   公务员群体对社会主义核心价值观国家层面的认同度

单位：人，%

有效		人数	占比
	完全认同	195	95.1
	基本认同	10	4.9
	总计	205	100.0

2. 对社会主义核心价值观社会层面的认同状况

社会层面是社会主义核心价值观的重要方面，它包括自由、平等、公正、法治，对社会主义核心价值观社会层面的认同，我们的问卷调查有如下呈现：

就 1034 份问卷样本总体而言，我们的问卷调查显示，对社会主义核心价值观社会层面的认同状况为（如表 2 - 38 所示）：

表 2 - 38　被调查者对社会主义核心价值观社会层面的认同度

单位：人，%

		人数	占比
有效	完全认同	830	80.3
	基本认同	175	16.9
	无所谓	19	1.8
	其他	9	0.9
	合计	1033	99.9
缺失	系统	1	0.1
总计		1034	100.0

（1）大学生认知和认同状况

466 份的大学生样本如表 2 - 39 所示。

表 2 - 39　大学生对社会主义核心价值观社会层面的认同度

单位：人，%

		人数	占比
有效	完全认同	315	67.6
	基本认同	124	26.6
	无所谓	18	3.9
	其他	8	1.7
	合计	465	99.8
缺失	系统	1	0.2
合计		466	100.0

（2）高校哲学社会科学类教师认知和认同状况

258 份的教师样本如表 2 - 40 所示。

表 2 - 40　高校教师对社会主义核心价值观社会层面的认同度

单位：人，%

		人数	占比
有效	完全认同	232	89.9
	基本认同	25	9.7
	无所谓	1	0.4
	总计	258	100.0

（3）公务员认知和认同状况

205 份的公务员样本如表 2 - 41 所示。

表 2 - 41　公务员群体对社会主义核心价值观社会层面的认同度

单位：人，%

		人数	占比
有效	完全认同	186	90.7
	基本认同	19	9.3
	总计	205	100.0

3. 对社会主义核心价值观个人层面的认同状况

社会主义核心价值观的个人层面包括爱国、敬业、诚信、友善，对于社会主义核心价值观的个人层面的认同，我们的问卷呈现如下结果：

就 1034 份问卷样本总体而言，我们的问卷调查显示，对社会主义核心价值观个人层面的认同状况为（如表 2 - 42 所示）：

表 2 - 42　被调查者对社会主义核心价值观个人层面的认同度

单位：人，%

		人数	占比
有效	完全认同	846	81.8
	基本认同	155	15.0
	无所谓	18	1.7
	其他	5	0.5
	合计	1024	99.0
缺失	系统	10	1.0
总计		1034	100.0

（1）青年大学生的认知和认同状况

466 份的大学生样本如表 2 - 43 所示。

表 2 - 43　大学生对社会主义核心价值观个人层面的认同度

单位：人，%

		人数	占比
有效	完全认同	328	70.4
	基本认同	115	24.7
	无所谓	16	3.4
	其他	3	0.6
	总计	462	99.1
缺失	系统	4	0.9
总计		466	100.0

（2）高校哲学社会科学类教师群体的认知和认同状况

258 份的教师样本如表 2 - 44 所示。

表 2 - 44　高校教师对社会主义核心价值观个人层面的认同度

单位：人，%

		人数	占比
有效	完全认同	233	90.3
	基本认同	20	7.8
	无所谓	1	0.4
	其他	1	0.3
	总计	255	98.8
缺失	系统	3	1.2
总计		258	100.0

（3）公务员群体的认知和认同状况

205 份的公务员样本如表 2 - 45 所示。

表 2 - 45　公务员群体对社会主义核心价值观个人层面的认同度

单位：人，%

		人数	占比
有效	完全认同	187	91.2
	基本认同	15	7.3
	无所谓	1	0.5
	总计	203	99.0
缺失	系统	2	1.0
总计		205	100.0

（三）结论

第一，社会主义核心价值观的认同度总体上是很高的，这是我们培育和践行社会主义核心价值观的主流，也是我们的坚实基础。对于作为社会主义核心价值体系指导思想的马克思主义的认知和认同是相当高的，总体来看"高度认同"（55.1%）和"较为认同"（37.2%）两者之和占了九成以上。而对作为社会主义核心价值体系"共同理想"的中国特色社会主义的认知和认同也是非常高的，对中国特色社会主义道路"高度认同"（79.4%）和"一般认同"（17.2%）两者之和高达97.6%。马克思主义和中国特色社会主义是社会主义核心价值观的应有之义，是社会主义核心价值观的指导思想和理论根基，对这一理论根基的认同是社会主义核心价值观认同的基础。目前学界既有的研究虽然与本研究在具体数据上存在某些出入，但也基本上印证了本研究所得到的数据。对于社会主义核心价值观，几乎有九成人（89.7%）认为培育和践行社会主义核心价值观意义重大，认为社会主义核心价值观建设"非常有必要"（75.3%）和"有必要"（20.9%）两者之和占96.2%。具体到国家、社会和个人三个层面，选择"完全认同"和"基本认同"两者之和分别是国家层面97.1%，社会层面97.2%，个人层面97.8%。这些数据意味着，我国意识形态建设，社会主义核心价值观培育总体上是好的。

第二，在承认社会主义核心价值观建设工作的基本面是好的同时，也应该承认，我们的社会主义核心价值观培育也面临着一些问题。从我们的问卷分析可以看出来，一个明显的问题是，青年大学生对社会主义核心价值观的认同相对于我们所研究的其他两个群体而言是偏低的。

比如对马克思主义的认知和认同问题，青年大学生在认知上，"非常熟悉"（4.9%）和"较为熟悉"（23.8%）的总和为28.7%，在认同上，"高度认同"（35.0%）和"较为认同"（50.0%）的总和为85%；而哲学社会科学的教师的数据分别是认知73.2%，认同98.5%；公务员群体的数据分别是认知75.6%，认同99.5%。

在对中国特色社会主义的认知和认同上，青年大学生对中国特色社会主义道路的认知"非常熟悉"（11.2%）和"熟悉"（44.4%）的总和为55.6%，在认同上，"高度认同"（63.7%）和"一般认同"（30.0%）的总和为93.7%；而哲学社会科学类教师的数据则分别为认知87.6%，认同98.8%；公务员群体的数据分别是认知96.1%，认同99.5%。这两个方面，青年大学生的数据都比其他两个群体低。

我们再看对社会主义核心价值观的认同情况：对"社会主义核心价值观的意义"的回答，青年大学生选择"意义重大"的为81.8%，而高校哲学社会科学类教师的数据为94.6%，公务员群体的数据是98.0%；对"社会主义核心价值观培育的必要性"的回答，青年大学生选择"非常有必要"的占60.9%，"有必要"的占31.8%，两项合计为92.7%；而高校哲学社会科学类教师选择"非常有必要"的占82.2%，选择"有必要"的占16.7%，两项合计98.8%；公务员群体选择"非常有必要"的占90.2%，选择"有必要"的占9.3%，两项合计99.5%。可以看出，青年大学生的数据低于其他两个群体，虽然青年大学生的数据也是比较高的，但从数据中可以看出，青年大学生对社会主义核心价值观的认知和认同度相对于其他群体还是偏低的。

这种倾向在社会主义核心价值观三大层面的认同上也存在，可参阅表2-46。

表2-46　被调查者对社会主义核心价值观的总体认同

单位：%

	青年大学生			高校哲学社会类教师			公务员		
	完全认同	基本认同	合计	完全认同	基本认同	合计	完全认同	基本认同	合计
社会主义核心价值观的国家层面	67.2	26.8	94.0	91.9	7.8	99.7	95.1	4.9	100

续表

	青年大学生			高校哲学社会类教师			公务员		
	完全认同	基本认同	合计	完全认同	基本认同	合计	完全认同	基本认同	合计
社会主义核心价值观的社会层面	67.7	26.7	94.4	89.9	9.7	99.6	90.7	9.3	100
社会主义核心价值观的个人层面	70.4	24.7	95.1	90.3	7.8	99.1	92.1	7.4	99.5

从表 2-46 可以看出，青年大学生是社会主义核心价值观培育的重要对象，我们对青年大学生进行社会主义核心价值观培育的任务还很艰巨。

五 本次问卷所得数据可能存在的不足之处

本次问卷调查所获得的数据可能会有如下几个方面的不足：

第一，所选取的样本可能会存在不足。虽然我们选取了 1000 多个样本，但这 1000 多份样本能否反映一般性的情况是存疑的。问卷调查法不是"完全归纳法"，我们的样本主要选择的是福建省的样本，而且即便是福建省也不可能全部都包括在内。否则的话工作量太大，我们只能选择具有典型意义的样本，我们的样本是经过深思熟虑后选择的，是具有典型意义的。我们判断，我们的研究只能够大致反映所选样本对社会主义核心价值观的认同状况，而不可能像自然科学那样非常精确反映问题，应该说我们的研究大致上反映了社会主义核心价值观的认同状况，但也存在一定的不足，那就是无法做到"完全归纳法"，而只能大致获得认同现状的判断。

第二，有些数据不一定客观反映样本的真实意图。为了说明这个问题，笔者提出一个新概念，叫作表态心态。所谓表态心态就是由特定的政治、经济、社会、文化和传统造成的在公开场合表明对某些重大问题的态度的心态。尤其是对于一些涉及价值观、道德、立场等问题的表态，一些人会出于某种考虑而做出不真实的选择。从一定程度上来说，我们所设计的问卷也可能引起问卷对象的表态心态，这样就会影响所得数据的客观性和准确性。价值观问题涉及是非善恶的问题，这可能会存在一定程度的虚假性因素，所以我们所得的数据也仅仅是一种参考，也只能算是一种大致情况，问卷调查在价值观认同研究上并非是全能的，我们认为这种研究方法是存在边界的。但这并不是说，我们所做的研究是无效的，我们的意思是说，我们的研究大致上客观反映了现实问题，但也存在不足，为了弥补这种研究的不足，我们准备引入观察法，用观察法从第三者的角度冷静、客观观察和呈现民众在新媒体公共领域中对社会主义核心价值观的认同度，将问卷法和观察法结合起来，或许会更加客观一些。

第三节　新媒体公共领域对社会主义核心价值观的认同典型案例及分析

第二节我们使用问卷调查法对新媒体公共领域认同社会主义核心价值观的现状进行了研究，但我们发现，这一研究方法对于本课题而言存在一定的局限性，所获得的数据有可能存在一定程度的偏差。所以这一节，我们利用观察法，选择若干具有典型意义的案例，观察分析新媒体公共领域中参与者的反应，从他们的态度中分析探讨他们对社会主义核心价值观的认同状况。

一　观察法研究的合理性

价值观更多地表现在人们的行为态度上，而且体现在人们自然而然的言行中，是人们日用而不觉、习焉而不察的行为准则和规范。如果告诉一个人，别人要了解他的价值观取向，那么这个人可能就会有意识地使自己更加符合主流价值观，所以，问卷调查可能会同人们的真实态度存在一定程度的偏差，因为问卷本身已经告知对方我们的研究意图了，这就让一些人产生"表态心态"，会刻意掩饰自己的某些倾向性，同时刻意表现出某些符合主流价值观的倾向。

在我们做的调查问卷中，我们设计了一个问题，即："你认为此次调查所获得的数据是否能够准确反映现阶段的社会主义核心价值观认同状况？"对这个问题的回答总体情况如下。

表 2-47　被调查者认为调查所获得的数据反映现阶段的社会主义核心价值观认同状况

单位：人，%

		人数	占比
有效	准确反映社会主义核心价值观认同现状	172	16.6
	能大致反映社会主义核心价值观认同现状	642	62.1
	价值观表现在对待事件的态度上，无法用调查数据表现出来，所以此次调查不能反映社会主义核心价值观认同现状	205	19.8
	总计	1019	98.5
缺失	系统	15	1.5
总计		1034	100.0

有 62.1% 的样本认为问卷调查"能大致反映社会主义核心价值观认同现状"，而只有 16.6% 的样本认为问卷"准确反映社会主义核心价值观认同现状"，而对于"价值观表现在对待事件的态度上，无法用调查数据表现出来，所以此次调查不能反映社会主义核心价值观认同现状"这个选项的选择占比为 19.8%。这一数据表明，至少在被调查的对象当中，六成略多一点的人认为，问卷调查法对社会主义核心价值观的调查是大致有效的，而近两成的人则认为调查法对本课题是无效的，从这一数据也可以看出来，至少从人们的观感来看，调查研究法对本课题来说是有局限性的。

我们的研究是要了解新媒体公共领域对社会主义核心价值观的认同现状，是了解人们在自然而然状态下对社会主义核心价值观的态度，所以观察法可能更加符合我们的研究意图。但正如前文所述，我们在做了问卷调查之后，又用观察法来做研究并不是说问卷调查法都是不合理的，我们的意思是说，问卷法存在局限性，用观察法弥补问卷调查法的不足，或者也可以说，我们用观察法可以印证问卷法所获得的某些结论。毕竟价值观态度问题比较微妙，通过多个渠道来研究人们的价值观态度会更加客观、更加准确。

用观察法研究新媒体公共领域对社会主义核心价值观的认同方式是选择若干涉及价值观内涵的案例，观察新媒体公共领域对这一案例的态度，通过新媒体使用者对这一案例的态度，分析他们对社会主义核心价值观的认同度。当然，观察法所获得数据，也不可能像数学那样精确地反映新媒体公共领域对社会主义核心价值观的认同度，社会学的研究所获得的数据都存在一定的或然性，我们是从或然性中分析其必然趋势。

二　若干涉及价值观问题的新媒体案例观察

新媒体的言行基本上是个人意愿、个人态度的自然流露，在新媒体公共领域发言基本不存在"表态心态"，不需要刻意掩饰或者突出某些非自我意愿的倾向，这些言论或许更加体现了新媒体公共领域参与者的真实态度。下面我们选择若干案例，从网民对这些案例的反应中分析网民的价值观倾向。

（一）"手术室自拍"事件的网民态度分析

事件的描述：

> 人民网北京 12 月 22 日电（记者赵敬菡）昨日，网友在微博上曝光了一组图片，几名医护人员在手术室内摆拍，可以看到后面手术台上躺着病人。据报道，该医院即将拆迁，医生拍照也是为了留念，但这件事迅速引发网络热议，很快西安市卫生部门对此事做出通报，并对相关人员做出处罚，具体包括对常务副院长记过一次，留职察看一年，对分管副院长做出免职处分。

就此，人民网发表了一篇文章，题目叫作《"手术室自拍"逾六成网友认为处罚不合理》，截至 2014 年 12 月 22 日 11：07，在这篇文章的后边总共有 166 条网民跟帖，我们就从这 166 条跟帖来分析网民的态度。人民日报新浪微博对网民的态度进行了汇总，这些态度包括四个方面：手术成功了，拍个照无可厚非；拍照、脱口罩、未经患者同意都欠妥，处罚应该；处罚重了，简单粗暴，没有人味儿；许多网友竟支持拍照，不可理解。不同的网民有不同的看法。

网民的这 166 条跟帖最主要的态度包括三种。第一种是，同情理解医生的行为，认为处罚得有点重了。第二种是，认为医生的医德有问题，处罚是应该的。第三种，认为媒体不良，这件事情是媒体的炒作造成的。具体来说：

持有第一种态度的有 26 条，占 15.7%。但是这 26 条中倾向也不完全一致，有的认为"医生也是人，就不能表达一下心情吗？可恶的炒作者，太没人性！""拍个照，至于吗？还有那什么卫生局是些什么东西？干脆把医院关了算了！"有的则只是同情地理解，认为，"各行各业都不容易，不要小题大做"。"手术成功了，大家高兴一下不行吗？"而有的则认为医生的做法确实不妥，但处罚也太重了一些，"处罚过重，你连续站 7 个小时试试，更不要说医生还要有高度紧张的工作。请大家多看看前因后果，不要一味指责医生不良"。

持有第二种态度，即批评医生，认为医生的行为该处罚的占 82 条，占总数的 49.3%，对医生的批评也是有轻有重，有的对医生的行为十分气愤，认为"该罚"，"惩罚太轻了，无语"。相当数量的跟帖是批评医生的医德的，"你们不会等没病人拍吗？为啥拿病人当作背景？你们是侮辱病人！你爸妈动手术了，医生玩自拍你们什么心情！！我觉得你们没有医德"。"收了红包还不认真做手术，真没医德！""做手术还让带手机？你家医院规定的？""无菌观念没有，手术室都要求无菌的，如果你说手机灭菌，我无语。"还有人是批评那些对医生持同情理解态度的人，"对于说对拍照可以理解的人，我只能说手术台上躺着的不是你的亲人"。"本是严肃认真的手术，患者还躺在手术台上，医护人员们却摆起 pose 自拍！"当然网民的很多言论是很随意的，甚至存在以偏概全的现象。

持有第三种态度的有 58 条，占总数的 34.9%，很多帖子与前两者存在重复之处，他们观点的共同之处就是批评媒体在这件事上发挥了不好的作用，比如"曝光的人若是医务工作者的话，我鄙视他"。即便是医务工作者也很有可能是曝光这则消息的人。还有"谁来处罚不良媒体？""对于那些胡乱报道的媒体人员就应该有一定的法律制度来约束他们，以免破坏社会稳定""不良媒体制造事端，医生无罪"等跟帖。

上述归类并不十分精确，因为很多跟帖态度并不鲜明，所以我们的分类只是从大的方面而言的。除了上述分析之外，我们在观察这些跟帖的时候，还发现如下几个问题：第一，一些人的言论偏于激烈，缺乏冷静的理性分析。第二，个别网民的言论不太文明，在和别的跟帖讨论的时候会存在"你可以死了"，"拍你妈咪，床上还有病人呢"等不文明发言。第三，个别网民在跟帖的时候，把对具体问题的分析上升到对医疗体制的批评。

"手术室自拍"事件所涉及的社会主义核心价值观因素包括爱岗、敬业、法治、公平、正义，等等。从网民的反应可以看出，虽然医生的自拍并无恶意，但确实存在不妥之处，医生在爱岗敬业方面存在不太恰当之处，网民在批评医生，或者批评卫生局的处罚过重的时候，又都在很大程度上体现着法治观念，也就是处罚要有法可依，依法处罚。从上述分析，笔者认为我们可以得出这样的认识：网民在法治、正义、敬业等观念上是不含糊的，是非善恶的评价标准在大多数人的心中是坚固的。但也不可否认，个别人存在网络文明素养有待提高，偏于自我中心主义的倾向。

（二）　捡起国旗的网民态度

微信上曾经流传过这样一则消息：

> 最近，抖音网友的一段视频刷屏，在视频中，一位清洁工人装扮的老人在收垃圾时，发现垃圾桶中有一面小国旗，于是他放下桶把它单独拾起，等梳理整齐后，单独插在了电瓶车的后座旁，之后才将其他垃圾倒入车中。老人的动作虽不经意，但却感动了无数网民，有网友说：他的灵魂在发光。

这则视频配文字的消息后边，跟了一些评论，评论不多，但都是高度赞扬老人的行为的。

> "这才是一位真正受过教育并且有自己信仰的人，向您致敬，叔叔。"
> "终于知道总是看到垃圾车上或者收废品的车上小红旗都是怎么来的了。"
> "不论大爷是有心还是无意，他的举动温暖了整个冬天。"
> "哇！这个小举动真的感动温暖了整个冬天。"
> "致敬，敬礼，给我们做了个好榜样。"
> "感动，自愧不如。"
> "感动，有几个人能做到？"
> "为他点赞。"
> "这个视频应该多点赞。"

还有人发言指出："《中华人民共和国国旗法》第十九条规定：在公共场合故意以焚烧、毁损、涂画、玷污、践踏等方式侮辱中华人民共和国国旗的，依法追究刑事责任；情节较轻的，由公安机关处以十五日以下拘留。尊重爱护国旗是法律的要求，更是爱国之心的体现。"

还有一个人发了一个图片，国旗班的仪仗队在行进过程中，有一个战士弯腰捡起被丢在地上的国旗，发文者并配以如下文字：

> 三军仪仗队正在列队行进，周围群众纷纷让开道路，却在地面上留下了一面小小的五星红旗。走在队伍第一排身着陆军礼服的升旗手立刻弯腰将国旗拾起，交给身边的战友，队伍继续整齐地向前行进，这一幕就这样被镜头记录下来。网友说，有些东西是绝不能踩在脚下的。

从这则消息看，网民的反应都是积极向上的，爱国情怀表现得十分真切。

（三） 对若干网站的观察

在像人民网、新华网、光明网这样的主流网站中，社会主义核心价值观作为主流意识形态得到了充分的张扬，而相关的互动也因为主流媒体强大的传播力、影响力和渗透力而被引导向主流意识形态，所以在这些网站，社会主义核心价值观的认同度是很高的。

在一些社区、论坛中，主流意识形态虽然也是主导的声音，但其他的声音就相对多了一些。比如强国论坛、凯迪社区、天涯论坛等这几个在国内较有影响的论坛就有一定的倾向性，强国论坛的声音基本上是主流声音，当然也有"左"的声音和右的声音及其争论，这里的"右"主要是自由主义。天涯社区则曾经有自由主义倾向，后来各种声音都有。凯迪社区则有自由主义倾向。当然，不管有什么倾向，我们的主流意识形态还是占主导地位，只是有些倾向、有些杂音会影响主流意识形态建设，影响社会主义核心价值观认同的提升。

在一些博客、微博、微信群中，虽然并不存在不同于主流意识形态的杂音，但它们又存在去政治化的倾向，不谈国事，娱乐、消费、消遣成为主要内容。当然诚如马克思所说，现代社会，"政治革命消灭了市民社会的政治性质"[1]，也就是说，现代社会区分了政治与社会，前现代的"市民社

---

[1] 《马克思恩格斯全集》第 3 卷，人民出版社，2002，第 187 页。

会"中还包含有大量的政治因素，而经过现代革命的现代社会消灭了市民社会中的政治性质。也就是说，不关心政治是现代人的常态。但因为政治事关每个人的私人利益，政治就是所有人的事，人们对政治还是应该有一定的认同度和关注度的。固然，泛政治化不是现代社会的合理状态，而去政治化的社会也不是现代社会应有的状态。所以，博客、微博和微信群中的去政治化倾向也是社会主义核心价值观认同度有待提升的表现。

三　对上述案例的分析

上述三个案例是在众多案例中选择的我们认为较为典型的案例，从这三个案例来看，大多数网民对社会主义核心价值观的认同度还是很高的。但我们在选择案例的过程中，发现了几个问题，这几个问题反映了新媒体公共领域对社会主义核心价值观认同的复杂性。

第一，不同的案例有不同的倾向性，网民的反应会被案例引导。网民做出什么样的反应与案例的内容有关，"捡起国旗"的案例所得到的反应都是赞扬，而对于某些不诚信的报道，对一些"老赖"的曝光所得到跟帖都是对这些现象的批评。也就是说，新媒体公共领域所发布的消息本身就是经过编辑的，而这些经过编辑的信息本身就是有立场的，本身就内涵了议程设置。人们的反应在一定程度上本身就是引导的结果。我们可以看到，在主流网站上，人们的跟帖发言一般都比较正面；而在偏"左"一点的网站，人们的发言跟帖则偏"左"；而在一些偏右的个别网站，如凯迪论坛，其言论则倾向于自由主义一些。不仅这些跟帖发言如此，这些网站所发布的信息也是如此。发布者会将自己的主观倾向体现在对信息的编辑和发布中，人们的反应在一定程度上就是对这种态度的回应。从这个意义上来说，我们的新媒体公共领域中，主流网站还是占有主导地位的，而这一主导地位从总体上引导整个社会的思想舆论向主流方向发展，因此新媒体公共领域从总体上来说是认同社会主义核心价值观的。当然，新媒体公共领域内容庞杂，也十分复杂多变，我们这样说，也并不否定在新媒体公共领域中存在诸多社会思潮，个别思潮甚至有可能试图与我们的主流意识形态争夺地盘，甚至个别思潮被国外和平演变势力所利用也是有可能的。

第二，新媒体公共领域参与度很高，但真正愿意参与讨论涉及价值观问题和意识形态问题的偏少。新媒体的出现，尤其是移动新媒体的发展，为人们参与讨论提供了便捷的途径和平台，人们随时都可以在微信等新媒体公共领域中发起讨论。便捷的参与方式激发了人们的参与热情，微信群、微博、网站等新媒体公共领域每天都有海量的信息发布，也都有海量的跟帖发言。但是在非官方的微博、微信群等新媒体平台上，人们所发布的信息和跟帖发言大多数偏于私人事务，或者为自己的产品打广告，或者让别人为自己的某个活动积累人气，或者发表一些娱乐好玩的信息，等等。这些新媒体公共领域中的讨论，涉及价值观问题的讨论偏少，涉及价值观的问题只占这些新媒体平台所讨论话题的很小一部分。这在一定程度上反映出普通民众关心社会主义核心价值观的热情并不高。当然，在主流网站上，情况则完全不同，因为主流网站中有我们的议程设置因素在里面，而在那些微博、微信等更加平等的新媒体平台上，每个人都是信息发布者，相对缺乏一个较为权威的主导力量，议程设置很难发挥作用。自发发言的普通民众很少有人主动谈论社会主义核心价值观问题，这也说明，新媒体公共领域对社会主义核心价值观的认同度还有待提升，我们的社会主义核心价值观培育工作要重视新媒体公共领域。

第三，新媒体公共领域中还存在不文明发言现象，这本身反映了网民的素养有待提高，也反映了社会主义核心价值观认同度有待提高的问题。在现代社会，每个人的自由应当以不妨碍他人的自由为边界，人与人是平等的，应该相互尊重，我可以不同意你的观点，但承认你拥有表达观点的权利。但是在新媒体公共平台上，还是存在一旦观点存在分歧就破口大骂的现象，有些人的争论实际上已经不是观点的交锋了，而是争面子，虽然我内心已经认同了你的观点，但我的嘴上却死不承认你说的是对的。也就是说，很多人还没有学会公共说理。参与公共领域的现代人应该学会公共说理，人与人的讨论是在符合说理逻辑的基础上进行的，而不是胡搅蛮缠、强词夺理，或者以自己的非逻辑来对付别人的逻辑。文明是社会主义核心价值观的重要方面，文明体现在很多方面，而公共说理则是现代文明的重要表现，是现代人应该具备的基本素养。在争论问题的过程中，如果对方的观点是合理的，那就应该心悦诚服地承认自己的不合理，而不是为了争面子而不承认对方的合理性，这种争面子的心态本身就不是现代文明的表现。现阶段新媒体公共领域中的这些不文明现象本身也说明了，新媒体公共领域的价值观修养有待提高，从行动上来说，有些国民对社会主义核心价值观的认同更有待进一步提升。

四　小结

观察法是观察人们对事件的态度，从人们的态度中分析他们的价值观倾向，我们在设计调查问卷的时候，也涉及了若干个具有观察法特征的问题，分别是："你在新媒体上看到关于国家越来越强大的消息会感到"，"你在新媒体上看到了因司法腐败而导致的冤假错案会"，"看到老人摔倒没有人扶你会觉着怎样"，对这三个问题的回答，总体情况如下。

表 2 - 48　被调查者在新媒体上看到关于国家越来越强大的消息的感受

单位：人，%

		人数	占比
有效	高兴	965	93.3
	平淡	43	4.2
	无所谓	12	1.2
	反感	5	0.4
	合计	1025	99.1
缺失	系统	9	0.9
总计		1034	100.0

这一问题的设计初衷是为了了解人们对国家的态度，即在国家层面上人们的认同度。从数据可以看出，人们对国家的情感还是很不含糊的，看到国家越来越强大，绝大多数的人都是高兴的。

表 2 - 49　被调查者在新媒体上看到了因司法腐败而导致的冤假错案的态度

单位：人，%

		人数	占比
有效	非常气愤	647	62.6
	气愤	367	35.5
	无所谓	11	1.0
	合计	1025	99.1
缺失	系统	9	0.9
总计		1034	100.0

这一问题的设计初衷是，考量社会主义核心价值观社会层面"正义"的认同度，我们并没有直接问"你对正义的认同度"，而是力图从人们对不正义的事件的态度中考查人们对正义的认同度。从数据中可以看出，人们对不正义的事件是不认同的，其中选择"非常气愤"的占 62.6%，选择"气愤"的占 35.5%，二者合计 98.1%。绝大多数不认同不正义事件，那说明对正义的认同度是相当高的。

表 2-50　被调查者看到老人摔倒没有人扶的态度

单位：人，%

		人数	占比
有效	愤怒且无法理解	283	27.4
	愤怒但可理解	706	68.3
	无所谓	33	3.1
	合计	1022	98.8
缺失	系统	12	1.2
合计		1034	100.0

这一问题的设计初衷是考量个人品德方面，当然很多问题是十分复杂的，对于"看到老人摔倒没有人扶你会觉着怎样"的问题，人们的心态是复杂的，主要原因是确实存在诸如"南京彭宇案"那样的例子，你好心帮了别人，反被别人诬为肇事者。所以我们所获得的数据显示，选择"愤怒但可理解"的占 68.3%，对这种现象本身是愤怒的，但由于种种原因，人们对于这种现象又给予一定的同情理解。

结合上一节的问卷调查和本节的观察法，我们可以得出这样的判断：新媒体公共领域对社会主义核心价值观的认同度总体上还是比较高的。但也存在诸多问题，这些问题主要表现在：

第一，新媒体公共领域对社会主义核心价值观存在一定程度上的漠视倾向，如果没有有意识的议程设置，新媒体公共领域很少自发地讨论社会主义核心价值观的问题。而且就我们的问卷调查显示，人们的主观感受认为，新媒体公共领域对社会主义核心价值观的认同度还是存在提升的空间的。我们在设计问卷的时候，也设计了一个问卷考查被调查对象对"新媒体公共领域对社会主义核心价值观认同度"的总体感受，这个问题即"你认为互联网上网民对社会主义核心价值观的认同"，对这个问题的回答，呈现如下状况：

表 2-51　被调查者认为互联网上网民对社会主义核心价值观的认同

单位：人，%

		人数	占比
有效	认同度高	336	32.5
	认同度一般	593	57.4
	网民不关心价值观	78	7.5
	其他	14	1.3
	合计	1021	98.7
缺失	系统	13	1.3
总计		1034	100.0

　　接近三分之一的被调查对象认为新媒体公共领域对社会主义核心价值观的"认同度高"，而57.4%的被调查对象则选择了"认同度一般"。应该说人们的主观感受是，网民对社会主义核心价值观认同度偏于一般化，并不十分高。这是通过1034份的问卷数据得出来的数据，是具有较高的有效性的。

　　第二，个别网站、微博、微信群存在一定程度的非主流意识形态的倾向。习近平总书记在《在十八届中央政治局第十二次集体学习时的讲话》（2013年12月30日）中指出："现在，国内国外、网上网下都有一些言论，贬低中华文化，否定中华民族的历史贡献，否定近代以来中国人民的奋斗史，歪曲中国共产党历史、中华人民共和国的历史、歪曲改革开放的历史。"[1] 西方的自由主义观点对我国新媒体公共领域还有一定的影响，原有的"左"的错误认识也在一定程度上存在，这些都是提升新媒体公共领域对社会主义核心价值观认同的挑战。

　　应该说，新媒体公共领域对社会主义核心价值观的认同度还有待进一步的提升。

---

[1]　习近平：《在十八届中央政治局第十二次集体学习时的讲话》，载中共中央文献研究室编，《习近平关于社会主义文化建设论述摘编》，中央文献出版社，2017，第34页。

第四节　新媒体公共领域对社会主义核心价值观认同现状的原因分析

新媒体公共领域对社会主义核心价值观的认同总体上还是很高的，但新媒体公共领域对社会主义核心价值观的认同也是存在一些问题的，有待进一步提高。尤其是新媒体公共领域是个新事物，发展很快，存在很多不确定性，是最大的"变数"，因此探讨如何提升新媒体公共领域对社会主义核心价值观的认同就成为一个重要课题了。而要深入探讨这一课题，我们就需要探讨导致认同度偏低的原因。

一　关于原因的问卷调查

我们在设计调查问卷的时候，设计了一道题目，即"你认为影响新媒体公共领域对社会主义核心价值观认同的关键因素？"，旨在考查民众对社会主义核心价值观认同度偏低的原因，所调查的 1034 份问卷的总体结果如下。

表 2-52　影响新媒体公共领域对社会主义核心价值观认同的关键因素

单位：人，%

		人数	占比
有效	多种社会思潮的存在	507	49.0
	我们在新媒体公共领域中的宣传不够	198	19.1
	我们的宣传还没有能够适应新媒体	142	13.9
	网民对社会主义核心价值观不关注	110	10.6
	合计	957	92.6
缺失	系统	77	7.4
总计		1034	100.0

表 2-52 表明，有近半数的民众认为"多种社会思潮的存在"是影响社会主义核心价值观认同的关键因素；选择"我们在新媒体公共领域中的宣传不够"的占 19.1%；选择"我们的宣传还没有能够适应新媒体"的占 13.9%；而选择"网民对社会主义核心价值观不关注"的占 10.6%。这是

总体结果，466 名青年大学生的问卷数据略有不同。

表 2－53　大学生认为影响新媒体公共领域对社会主义核心价值观认同的关键因素

单位：人，%

		人数	占比
有效	多种社会思潮的存在	254	54.5
	我们在新媒体公共领域中的宣传不够	81	17.4
	我们的宣传还没有能够适应新媒体	54	11.6
	网民对社会主义核心价值观不关注	73	15.6
	合计	462	99.1
缺失	系统	4	0.9
	总计	466	100.0

表 2－53 显示，青年大学生选择"多种社会思潮的存在"的占 54.5%，要比 1034 份问卷的平均值高；选择"我们在新媒体公共领域中的宣传不够"的占 17.4%，低于平均值；选择"我们的宣传还没有能够适应新媒体"的占 11.6%，也低于平均值；选择"网民对社会主义核心价值观不关注"的占 15.6%，高于总体的平均值。这说明，青年大学生的主观感受是：多种社会思潮的存在对影响新媒体公共领域认同社会主义核心价值观的效应更大，而选择网民不关注新媒体公共领域中的核心价值观的比重高于平均值，也说明青年大学生觉着人们不关注、关心社会主义核心价值观问题，这是影响社会主义核心价值观认同的重要方面。

表 2－54　公务员认为影响新媒体公共领域对社会主义核心价值观认同的关键因素

单位：人，%

		人数	占比
有效	多种社会思潮的存在	83	40.5
	我们在新媒体公共领域中的宣传不够	42	20.5
	我们的宣传还没有能够适应新媒体	43	21.0
	网民对社会主义核心价值观不关注	12	5.8
	合计	180	87.8
缺失	系统	25	12.2
	总计	205	100.0

根据表 2-54，公务员选择"多种社会思潮的存在"的占 40.5%，低于平均值；选择"我们在新媒体公共领域中的宣传不够"的占 20.5%，高于平均值；选择"我们的宣传还没有能够适应新媒体"的占 21%，高于平均值 7.1 个百分点；选择"网民对社会主义核心价值观不关注"的只占 5.9%，低于平均值。公务员群体可能更多的是从党的工作，尤其是宣传工作的角度出发，所以在宣传不够的两个方面（一个是新媒体公共领域的宣传，一个是一般的宣传）数据都高于平均值，而且选择一般的"宣传不够"的高于平均值 1.4 个百分点。

表 2-55　高校教师认为影响新媒体公共领域对社会主义核心价值观认同的关键因素

单位：人，%

		人数	占比
有效	多种社会思潮的存在	103	39.9
	我们在新媒体公共领域中的宣传不够	62	24.0
	我们的宣传还没有能够适应新媒体	38	14.7
	网民对社会主义核心价值观不关注	20	7.8
	合计	223	86.4
缺失	系统	35	13.6
	总计	258	100.0

表 2-55 的结果表明，高校教师选择"多种社会思潮的存在"的占 39.9%，低于平均值；选择"我们在新媒体公共领域中的宣传不够"的占 24%，高于平均值，也高于公务员群体；选择"我们的宣传还没有能够适应新媒体"的占 14.7%，高于平均值；选择"网民对社会主义核心价值观不关注"的占 7.8%，低于平均值。

不管是从总体来说，还是从我们所调查的各个群体来说，多种社会思潮的存在是影响新媒体公共领域认同社会主义核心价值观最重要的因素。关于社会思潮问题，我们将在后面专辟一章来探讨，在这里我们看看其他的因素。

二　新媒体公共领域的有效宣传有待提升

社会主义核心价值观的培育需要真正做到使社会主义核心价值观入心入脑，内化于心外化于行，使之成为人们日用而不觉、习焉而不察的行为规范，而要做到这一点，有效的宣传是最重要的方式之一。宣传要讲求艺术，很多宣传做得大张旗鼓、轰轰烈烈，但这可能仅仅是外在的热闹，人们也会去关注，也会去了解，但人们的关注和了解仅仅是一般关注和了解，没有真正深入人心，触及灵魂。真正的宣传不一定都要大张旗鼓，"润物细无声"的深入宣传可能对人类的内心触动更大，一部充满人情味的电影可能会影响人的一生。

新媒体公共领域的宣传大致可以分为两个方面：

一是主流网站的宣传。主流网站是我们宣传的主阵地，所以在主流网站，社会主义核心价值观的宣传是非常充分的。而且，主流网站具有较高的权威性、可靠性和公信力。新媒体时代人们每天都会接触海量的信息，但对于很多信息，我们都会打一个是否可信的问号，这是真的假的？而主流网站的信息则具有最高的权威性和公信力，这一点还是会得到大多数人的认同的。因此，主流网站在正面传播中央的方针、路线、政策等方面发挥着不可替代的作用，大多数人了解国家大事还是依靠这些网站。人民网和光明网使《人民日报》和《光明日报》电子化，报纸的内容完全可以在网站上看到，这使得主流的声音得到充分的张扬和传播。主流网站在一定程度上带有传统纸媒的一些特征，相对于微博、微信等平台而言，互动性略显不足，所以主流网站在正面宣传社会主义核心价值观上发挥着关键性的作用，但它在社会大众的参与性、互动性等方面略显欠缺，而社会主义核心价值观的培育也需要在相对活泼的氛围中进行，应该说，主流网站在社会主义核心价值观宣传上严肃有余，活泼不足，所以主流网站的宣传应该积极适应新媒体的特点和传播规律。习近平总书记讲道："网民大多数是普通群众，来自四面八方，各自经历不同，观点和想法肯定是五花八门的，不能要求他们对所有问题都看得那么准、说得那么对。要多一些包容和耐心，对建设性意见要及时吸纳，对困难要及时帮助，对不了解情况的要及时宣介，对模糊认识要及时廓清，对怨气怨言要及时化解，对错误看法要及时引导和纠正，让互联网成为我们同群众交流沟通的新平台，成为了解群众、贴近群众、为群众排忧解难的新途径，成为发扬人民民主、接受人民监督的新渠道。"① 我们的主流网

---

① 习近平：《建设网络良好生态，发挥网络引导舆论、反映民意的作用》，载《习近平谈治国理政》（第二卷），外文出版社，2017，第336页。

站应该更加了解民众，更加适应新媒体传播规律，这样传播主流观点的效果应该更好。

二是微博、微信等互动性较强的新媒体公共领域中的传播。如果我们把舆论分为官方舆论和民间舆论的话，那么主流网站的舆论更多地属于官方舆论，而微博、微信等互动性比较强的新媒体公共平台则属于民间舆论。官方舆论和民间舆论存在着密切联系，官方舆论深刻影响着民间舆论，微信、微博等民间舆论场域中的国家形象在相当大的程度上是主流媒体影响的结果，两个舆论场域存在互补之处。① 现阶段总体上来说，微博、微信等互动性较强的新媒体公共领域对主流意识形态的认同度很高，但同时也应该看到，在这些民间性的公共空间中，社会主义核心价值观被讨论的机会很少，也就是说，这些新媒体空间更多的是娱乐、广告或者其他商业营销。也就是说，主流媒体所设置的议程在这些公共领域平台上减弱了，议程设置的影响力在传导到微信、微博上的时候已经变弱了，人们对涉及社会主义意识形态、社会主义核心价值观的议题的讨论减少了。我们应该辩证地看待这一现象，社会领域政治化不是现代社会应该有的状态，正如马克思在《论犹太人问题》一文中所说，现代社会政治领域与市民社会之间的边界日益清晰。王南湜在《社会哲学》一书中认为，我国改革开放以来所经历的社会转型是一个从政治一元化的"诸领域合一"状态向"诸领域相对分离"状态的转变过程。② 政治与社会的边界日渐明确，原来的社会领域充满了政治因素，政治控制了社会，而社会转型的发展使政治逐渐从经济和社会中抽身出来，这是现代社会的常态。所以，民间舆论场中政治因素减弱在一定程度上是社会发展进步的表现，是现代性的常态。但是，如果说民间舆论对政治问题关注得太少也是不健康的，这说明，社会主义意识形态的吸引力和凝聚力还没有充分发挥出来，我们党的宣传工作还没有完全做到位。

应该说，新媒体中的宣传工作的基本面是好的，但在一些新媒体空间，我们的宣传工作还没有充分施展开，社会主义核心价值观的吸引力和凝聚

---

① 江作苏、李理：《传播视野：国家形象的官方民间舆论场互补建构》，《华中师范大学学报（人文社会科学版）》2014 年第 6 期。

② 王南湜：《社会哲学——现代实践哲学视野中的社会生活》，云南人民出版社，2002，第317 页。

力还没有充分张扬，距离"入心入脑""内化于心外化于行"还有一定的差距。

三　我们的宣传还存在不适应新媒体公共领域之处

新媒体与传统媒体存在明显的差别，传统媒体的宣传方式在新媒体时代存在一定的局限性，传统宣传方式无法在新媒体空间完全实现宣传目标。这就需要我们的宣传方式适应时代的变化，用适合新媒体的宣传方式开展宣传工作，只有这样才能够有效实现我们的宣传工作目标。但现阶段我们的宣传工作还存在一些不适应新媒体的地方，这在一定程度上影响了宣传效果。

首先，到底该如何在新媒体公共领域开展宣传工作还是一个有待进一步研究的话题，尤其是在互动性较强的新媒体公共领域。主流网站与传统媒体存在诸多的共同点，所以传统媒体的宣传方式在主流网站是有效的，这也是我们宣传工作的主阵地，这一领域的宣传工作是适应传统媒体的。传统媒体的特征是一对多的传播，这使得我们能够有效地将主流信息推送出去，主流网站也有类似的特征，但博客、微博、微信、网络社区、网络论坛等新媒体公共空间中没有权威，所有的参与者都是平等的，这样的公共空间是"多对多"的传播形态，每个人都可以发布信息，但到底谁的信息能成为热点，那就是靠"信息市场"来"自发"调节了。我们的宣传方式更多的是适应主流网站的传统模式，而不适应互动性较强的新媒体公共空间，但互动性较强的新媒体公共空间也是我们应该占领的重要领域。互动性较强的新媒体公共空间凸显了新媒体公共领域的民间性，但这一领域也存在新闻舆论问题，甚至个别这样的公共空间还存在"左"的错误倾向，以及自由主义、民粹主义、历史虚无主义等错误倾向，所以这一领域也是我们意识形态宣传工作应该争取的领域。我们虽然也做了很多工作，但我们的引导力还有待进一步提升，这是我们的宣传工作还不够适应新媒体的表现之一。

其次，在新媒体公共领域讲好新时代中国特色社会主义故事面临诸多复杂环境。诚如李德顺先生所说，"中国有好故事没有好话语"，学界对于中央的战略意识更多的是"跟着说"，而没有做"战略性、前瞻性的研究"，"只有宣传，没有研究"的现象还比较普遍，致使"热点一阵又一阵"，"形不成深浅梯次、张弛有致、理路一贯的系统化格局和鲜明韵味"。① 改革开放四十余年的发展,我们有很多好故事可讲,但有的故事没有讲好,有的故事讲好了没有传播好。如何提升我们在新媒体公共领域中的传播力、引导力和影响力是一个重要的问题。新媒体公共领域的舆论生态较为复杂,个别唱衰中国的论调固然不会被新媒体公共领域所认同,但"厉害了我的……"的传播模式似乎在新媒体公共领域也无法获得较高的认可。这就需要理论界做深入的研究,真正做好"战略性、前瞻性的研究",我们的研究也要跟得上中央的战略意图,我们的宣传不能只是"跟着说"。讲好中国故事要有深度,要用理性的逻辑说服人,要用平和的说理来征服人。

最后,我们的宣传在入心入脑,内化于心外化于行上还有待进一步提升。习近平总书记在讲到培育和践行社会主义核心价值观的时候,用过很多很切中要害的字眼,如"内化于心外化于行""入心入脑""日用而不察""落实落小落细"等,这是社会主义核心价值观培育的关键环节。但是我们却在一定程度上存在注重宣传的外表,而轻视宣传的效果的倾向。社会主义核心价值观入心入脑是一个复杂的过程,在这一过程中,既需要理性认知,也需要情感认同,而理性认知相对来说是一个浅层次的问题,情感认同则是关键性问题。我们的宣传偏重于理性认知的介绍,而在情感认同的提升上,我们的宣传工作还有待进一步提高,我们的调查问卷中也涉及了一个问题,即:"你认为社会主义核心价值观培育的关键是什么?"所获得的数据如下。

表 2-56 被调查者认为社会主义核心价值观培育的关键

单位:人,%

		人数	占比
有效	理性认知	353	34.1
	情感熏染	149	14.4
	实践养成	437	42.3
	合计	939	90.8
缺失	系统	95	9.2
总计		1034	100.0

① 李德顺:《重视构建话语体系的路径思考》,《中共中央党校学报》2018 年第 3 期。

数据显示，"实践养成"是最主要因素，其次则是"理性认知"和"情感熏染"，所以我们的宣传也应该在情感熏染和实践养成这两方面努力。而如何在新媒体公共领域的宣传中凸显情感熏染因素，也是一个有待进一步深入研究的问题。

四　新媒体公共领域对社会主义核心价值观的关注热度偏低

主流网站对社会主义核心价值观的关注度很高，这是我们党宣传工作的成效，但在一些互动性强的新媒体公共领域中，社会主义核心价值观的关注度有点偏低，关注度偏低也会影响认同度。对这一倾向，我们的认识是这样的：

首先，互动性新媒体公共领域对社会主义核心价值观关注偏低，是现代社会的正常现象，不必大惊小怪，相反，如果整个社会各个领域都出现泛政治化的倾向，各个领域都是政治挂帅，那才是现代社会不正常的现象。现代社会多元化趋势日益明显，社会阶层分化，不同的人从不同的角度看问题，这是社会发展和进步的表现。对此，我们不必担心，但这并不是说，我们就任由多元化的趋势日益发展下去，我们也需要凝聚社会共识，这就是积极培育和践行社会主义核心价值观的目的所在。

其次，在互动性的新媒体公共领域中，人们的言论可能不会直接涉及社会主义核心价值观字样，但在涉及具体的诸如爱国、正义等社会主义核心价值观的事件上的态度却表明，人们对社会主义核心价值观的关注度还是很高的。不能光看是否有社会主义核心价值观的字样，而应该关注人们的态度，这才是科学的态度，从这个意义上来说，新媒体公共领域对社会主义核心价值观的关注度还是很高的，人们的态度表明了人们对社会主义核心价值观的认同度。

最后，在互动性的新媒体公共领域中，存在诸多社会思潮，诸如自由主义、历史虚无主义、民粹主义等社会思潮发挥了消极影响，在一定程度上误导了一些人的思想认识。这也是客观存在的，这是提升新媒体公共领域对社会主义核心价值观认同中面临的挑战。

第三章　新媒体公共领域认同社会主义核心价值观的一般机制

要提升新媒体公共领域对社会主义核心价值观的认同度，我们首先要了解新媒体公共领域是如何接纳和认同一种价值观的，本章主要探讨了新媒体公共领域认同价值观的一般机制。价值观认同问题涉及多个学科，所以本章的研究吸收借鉴了传播学、道德哲学等领域的研究成果。

第一节　新媒体公共领域对社会主义核心价值观认同的优势及不足

新媒体是新事物，其形成的时间很短，但它对人们的影响很大，新媒体已经成为人们工作和生活的重要组成部分，它深刻改变了人们的沟通方式、娱乐方式、消费方式，甚至人们的思维方式、情感方式、表达方式都发生了改变。正因为新媒体的影响巨大，如果我们能够充分利用新媒体公共领域的优势，社会主义核心价值观培育工作将会收到显著效果。但也正因为新媒体是一个新事物，我们的很多工作还存在不适应新媒体的地方，新媒体公共领域也有可能是社会主义核心价值观培育的一个挑战。

一　新媒体公共领域在社会主义核心价值观培育中的优势

新媒体公共领域在提升社会主义核心价值观认同过程中有很多优势，我们应该对这些优势有自觉的认识。

第一，新媒体公共领域具有跨越时空、便捷性、丰富性、虚拟性的特征，一定程度上说这也是新媒体公共领域的优点。（1）可以跨越时空。现实中诸多的议题都可以被及时地，甚至是即时地反映到新媒体公共领域中，新媒体公共领域甚至可以对一些事件的进展进行直播，报道的即时性导致了关注和评论的即时性。新媒体不但具有即时性，还具有可回顾性，你可以在新媒体公共领域中"翻阅"已经讨论过的记录，或者回顾事件的发生过程，这是别的公共领域所不具有的。（2）便捷性。新媒体公共领域对现实问题的关注很便捷，它对报道手段的要求很低，任何人都可以用自己的手机在新媒体公共领域中发布消息，或者对某个事件进行评论。新媒体公共领域的便捷性保证了信息的丰富性和多元性，不管是专家学者、政府官员，还是农民工、农村农民等文化知识水平较低的群体，都可以在新媒体公共领域发布信息，发表见解，甚至对某些问题提出批评和建议。（3）丰富性。新媒体公共领域的内容丰富，它涉及现实社会的方方面面，大到国家的内政国防外交，治国治党治军，小到人民群众的油盐酱醋茶，吃喝拉撒睡，都是新媒体公共领域关注的内容。新媒体公共领域关注的方式多种多样，文字报道、图片报道、视频报道、flash作品，有严肃的新闻报道，也有诙谐、搞笑的抖音，它不像大媒体那么严肃，但也是对现实社会的关注和反映，而且是更加生动，更加适合于人们在轻松愉快的氛围中关注现实。（4）虚拟性。新媒体公共领域是一个虚拟空间，这一空间打破了传统社会中主观世界和客观世界的界限，创造了一个实现了充分自由的空间，即曼纽尔·卡斯特所谓的"无时间之时间"（timeless time）"地方空间"（space of place）"流动空间"（space of flows）。[1] 虚拟性也伴随着匿名性，在新媒体公共领域中，消息的发布者或者评论者可以隐匿个人信息，这种形式消除了发布者某些顾虑和担心，可以充分表达自己的观点。在现实社会的讨论中，发言往往要顾忌对方的身份，"对方是谁"在一定程度上影响了发言的方式和激烈程度，而匿名性则实现了"脱境信息互动"，可以"以议题为中心"，过滤掉了或者减少了互动结构中的自然因素、社会因素、心理因素等妨碍互动进行的因素。[2] 这实现了讨论的对事不对人，论理不论人，也进一步实现了公共说理的理性化。

第二，新媒体公共领域具有广泛性。新媒体公共领域的广泛性包括内容的广泛性、参与的广泛性和角度的广泛性。内容广泛是指新媒体公共领

① 〔西班牙〕曼纽尔·卡斯特：《网络社会的崛起》，夏铸九、王志弘等译，社会科学文献出版社，2001，第531页。

② 郭玉锦、王欢：《网络公共领域建构研究》，北京邮电大学出版社，2015，第40页。

域所讨论的议题丰富多样，新媒体公共领域是对现实的反映，现实社会的问题都可以在新媒体公共领域中找到讨论的空间和渠道。新媒体公共领域的参与性非常广泛，《第 45 次〈中国互联网络发展状况统计报告〉》调查显示，截至 2020 年 3 月，我国网民规模为 9.04 亿，互联网普及率为 64.5%，其中手机网民达 8.97 亿，在网民的城乡结构中，城镇网民占 71.8%，共计 6.49 亿，农村网民占所有网民的 28.2%，共计 2.55 亿。① 互联网的使用者并非都是新媒体公共领域的参与者，网民中很多都是利用互联网进行沟通、娱乐、购物、学习的，这些就不是公共领域，但不可否认这些网民中的相当一部分是公共领域的参与者。新媒体公共领域的参与方式也多种多样，有的长期活跃在虚拟公共空间中，有的则只是偶尔看一下，或者"冒个泡"，有的是只阅读不发言的"潜水者"，这些都是新媒体公共领域的参与者。新媒体公共领域的视角广泛性主要是指参与公共议题讨论的视角多元化趋势明显，新媒体是虚拟空间，它克服了时空界限。理论上讲，一个大学教授完全可以在新媒体的虚拟公共空间中与一个身处农村的农民就某个公共话题展开讨论。新媒体公共领域参与的广泛性也决定了看问题角度的广泛性，不同的人有不同的知识背景、生活经历、身份意识，所以对于同一个问题，新媒体公共领域可以提供多个视角，这就为公共议题的公共讨论提供了多元化的基础。有不同的视角和观点才有公共领域，才需要共识，也才需要公共领域的存在。

第三，新媒体公共领域的公共性远高于传统媒体。传统的公共领域或者依托于杂志，或者依托于咖啡馆这样的物理空间，不管是什么样的公共领域都受到空间限制，被限定在一定的范围内，其公共性是有限制的。新媒体公共领域从理论上来说是开放的空间，面向全国，甚至可以轻松超越国界面向全球开放。当然受语言文化以及人际交往的限制，新媒体公共领域从现实意义上讲不太可能轻松走向全球化，但新媒体公共领域毕竟超越了物理空间的限制，空间距离已经不是问题了，远隔千里的人们可以面对面地讨论问题。新媒体公共领域形式多种多样，不同的公共空间，其公共性也不尽相同。网站的公共程度最高，只要知道网址，每个人都可以关注

---

① 中国互联网络信息中心（CNNIC）《第 45 次〈中国互联网络发展状况统计报告〉》，中国互联网信息中心，http://www.cnnic.net.cn/，最后访问日期：2020 年 6 月 20 日。

网站上的内容，网站是传统媒体传播模式的延伸，虽然网站也可以跟帖和发言，但网站中"一对多"的传播模式还是比较明显的。博客和微博的公共性也很高，个人博客是一个人对公众的言说，博客当然也有互动，但一个人主导的特征还是比较明显的。微信群、QQ群中的成员之间是平等的，没有谁是主导，但这些"群"的公共性偏弱，有些学者不认为微信群是公共领域，因为它更多的是私人之间的沟通，微信群也是熟人之间建立起来的群，这样的群的公共性受到质疑。这种认识也有道理，但微信群也分很多种，也有的群具有公共性，而且公共性程度很高。比如在一些学术性的会议报到的时候，会议主办方会建立微信群，每个参会的学者都加入该群，以便于会议主办方通知一些重要的事情，而这样的微信群在会议结束后也并没有解散，这样的群就具有较高的公共性。总之，相对于传统公共领域而言，新媒体公共领域具有较高的公共性。

第四，新媒体公共领域具有弘扬真善美，贬抑假恶丑的机制。公共领域的主要功能之一就是批判，新媒体公共领域作为公共领域的新形式也具有明显的批判功能。新媒体公共领域批判功能主要体现在对真善美的弘扬和对假恶丑的贬抑上，所谓批判就是依照一定的标准对那些不符合标准的现象进行鞭笞，任何批判都有一定的标准，符合这一标准的就是合理的，否则就是不合理的。公共领域中的批判标准就是真善美，真善美就是合理的标准，以此标准评判各种议题，符合该标准的就是合理的，不符合这一标准就是不合理的，就应该予以口诛笔伐。在很多时候，新媒体公共领域的参与者只知道自己在批判假恶丑，但对自己所奉为圭臬的理性标准却并没有自觉，这只能说明这些参与者是自发地利用道德标准来评判是非。人人内心都有是非善恶的标准，这一标准形成于人的社会化过程，在社会化过程中，人逐渐习得了什么是可以做的，什么是不可以做的；什么是好的，什么是不好的。人的是非善恶观念并非先天具有，而是后天习得的，这一标准一旦习得就会影响人的一生。也就是说，参与新媒体公共领域的人内心都有是非善恶的标准，新媒体公共领域中对不合理现象的批判，很多情况下是出于人们自发的、朴素的见解。新媒体公共领域本身就具有弘扬真善美、批判假恶丑的倾向，这是社会文明教化的结果，也是提升社会主义核心价值观认同的基础和优势。

二 新媒体公共领域在社会主义核心价值观培育中面临的挑战

新媒体公共领域在提升社会主义核心价值观认同过程中面临诸多挑战，这些挑战是我们的社会主义核心价值观培育工作要重点克服的问题。

第一，新媒体公共领域的可控性低，传统媒体就是"我传播你接受"的传播模式，新媒体公共领域中人人都是信息源，人人都是传话筒，但是我们的宣传还习惯于传统媒体的传播模式，我们的意识形态工作在一定程度上与新媒体的发展现状还存在不适应的地方。习近平总书记在《在党的新闻舆论工作座谈会上的讲话》中指出，"有人说，现在是'资本为王'的'资本媒体''商业媒体'时代，是'人人都是麦克风'的自媒体时代，再提坚持党管媒体没有意义。有人说，坚持党管媒体，主要是对党和政府主办的重点新闻媒体而言的，对其他媒体并不适用。这些看法是错误的。""党管媒体，不能说只管党直接掌握的媒体。党管媒体是把各级各类媒体都置于党的领导之下，这个领导不是'隔靴搔痒式'领导，方式可以有区别，但不能让党管媒体的原则被架空。"① 新媒体是意识形态工作的重要阵地，我们要过新媒体这一关，但现阶段我们的工作还很难说已经完全适应了新媒体的特征。相对于传统媒体，新媒体的一个最大特征就是可控性低，人人都是麦克风，人人都可以在新媒体发表言论，很难掌控，乃至于有些人认为"党管媒体"的提法"不适用于"新媒体时代，这种观点是错误的。西方一些反华势力力图充分利用新媒体传播他们的思想观念，这对我们的意识形态建设已经构成一定的挑战。新媒体时代，党管媒体不能再像管理传统媒体那样来管理新媒体了，那种管理方式已经不适应新媒体时代的传播方式了，我们要学会适应新媒体的传播特征开展意识形态工作，使党管媒体的原则在新媒体时代落到实处。

第二，我们还没有完全掌握新媒体公共领域的传播规律，对新媒体的工作，我们还存在不适应的地方。①应对新媒体舆情。新媒体公共空间的舆情发展有很多特点，有学者将这些特点概括为：自由性与可控性、互动性与即时性、丰富性与多样性、隐匿性与外显性、情绪化与非理性、个体

---

① 习近平：《在党的新闻舆论工作座谈会上的讲话》，载中共中央文献研究室编，《习近平关于社会主义文化建设论述摘编》，中央文献出版社，2017，第42页。

化与群体极化性。① 新媒体群体性事件发生的频率增高，现实世界每天都会发生这样那样的事件，新媒体的出现使得这些事件都有可能引发舆情风险。新媒体传播的一大特点是即时性，因为它传播速度快，会在短时间内集中某些舆论，甚至会对线下的群体性事件发挥推波助澜的作用。从这个意义上来说，我们的应对措施都具有滞后性，都是针对出现的问题而被动地采取措施，我们很难提前做好完备的预案，这对我们的舆情应对工作提出了严峻的挑战。②新媒体的传播是多元化的传播。新媒体公共领域过滤掉了个人的身份、权力等因素，使得传播具有平面化特征，人与人不再有地位上的不平等，网民们只是"数字化、符号化"的人，"没有国界之分、没有社会地位高下、没有权力高低、没有年龄大小，甚至没有性别区分，他们有的只是自己的 ID 代码，是符号化的人"。② 他们用符号标识自我，用文字、图画、视频表达自己的思想观点。这样的传播不再是"一对多"，而是"多对多"，没有谁能够主导整个传播，也没有谁能够完全控制整个传播。而我们的思想宣传工作在一定程度上还没有完全适应这一新的传播模式，还不能有效利用这一传播平台传播我们的声音，讲好我们的故事。③新媒体的传播特点使得新媒体成为一些反华势力攻击的对象。他们利用网络黑客攻击中国的互联网，常用的黑客攻击分为通过监听窃取隐私和安全信息、植入恶性程序攻击新媒体运行程序、利用漏洞攻击新媒体系统程序，等等。这些攻击还使得网络战成为现代战争的重点领域。一些境外势力还利用新媒体进行意识形态渗透，与我们开展意识形态斗争。有学者指出，新媒体传播具有无国界、无法律、无管制的特征，具有最快、最广、最直接的特征，具有低门槛、低成本、低风险的特征，以及参与性、交互性、共享性等特征，这使得新媒体成为西方进行意识形态渗透的重点领域。③ 在渗透方式上也呈现出一些新的特点："渗透话题：从政治话题到全球话题""渗透载体：从社会事件到学术思潮""渗透手段：从单向传播到立体覆盖"。④ 这

---

① 《图书情报工作》杂志社编《新媒体环境下的网络舆情研究与传播》，海军出版社，2014，第 4 页。
② 昝玉林：《网络群体研究》，人民出版社，2014，第 116 页。
③ 刘永志：《西方意识形态网络渗透新态势及我国对策研究》，《马克思主义研究》2017 年第 12 期。
④ 黄世虎：《西方发达国家意识形态渗透特点与应对策略探析》，《南京政治学院学报》2017 年第 3 期。

场没有硝烟的战争把新媒体作为了主要战场，对我们的意识形态安全构成了严峻的挑战。

第三，个别的不同声音的存在。改革在一定程度上就是一次利益重组，其本质就是为那些真正有本事的人提供施展空间，这必然打破计划经济年代的平均主义体制，改革就是要改不适应生产力发展的体制机制，作为改革对象的这些不适应生产力发展的体制机制在一定程度上就是计划经济年代形成的体制机制，这些体制机制甚至到现在还有一定程度的残存。而且改革越来越进入了深水区，每一项改革都有可能面临复杂的困境和阻力，也可能会涉及一些人的利益，所以对改革的不同声音在一定程度上也会存在。实际上各种不同声音一直如影随形地伴随着改革开放。比如，"左"的声音就一直存在，从改革开放初期的"两个凡是"，到关于市场经济的争论，乃至于现在一些"左"的声音抓住现阶段出现的收入差距偏大、房价偏高、道德滑坡、食品安全等问题质疑改革开放，等等。另外自由主义也在一定程度上存在，自由主义在新中国成立之前就已经存在并流行于部分知识分子中间，改革开放以来，一些自命公共知识分子的人用自由主义的理念来解释现实，发表见解。除了"左"的声音和自由主义之外，新媒体公共领域还存在民粹主义、历史虚无主义等倾向和问题，关于这些问题请参见本书第四章，这里我们不再重复。这些杂音在新媒体公共领域中都有表现，虽然这些声音不是主流，但这些声音也对我国意识形态工作构成了一定的挑战。

第四，新媒体公共领域中意识形态斗争严峻。现阶段的我国正处于社会转型期，我国经济社会在快速发展的同时也出现了诸多社会问题，这些问题都是"发展起来的问题"，是历史发展的必然，但这一"阵痛期"必然导致意识形态工作的复杂性，尤其是在新媒体公共领域。现阶段社会各阶层都习惯于在新媒体上"喊话"，"一旦发生社会事件，网络舆情受到网上网下、显性隐性多重因素影响，通常会快速形成、快速扩散、快速变形，网民个体意图、外部环境变化、舆情诱发事件本身的发展、主流媒体报道、网民间互动等因素都会不间断地改变舆情状态。"[1] 网络舆情演变过程中往

---

[1] 《图书情报工作》杂志社编《新媒体环境下的网络舆情研究与传播》，海军出版社，2014，第4页。

往有意识形态因素渗透其中，可以说，新媒体已经成为当今意识形态斗争的主战场了，西方反华势力也妄图借助于新媒体来"遏制中国"，甚至"扳倒中国"。他们往往借助于个别事件大肆渲染，尤其是还利用新媒体公共领域中的"仇官""仇富"等情绪，大肆攻击社会主义道路。我们中央也明确意识到新媒体在意识形态工作中的重要性，习近平总书记在《坚决打赢网络意识形态斗争》的讲话中指出，"网络意识形态安全风险问题值得高度重视。网络已是当前意识形态斗争的最前沿。掌控网络意识形态主导权，就是守护国家的主权和政权。"[①] 但面对新媒体，我们还有一些不适应之处，"面对受众阅读习惯和信息需求的深刻变化，一些媒体还是按老办法、老调调、老习惯写报道、讲故事，表达方式单一、传播对象过窄、回应能力不足，存在受众不爱看、不爱听的问题，时效性、针对性、可读性有待增强。"[②] 这些问题是我们意识形态工作所要进一步解决的问题。

第五，新媒体公共领域的其他问题。新媒体公共领域还有一些问题对社会主义核心价值观认同提升构成挑战。①新媒体公共领域中关注、讨论涉及价值观因素的内容偏少，而讨论私人事务的则比较多，公共领域"私人化"倾向比较严重。具体表现有：一些新媒体公共领域中充斥着广告，充斥着资本逻辑，新媒体被一些商家看作是赚钱的工具，这就是哈贝马斯所说的"生活世界的殖民化"，公共领域被资本逻辑所"殖民"；一些网民发表意见只依据自己的私人利益、私人理性，而不是为了公共利益最大化，这是公共领域不成熟的表现；一些公共领域变成了私人沟通情感、娱乐、消遣的平台；等等。②网民素养有待进一步提高。公共说理是公共领域言说的主要方式，但现阶段新媒体中的一些网民还没有形成健康的网络公民意识，还不会公共说理，说理是与人类对于和平的需要联系在一起的，是要通过协商而不是暴力和战争来解决矛盾和冲突的，"说理是摊开的手掌，不是攥紧的拳头"，长期以来，很多人把说理当作是攥紧的拳头，当作是"口诛笔伐"，当作是"论战"。[③] 其实不然，公共说理要学会平和地聆听别

---

① 习近平：《坚决打赢网络意识形态斗争》，载中共中央文献研究室编《习近平关于社会主义文化建设论述摘编》，中央文献出版社，2017，第 36 页。

② 习近平：《在党的新闻舆论工作座谈会上的讲话》，载中共中央文献研究室编《习近平关于社会主义文化建设论述摘编》，中央文献出版社，2017，第 39 页。

③ 徐贲：《明亮的对话——公共说理十八讲》，中信出版社，2014，第 31 页。

人的言说，要理性接受别人的批评，要懂得理性表达对别人观点的不满，要懂得维护公共领域中的公共规则，维护公共领域中的公共讨论秩序。但现阶段新媒体公共领域中却存在一些非理性的言说方式，面对与自己不同的见解和观点，动辄"拍砖""骂人"，甚至进行人身攻击，甚至对方的观点有道理也不理性接受，还有就是对人对己双重标准，自己可以这样说，但别人这样说就不行。学者徐贲认为，"吵架越成功，说理越失败。"① "理性话语的价值观是与他人平等、尊重、以说理相待的关系，并在这个基础上不羞辱他人、不欺骗他人、不歧视他人、不伤害他人、不使用任何暴力（包括语言暴力）对待他人"，尤其是不应该使用暴戾、武断、威胁、专横的词语，不能攻击对方人格、谩骂和侮辱，甚至压制对方发言，非理性的公共言说所危害的不是个别人，而是整个社会。② ③有些新媒体公共领域被人为操控和干预。"网络水军"是一个网络用语，是指通过受雇于网络公关公司，以"注水发帖"来获取报酬的网民。"网络水军"具有零散性，平时分散在全国各地，"有活儿"的时候才聚在一起，任务完成后又分散开；有不可控性，这些所谓的"水军"大多数都穿着"马甲"与雇主交易，真实身份不外露，无法掌控；具有灵活性，可以根据具体任务选择不同的网络水军来实施任务。③ 网络水军通过"注水式"发帖，以影响人们的认知，很多人经常通过查阅有关某个产品的信息来了解这个产品，然后再决定是否购买，而网络水军则利用这一心理影响人们的认知。不仅商业公关中有网络水军的因素，一些网络事件中也有网络水军在推波助澜。比如，"贾君鹏事件"就是一个典型的例子，百度一篇题目为"贾君鹏你妈妈喊你回家吃饭"的帖子引发广泛回应，很快贾君鹏这个真实身份不明的人也走红网络，这就是"贾君鹏事件"。该事件的幕后推手是商业炒作，随后就有策划公司公开"认领"贾君鹏，北京某传媒公司经理在博客声称贾君鹏事件是该公司一手策划的，为其网游"魔兽世界"造势，其过程动用营销人员800余人，收入达"6位数"。④ 网络水军可以达到商业目的，也就有可能实施意识形态影响，所以，一些研究者认为，"网络水军涉嫌操控舆论，绑架民

① 徐贲：《明亮的对话——公共说理十八讲》，中信出版社，2014，第12页。
② 徐贲：《明亮的对话——公共说理十八讲》，中信出版社，2014，第6~7页。
③ 匡文波：《新媒体舆论：模型、实证、热点及展望》，中国人民大学出版社，2014，第130页。
④ 匡文波：《新媒体舆论：模型、实证、热点及展望》，中国人民大学出版社，2014，第131页。

意，已经危害到社会，影响正常的网络秩序"，与网络水军相类似的现象还比如"网络诽谤职业化"，甚至出现了以营利为目的的"网络诽谤集群化"，为了营利而对受害人肆意发帖诽谤，这些行为严重违背了新闻道德，应该予以有效的治理。① 这些现象的存在都是社会主义核心价值观培育的阻力和挑战，需要我们予以引导和规范。

总之，对于社会主义核心价值观的认同而言，新媒体公共领域既有有利的一面，也存在诸多挑战，说新媒体是一把双刃剑十分贴切，我们应该充分利用有利的方面，而尽量规避不利的方面，以提升新媒体公共领域对社会主义核心价值观的认同。

第二节　新媒体公共领域认同社会主义核心价值观的社会基础

新媒体公共领域的价值观认同问题不是孤立的，要科学解释新媒体公共领域对价值观的认同离不开经济、政治、文化、教育等社会方面的氛围，可以说新媒体公共领域中的问题只是现实社会问题的表象，很多问题的根子并不在新媒体公共领域，而是在社会现实，了解现实社会的状况，尤其是道德价值观的状况有助于理解新媒体公共领域对社会主义核心价值观的认同。

一　人民群众对生活的满意度

人民群众对生活的满意度是社会思想舆论的基础，而满意度的根本所在乃是经济社会的发展状况。唯物史观告诉我们，经济基础决定上层建筑，社会舆论大致属于观念上层建筑的范畴，经济社会的发展状况是思想舆论的根本。

（一）人民群众的获得感

总体上来说，我国在经济社会方面已经取得了巨大的成就。习近平在《在庆祝改革开放 40 周年大会上的讲话》中指出，改革开放以来，"我国国

---

① 匡文波：《新媒体舆论：模型、实证、热点及展望》，中国人民大学出版社，2014，第 135 ~ 136 页。

内生产总值由 3679 亿元增长到 2017 年的 82.7 万亿元，年均实际增长
9.5%，远高于同期世界经济 2.9% 左右的年均增速。我国国内生产总值占
世界生产总值的比重由改革开放之初的 1.8% 上升到 15.2%，多年来对世界
经济增长贡献率超过 30%。"[1] 2017 年中央经济工作会议指出，"党的十八
大以来，我国经济发展取得历史性成就、发生历史性变革，为其他领域改
革发展提供了重要物质条件。经济实力再上新台阶，经济年均增长 7.1%，
成为世界经济增长的主要动力源和稳定器。经济结构出现重大变革，推进
供给侧结构性改革，促进供求平衡。经济体制改革持续推进，经济更具活
力和韧性。对外开放深入发展，倡导和推动共建'一带一路'，积极引导经
济全球化朝着正确方向发展。人民获得感、幸福感明显增强，脱贫攻坚战
取得决定性进展，基本公共服务均等化程度不断提高，形成了世界上人口
最多的中等收入群体。生态环境状况明显好转，推进生态文明建设决心之
大、力度之大、成效之大前所未有，大气、水、土壤污染防治行动成效明
显。"[2] 上述两段引文说明我国在经济领域取得的成就是巨大的，这是整个
社会向好的方向发展的基础，经济上的成功是人民生活满意度提升的基础。
经济上的快速发展是人们获得感提升的根本，中国有句谚语叫作"巧妇难
为无米之炊"，经济上没有成就，人民群众就不会有获得感，因为没有经济
的增量，获得感的"获得"就无从谈起。获得感是一种主观感受，是一个
有温度、有情感、接地气、暖人心的概念，经济发展虽然并不能机械地决
定获得感的提升，但经济的发展却是获得感的根基，也就是说，经济增长
了，获得感不一定有太大的提升，但没有经济增长，获得感不可能有实质
性提高。获得感是诸如幸福感、归属感、安全感等精神状态的基础，影响
着人们的价值认同和道德心理。随着经济的快速发展，获得感概念也已经
进入了我们的政治话语，"让人民群众有更多的获得感""使人民获得感、
幸福感、安全感更加充实、更有保障、更可持续。"[3] 已经成为耳熟能详的
政治话语了。党中央非常重视人民群众获得感的提升，明确提出人民群众

---

[1] 习近平：《在庆祝改革开放 40 周年大会上的讲话》，人民出版社，2018，第 11~12 页。
[2] 人民日报社经济社会部：《深入学习贯彻中央经济工作会议精神》，人民出版社，2017，第
1~2 页。
[3] 习近平：《决胜全面建成小康社会夺取新时代中国特色社会主义伟大胜利——在中国共产
党第十九次全国代表大会上的报告》，人民出版社，2017，第 45 页。

对美好生活的向往就是我们的奋斗目标。所谓获得感"就是人们的利益得到维护和实现后而产生的一种实实在在的满足感和成就感，涉及经济、政治、文化、教育、医疗、环境、安全等方面。获得感是幸福感、归属感、安全感的前提，体现了劳动者的地位和尊严，也彰显了社会的公平正义。"① 获得感的提升是人民群众自我肯定的体现，是从温饱向小康发展的体现，是积极肯定社会价值的精神基础，是公民个体素养提升的物质根基，是提升政治认同、道路自信、健康心态的基础。

获得感是一种复杂的感受，它包括诸如经济获得、政治获得、精神获得、民生获得等诸多方面，有学者指出，获得感以发展为前提，以民生为重中之重，以人民政治权利的实现为保障。② 因此获得感的提升需要有经济发展，但也需要有社会、文化、环境、民生等各方面的匹配，而且也需要有主观感受的引导，因为获得感本身就是一个主观感受，所以有的时候主观的引导对获得感的形成也具有重要意义。我们经济上虽然取得了巨大的成就，但和发达国家比起来我们仍然还比较落后，习近平 2015 年在华盛顿州当地政府和美国友好团体联合欢迎宴会上的演讲中指出，"中国仍然是世界上最大的发展中国家。中国的人均国内生产总值仅相当于全球平均水平的三分之二、美国的七分之一，排在世界 80 位左右。按照我们自己的标准，中国还有 7000 多万贫困人口。如果按照世界银行的标准，中国则还有两亿多人生活在贫困线以下。中国城乡有 7000 多万低保人口，还有 8500 多万残疾人。"③ 如果无视我国的经济成就，只盯着我国与发达国家的差距，只盯着现实与期待之间的差距，那我们很难有获得感、幸福感，就像一位学者所说的，"就个人而言，要清楚地认识到自身的能力水平和其他基础条件，而不能一味地比较最终的结果。只有这样，才能更加理智地进行横向比较。人民群众获得了但不一定有感、有好感、有深感，可能会'获而无感'，可能会'获而弱感'，甚至还可能会'获而反感'。若想让人民群众从获得中得到深切的感知，需要宣传和引导。"④ 人当然要谦虚，但面对自己的成绩

---

① 田旭明：《"让人民群众有更多获得感"的理论意涵与现实意蕴》，《马克思主义研究》2018 年第 4 期。
② 曹现强：《获得感的时代内涵与国外经验借鉴》，《人民论坛·学术前沿》2017 年第 1 期。
③ 习近平：《习近平谈治国理政》（第二卷），外文出版社，2017，第 30 页。
④ 熊建生、程仕波：《试论习近平关于人民获得感的思想》，《马克思主义研究》2018 年第 8 期。

也不能一味地无视，而应该积极肯定自我。

现阶段我国民众的获得感呈现一种什么态势呢？一项基于全国民众的实证研究获得如下几点结论和启示：我国居民的获得感还有待进一步提升，平均分值为 61.84；经济是获得感的基础；经济发展不一定导致获得感的明显提升；获得感在不同群体之间差异明显；个人的健康状况、阶层和家庭总收入会对获得感和幸福感产生积极影响，居民的获得感对幸福感有积极影响。① 清华大学一项基于全国性代表数据的研究显示，在经济获得感方面，宏观经济获得感总体数据 2015 年为 78.36%，处于高位，东部、中部、西部有一定的差异，而个体经济获得感指数仅为 23.9%，处于较低水平。分配公平感总体上处于较低水平，指数仅为 19.6%；在政治获得感方面，正风反腐获得感指数为 24.4%，偏低，政治参与获得感指数为 70.2%，数据较高。民生获得感方面，分为两个方面：第一，生存保证方面，生存保障又分为养老保障获得感指数为 74.9%，住房保障获得感为 71.7%，民众安全保障获得感为 86.4%，这几个方面都比较高；第二，发展保障获得感方面，教育保障获得感指数为 77.3%，就业保障获得感指数为 57%，医疗保障获得感指数为 72%，应该说民生保障感方面，除了就业保障获得感偏于中等以外，其他指数都是比较高的。② 另一项实证研究得出结论为：不同的群体获得感提升的触动点不同，"针对低收入群体，增收仍是增加获得感的关键着力点。"对于中高收入群体则关键着力点不同，现阶段，"低收入群体、中青年人群和失业以及女性群体，将是获得感提升政策需要关注的群体。"③ 总体而言，现阶段人民群众的获得感已经有了明显的提升，但也应该明确，我们的工作还没有达到人民群众的满意，还需要继续努力。

影响人民群众获得感，尤其是影响人民群众经济获得感的主要因素之一是分配正义问题。改革开放四十余年，我国取得了巨大的成就，但也出现了一些有待解决的问题，收入差距偏大就是其中的一个。收入差距拉大

---

① 王恬、谭远发、付晓珊：《我国居民获得感的测量及其影响因素》，《财经科学》2018 年第 9 期。
② 文宏、刘志鹏：《人民获得感的时序比较——基于中国城乡社会治理数据的实证分析》，《社会科学》2018 年第 3 期。
③ 黄艳敏、张文娟、赵娟霞：《实际获得、公平认知与居民获得感》，《现代经济探讨》2017 年第 11 期。

表现在：城乡收入差距在拉大，自 20 世纪 80 年代城乡差距开始拉大，进入 21 世纪后城镇居民人均可支配收入已经达到农村人均可支配收入的三倍以上，2002 年 3.11 倍，2003 年 3.23 倍，2008 年 3.31 倍；城镇内部的收入差距在拉大，基尼系数从 1978 年的 0.16 上升到 0.34，上升了一倍以上；农村内部收入差距也在拉大，我国农村收入基尼系数从 1978 年的 0.21 上升到 2007 年的 0.3742，2005 年为 0.38，农村的收入差距大于城镇的收入差距；地区之间的收入差距也在拉大；各行业之间的收入差距也在拉大。[①] 相对于改革开放之初，人民群众的生活已经有了巨大的变化，但是收入差距的拉大使得人们在横向比较中产生了心理不平衡，甚至在一定程度上产生被剥夺感，这是影响人们获得感的重要方面，是需要通过全国深化改革来解决的问题。

（二）人民群众的幸福感

幸福是人生的目标，人人都在追求幸福生活，幸福是主体对自己生活状况的主观感受，是人们对自己生活质量的主观评价和体验。[②] 一般认为，收入的提升是幸福感的基础，收入提高了幸福感会相应提高，但一项实证研究显示，"国民幸福感的高低并非取决于收入不平等本身，而是分配体系构建的合理性。"当前中国的收入不平等会损害个人对幸福的积极体验，所以公平的收入分配体系是幸福的基础。[③] 收入和幸福感确实成正比，但收入的高低会在比较中影响人们的幸福感，幸福感本身就是一种主观感受，而比较则是个人感受的重要方面。当一个人把自己的收入和比自己收入低的人进行比较的时候，他的幸福感就会提升；反之在收入比自己高的人面前，他的幸福感就会下降。被剥夺感是幸福感下降的基础，被剥夺感也是一种主观体验，"相对剥夺是一种个人的心理感知，也是社会心理视角中重要的概念。""当人们发现自己在比较中处于劣势时，就会体验到相对剥夺感，从而激发消极的心理感知。"[④] 幸福感的相对下降不仅在收入比较中会产生，在社会地位、社会影响力、政治地位的比较中也会产生。另一项研究也印

---

① 李实、罗楚亮：《中国收入差距的实证分析》，社会科学文献出版社，2014，第 2～7 页。
② 边燕杰、肖阳：《中英居民主观幸福感比较研究》，《社会学研究》2014 年第 2 期。
③ 黄嘉文：《收入不平等对中国居民幸福感的影响及其机制研究》，《社会》2016 年第 2 期。
④ 黄嘉文：《收入不平等对中国居民幸福感的影响及其机制研究》，《社会》2016 年第 2 期。

证了这一观点，该研究认为，"收入差距的扩大会导致居民幸福感的下降"，但却认定，"社会资本对居民幸福感的提升具有积极的正面影响，同时能够减缓收入差距对居民幸福感的不利影响，而这种积极效果主要发生在农村地区。"① 幸福感是人的主观体验，从根本上来说，收入的提高会增强这种体验，但幸福感的提升也是一个复杂过程，改革开放过程中出现所谓的"端起碗来吃肉，放下筷子骂娘"实际上就是在比较中产生的不满。

我国经济社会发展所取得的成绩是居民幸福感的根基，有了这一基础，幸福感就有了基础，但并不是说幸福感就一定提高了。收入与幸福感的关系大致可以表述为：收入提高了不一定导致幸福感提升，但收入很低一定不会促成幸福感提升。一项针对七个省份的调查显示，全国 7 个省域 2011 年度幸福指数（0～1 标度）均值为 0.6194，其中幸福感为 0.7023。② 应该说人民群众的幸福感总体上还是令人满意的，但也存在进一步改善的空间。

（三）人民群众的满意度

生活满意度也是个人的主观感受，它与获得感、幸福感有一定的联系，生活满意度和幸福感、获得感都会影响个人对社会的看法，是我们了解社会舆论和社会氛围的基础。生活满意度是主体对生活质量的主观评价，是主体对生活"应该如何"和"实际如何"之间差距的一种主观认知，是衡量一个社会生活水平、生活状况的一个指标。③ 一项针对我国农村进行的生活满意度研究显示，农民总体生活满意度为 6.7 分，满分为 10 分，最低为 0 分，回收的问卷中有 18.1% 的受访者选择了 10，而 3.0% 的受访者选择了 0。具体来说，对家庭的满意度在 8 分以上，对社会安全的满意度为 7.9 分，对上一届村委会的满意度为 7.3 分，对健康、空闲时间、工作、居住环境、养老保障、住房等方面的满意度都在 6 分以上，农民对文化水平满意度最低，仅为 5.2 分，各项数据在不同地区、不同群体和不同性别中略有不同。④ 一

① 申云、贾晋：《收入差距、社会资本与幸福感的经验研究》，《公共管理学报》2016 年第 3 期。
② 郑方辉、卢扬帆覃雷：《公众幸福指数：为什么幸福感高于满意度？》，《公共管理学报》2015 年第 2 期。
③ 石超、乔晓春：《中国人生活满意度的年龄—时期—队列效应分析》，《人口与发展》2017 年第 4 期。
④ 白描、吴国宝：《农民主观福祉现状及其影响因素分析——基于 5 省 10 县农户调查资料》，《中国农村观察》2017 年第 1 期。

项针对北京市民的实证研究显示：非常满意为 4.1%，满意为 27.8%，一般为 60.4%，不满意为 7.7%。① 总体而言，人民群众的满意度还是比较高的，但人民群众的满意度还有待进一步提高，人民群众对生活的期待还有待进一步去满足。

总体而言，我国民众的获得感、幸福感、满意度是比较高的，但也存在进一步提升的空间。这表明我国民众的主观感受总体上是积极的，这是提升新媒体公共领域对社会主义核心价值观认同的良好基础，但客观现实也表明，人民群众的主观感受也存在一些进一步提升的空间，这说明社会主义核心价值观提升也存在一定的不利因素。

二　社会舆论总体状况

本研究关注人民群众的获得感、幸福感和生活满意度的主要目的是为了讨论社会舆论状况，上述感受直接影响着人民群众对社会的看法和评价，也直接影响着社会舆论状况，而社会舆论则是意识形态建设所要关注的重点。

总体来看，我国现阶段的社会舆论是健康的。不管是新媒体还是现实，人民群众对中国特色社会主义道路，对党的领导的认同度是比较高的。改革开放以来所取得的成就是提升人们获得感、幸福感和满意度的根本，从根本上说，这些成就来自中国共产党领导人民开辟的中国特色社会主义道路，习近平总书记在《在庆祝改革开放 40 周年大会上的讲话》中对改革开放 40 余年所取得的成就做了如下概括，"40 年来，我们解放思想、实事求是，大胆地试、勇敢地改，干出了一片新天地。从实行家庭联产承包、乡镇企业异军突起、取消农业税牧业税和特产税到农村承包地'三权'分置、打赢脱贫攻坚战、实施乡村振兴战略，从兴办深圳等经济特区、沿海沿边沿江沿线和内陆中心城市对外开放到加入世界贸易组织、共建'一带一路'、设立自由贸易试验区、谋划中国特色自由贸易港、成功举办首届中国国际进口博览会，从'引进来'到'走出去'，从搞好国营大中小企业、发展个体私营经济到深化国资国企改革、发展混合所有制经济，从单一公有

---

① 党云晓等：《北京居民生活满意度的多层级定序因变量模型分析》，《地理科学》2016 年第 6 期。

制到公有制为主体、多种所有制经济共同发展和坚持'两个毫不动摇'，从传统的计划经济体制到前无古人的社会主义市场经济体制再到使市场在资源配置中起决定性作用和更好发挥政府作用，从以经济体制改革为主到全面深化经济、政治、文化、社会、生态文明体制和党的建设制度改革，党和国家机构改革、行政管理体制改革、依法治国体制改革、司法体制改革、外事体制改革、社会治理体制改革、生态环境督察体制改革、国家安全体制改革、国防和军队改革、党的领导和党的建设制度改革、纪检监察制度改革等一系列重大改革扎实推进，各项便民、惠民、利民举措持续实施，使改革开放成为当代中国最显著的特征、最壮丽的气象。"① 改革开放以来，不同的声音都是存在的，但可以肯定地说，对中国特色社会主义，对党的领导的认同度越来越高，社会共识、社会的凝聚力也是越来越高的。

但社会舆论方面也存在一些问题，有些问题还比较突出：

社会戾气在一定程度上存在。戾气原本是中医用语，用于与正气相对，和邪气相应的状态，移植到社会领域是指思想和行为上的偏激、易怒，遇事则使狠斗勇、言行极端，多表现为暴力形式，如语言暴力、行为暴力或者其他的隐性暴力倾向。② 戾气多依附于各类突发性事件中，有非理性、传染性和暴力性等倾向，同样是一个事件，起初大家都能以同情的心态去关注理解事件中的人物，后来有人"爆料"，该事件中的人有"官二代"或者"富二代"背景，结果社会舆论来了一个 180 度大转弯，各种语言暴力、网络暴力，甚至人身攻击都集中于事件中的人物。此类事件在现实中很多，也有很多表现在新媒体中。戾气的存在对社会产生一定的负面影响，对社会而言，"戾气折射出一种不健康的心态，当个体的戾气叠加传染为社会风气之时，就成为社会心态之痼疾。戾气具有极强的传染性，因而很容易滋长蔓延至一种不良的社会风气。"对个体而言，"戾气不仅扰乱心神，遮蔽理性，还会以暴力的形式伤及他人，不仅于事无补，还会将原本简单的问题更加复杂化；不仅无助于解决问题，还伤人不利己，甚至因为戾气高烧，导致逾越法律底线。"③ 社会戾气的存在是一个复杂的社会问题，既有转型

① 习近平：《在庆祝改革开放 40 周年大会上的讲话（2018 年 12 月 18 日）》，人民出版社，2018，第 9 ~ 10 页。
② 刘可文、蒋晓丽、李晓蔚，《论"网络戾气"的表征与根治》，《编辑之友》2015 年第 5 期。
③ 杨婷：《论社会戾气症候与思想疏导》，《领导科学论坛》2016 年第 15 期。

期社会问题丛生，且个别问题还相当激烈的原因，也有社会个体缺乏理性精神，缺乏法治观念、法律信仰和现代公民素养不够成熟的原因，也有资本负面逻辑对人的侵蚀等原因。社会戾气也不是中国独有的，很多国家都有过类似的倾向和心态，即便是当代一些发达资本主义国家也存在动辄上街游行、打砸汽车、焚烧国旗等过激行为。面对这一问题我们不用害怕，这是社会发展过程中的问题，需要予以正面的引导。社会戾气的存在反映的是少数人不健康的心态，是当前社会舆论应该予以关注的问题。

网络暴力在一定程度上的存在。网络暴力在一定程度上是现实社会的反映，也反映了舆论场域中的不健康倾向。网络暴力可以分为广义和狭义两个方面：广义的网络暴力就是网民在网络虚拟空间中的暴力言行，是社会暴力在虚拟空间的表现；狭义的网络暴力主要是"通过网络行为沉重打击人们精神心灵的软暴力"。① 网络暴力是一种非实体性的暴力，并不存在流血冲突，甚至也没有肢体冲突，它更多的是通过信息来干涉人们的生活，从这个意义上说，网络暴力是一种"软暴力"。但这种"软暴力"对人的伤害和对人们生活的粗暴干涉程度一点不亚于实体暴力，它所伤害和干涉的是人的精神。比如"郭美美事件"引发了网民对红十字会的质疑和非议，"聂树斌事件"引发了网民对我国司法执法系统的不满和批评，等等。网络暴力更多的是对名誉和形象的污名化和攻击，给受害者造成巨大的伤害和精神压力。网络暴力的实施机制主要有两种模式：一是道德审判，通过道德的大棒攻击舆论中的人物，比如"南京彭宇案"后，网民中出现一种对被扶老人的道德批判，人肉搜索、攻击名誉、隐私曝光、舆论谴责等，使被攻击的人受到严重的伤害，这种攻击迎合了社会大众心理，很多人觉着应该攻击，应该让她承受压力。另一种网络暴力实施模式就是宣泄式的恶意攻击，这类网络暴力出于情绪宣泄，是对他人的恶意性攻击，也称为网络欺凌，有意见领袖的主导和网民的回应。② 网络暴力的存在有多种原因，现实社会问题的存在是网络暴力的导火索，很多网络暴力都是在对社会现实问题的评论中出现的，比如"我爸是李刚"导致了网民对"官二代"的

---

① 侯玉波、李昕琳：《中国网民网络暴力的动机与影响因素分析》，《北京大学学报》（哲学社会科学版）2017 年第 1 期。

② 侯玉波、李昕琳：《中国网民网络暴力的动机与影响因素分析》，《北京大学学报》（哲学社会科学版）2017 年第 1 期。

歧视和攻击，"人渣""垃圾""杂种"等污蔑性的语言常常被用来指责"官二代"；网民理性素养不高也是重要原因，很多网民往往情绪用事，缺乏冷静和理性的思考。网络暴力的存在是现实社会舆论所面临的一种困境，是对主流意识形态建设的一个挑战。

社会上存在一定程度上的不满情绪。在社会舆论领域正能量是主流，但在少数人中也存在一定程度的不满情绪，尤其是在改革过程中自己利益受损的那些群体，人民群众的满意就是我们的奋斗方向，但改革过程中也会出现暂时的利益牺牲。任何社会的进步都会有一定的代价，这种代价也会导致一定程度的不满情绪。群体事件多发，前文所述的网络暴力、社会戾气在一定程度上也是不满情绪的发泄，有学者认为，社会不满的原因很多：社会差距的拉大导致了少数人心理失衡；个别的司法不公事件引发了社会的不满情绪；个别领导干部的腐败导致人们的不满情绪；某些基层政府的不合理管理引发社会不满；公众多元化的利益诉求得不到满足也会引发社会不满情绪；等等。而且这些不满情绪呈现出区域性、复杂性、行业性、敏感性、历史性等特征。[①] 当然社会不满情绪只是少数，是支流，但这也是社会舆论的一个方面，是我们意识形态工作应该注意的内容。

道德建设面临的问题。转型期意味着道德转型和道德失范，现阶段我国道德领域也出现了一些问题，资本逻辑的侵蚀，人际关系冷漠化的影响，有效道德教育偏弱等问题使得现阶段的道德建设面临诸多复杂艰巨的任务。首先，诚信是道德建设的重要方面，但现阶段诚信建设的相应体系还没有建立起来。诚信是市场经济健康发展的基础，但不完善的市场经济也有可能导致诚信的缺失，不诚信的短期行为如果能够得逞，那将是对诚信的损害，也是对不诚信行为的鼓励，我国社会主义市场经济还比较年轻，相应的制度体系还不够完善，这在一定程度上使得不诚信行为有可乘之机，一些欺诈行为的存在，如电话诈骗、短信诈骗、网络诈骗等行为就是典型的不诚信行为，也是一种违法犯罪行为。现阶段的食品、药品安全也是诚信问题的表现。其次，道德底线屡屡被触及。道德底线是道德建设的基础，如果道德底线被触及，那说明道德建设面临严峻的考验，现阶段存在一些突破道德底线的现象，比如，围观跳楼自杀现象，面对一个生命的逝去，

---

① 霍文飞：《社会不满情绪的滋生特征及对策研究》，《法制与社会》，2014 年第 16 期。

只要还可以称得上是文明社会的文明人，围观者就应该设法去营救，但一些媒体的报道却表明，一些围观群众不但没有积极参与营救，还冷漠地旁观，更有甚者还起哄，激怒自杀者，使现场更加刺激。另外，在一些车祸现场哄抢货车上的货物也是道德底线被突破的行为。虽然这些现象是少之又少的，是个别现象，并不具有普遍性，但这种个别现象也反映了一定的问题，反映我国道德建设面临的困境。最后，公德建设面临困境。公德与私德对应，私德即处理熟人间关系的道德规范，比如对亲朋好友讲道德就是私德；公德是处理陌生人之间关系的道德规范。我国传统社会就是私德发达、公德偏弱的社会，费孝通先生曾经用"差序格局"来形容我国传统社会的人际关系，越是熟人关系就越亲密，越讲道德，反之则疏远、不讲道德。我国现阶段道德建设也存在公德偏弱的问题，"各扫自家门前雪，哪管他人瓦上霜"现象依然存在，甚至具有一定的普遍性。这些问题的存在是道德建设的挑战，也是社会舆论中的消极力量。

三　新媒体公共领域存在的问题是现实社会状况的反映

社会氛围对新媒体公共领域认同社会主义核心价值观有着直接而深刻的影响，新媒体公共领域对社会主义核心价值观的认同状况就是现实社会对社会主义核心价值观认同状况的反映。

第一，新媒体公共领域只是一个功能性的平台，它本身不产生具体内容，新媒体公共领域所呈现的内容都是对现实社会的反映，新媒体公共领域讨论的所有问题都是现实问题的映照。以手机为依托的移动新媒体使"人人都是麦克风""人人都是信息源"，现实中发生的事件，尤其是较为重大的事件，都会及时地被新媒体所报道和评论。新媒体公共领域就是社会现实的反映。研究新媒体公共领域对社会主义核心价值观的认同实际上就是研究社会民众对社会主义核心价值观的认同情况，新媒体公共领域只是为研究这一课题提供了一个有力的平台，所以，在新媒体公共领域对社会主义核心价值观认同的一般机制中，现实问题、现实社会氛围是新媒体公共领域认同社会主义核心价值观的决定性影响因素。

第二，新媒体公共领域也会对社会主义核心价值观认同问题产生重要影响。新媒体公共领域在呈现现实社会的过程中也会对各种社会事件和社会问题产生深刻影响。首先，它使得更多的人关注社会事件。新媒体产生之前，受地域限制，现实中的事件可能只有少数人了解，而新媒体则超越了地域，使不同地区，甚至不同国家的人在短时间内了解和关注事件的发生和发展。其次，新媒体使事件得到快速而广泛的传播，引发更多的关注。不同身份、不同知识背景、不同地区的人都可以发表自己的见解，新媒体公共领域所提供的平台使得现实问题和社会事实问题的讨论更加深入和被更多的民众所关注。

第三，新媒体公共领域具有巨大的评论和批判功能。新媒体公共领域作为公共领域一个重要的功能就是评论和批判，它不只是纯粹客观地报道事实，而是更多注重对客观事件的评论和批评。它对现实中的真善美给予高度的赞扬，对现实中的假恶丑给予猛烈的批判和抨击，在评论和批判过程中真正弘扬真善美，鞭笞假恶丑，弘扬正能量，贬抑负能量，这就是新媒体公共领域对社会主义核心价值观认同的机制。

第三节　新媒体公共领域认同社会主义核心价值观有规律可循

新媒体再新也是一种媒体，媒体的一般传播规律在新媒体也适用，而这些传播规律对于社会主义核心价值观培育具有较大的影响。规律是客观的，在我们意识到它存在之前，它也会发挥作用，只是以自发的状态发挥作用；而在我们认识它之后，我们可以利用它来为我们服务，本节主要探讨新媒体公共领域中的传播规律对于社会主义核心价值观培育的一般机制。

一　新媒体公共领域中的议程设置

新媒体公共领域内容太丰富了，每天都有海量信息在这一虚拟空间发布，人们不可能都予以认真关注，对于这些信息，人们或许只看一下题目，或许会打开浏览一下，或许会仔细认真地阅读并保存起来，也或许根本不看。那么人们到底关注哪些，忽视哪些，人们对这些信息取舍的标准是什么呢？是不是存在某种机制影响人们对信息的取舍呢？传播学的回答是肯定的，这种影响人们对信息取舍的机制就是传播学上所说的议程设置理论，议程设置理论的经典表述就是，我们无法影响受众"怎样思考"，但是我们能影响受众"思考什么"。李普曼在《公众舆论》一书中指出，媒体"像一道躁动不安的探照灯光束，把一个事件从暗处摆到了明处，再去照另一个"，受众们"只有靠着一道稳定的光束——新闻机构——去探索，让这光束对准他们，使一种局势足够明了，以便大众做出决定。"① 李普曼形象地用探照灯的光束来说明议程设置原理，受众所面临的海量信息其实都没有进入受众的视野，没有引起主体关注的信息从效果上来说就等于不存在，信息虽然是海量的，但都处于"黑暗之中"（没有被主体所关注），媒体就是探照灯，它用光束照亮了这些信息中的一部分，所谓"照亮"也就是使受众对这些信息予以关注，引发受众关注的"照亮"就是媒体的议程设置功能。议程设置实际上就是媒体对受众产生影响的一种机制，从议程设置理论来看，人们在新媒体公共领域对社会主义核心价值观认同的提升这个问题上并非束手无策的，还是可以有所作为的，但新媒体毕竟不同于传统媒体，新媒体公共领域中的议程设置有新的特点。

新媒体公共领域的议程设置问题分为两种类型：

第一种类型是"一对多"的传播类型。以网站和个人博客、微博为主要形式，在这类公共领域中，有一个主导者，网站的主导者就是网站的承办者，不管是政府还是个人，它总是有一个主导者主导和管理着整个网站，个人博客和微博的主导者即该博客或微博的主人。这类"一对多"的虚拟公共领域中的议程设置主体就是主导者，主导者有能力有手段引导整个网站向符合该网站宗旨的方向发展。应该说，此类公共空间的议程设置问题比较明确，也相对简单。

第二种类型的新媒体公共领域就是"多对多"的虚拟公共空间。以BBS、QQ群、微信群等各类公共讨论空间为主要形式，这样的公共空间没有主导者，每个成员都隐匿了个人身份，没有谁能够发挥权威的作用，没有谁的话能主导整个讨论。这种类型公共空间的议程设置完全不同于第一种类型，没有议程设置主体，那么这样的空间是否就没有议程设置了呢？也不完全是，其实某一个议题为大家所热议的过程都有议程设置的因素，只不过"多对多"公共空间中的议程设置是自发的，某个议题在大家的公共讨论中逐渐成为大家所关注的热点问题，这个过程可以说就是议程设置过程。其实即便在"多对多"的公共空间中有意识的议程设置也是可以的，

---

① 〔美〕沃尔特·李普曼：《公众舆论》，阎克文、江红译，上海人民出版社，2002，第287页。

只不过要完成这一任务需要熟悉公众讨论的一些特点，了解公众的传播心理，针对大多数人的兴趣及其关注点而有意识地设置一些很可能成为大家热议的主题。"多对多"类型的公共空间也可以进行议程设置，这里的议程设置主体就不再是占主导地位的人了，而是"淹没"于民众中的普通一员。

一般而言，新媒体公共领域的管理可以通过屏蔽、删帖等手段来阻止某些信息的传播，但思想道德和意识形态工作的特殊性决定，这种强制的行政手段在外在方面是有效的，在内在思想方面却收效有限，因为思想道德和意识形态工作的目的是改善人的思想和灵魂，而思想和灵魂的工作是说服人心的工作。外在的行政手段只是辅助，用逻辑的力量内在地说服人心才是工作的关键所在。而议程设置就是要在说服人心方面有所作为，但要主动设置某个议题并使这一议题成为大家热议的话题，则是有一定的技巧和难度的，尤其是新媒体公共领域。这需要我们党的意识形态工作者做到：首先，要融入新媒体公共领域，一个站在新媒体公共领域之外的旁观者不可能做好新媒体公共领域的意识形态工作，要了解大家在探讨什么、关注什么，了解大家所关注的话题，一个不了解普通民众关注什么的人不可能找到民众感兴趣议题，所设置的议题也很难成为热议的话题。其次，意识形态工作者要积极承担责任，不能做所谓的"开明绅士"，与纸媒、广播电视相比，新媒体公共空间尤其是"八小时"之外的时间内的新媒体公共空间更像是"业余"空间，好像不是意识形态工作者的责任范围，人们容易放松警惕性，在这样的空间内做"开明绅士"、做"鸵鸟"也没人监督。这就需要充分调动意识形态工作者的责任意识，要敢于主动发声，主动与错误思想作斗争。最后，扩大意识形态工作者队伍，不能仅仅靠宣传部门的人来做意识形态，应该有更多的党员积极主动地做意识形态工作，尤其是在新媒体公共领域中积极设置具有正能量的议题，引导舆论向有利于党的意识形态工作的方向发展。

公共空间平时讨论的议题并没有被人为地设置，或者说这个时候的议程设置是自发的，某个人的首先发言引发了大家对某个话题的议论。一般而言，这种自发的议程设置也会惩恶扬善和弘扬正能量，因为，不管新媒体公共领域如何进行议程设置，人总是社会化的人，基本的社会良知还是有的，这些基本的社会良知支撑了公共领域中的惩恶扬善。当然这种"议程设置"只是一般地、自发地弘扬正能量，这种自发性与我们意识形态建设的要求还有较大差距，新媒体公共领域还需要人为的、有意识的议程设置，这部分内容将留在本书的最后部分来讨论。

二　新媒体公共领域中的沉默螺旋

沉默的螺旋是大众心理的一种表现，也是群体传播中的一个重要的、带有规律性的趋势，"人作为一种社会动物，总是力图从周围环境中寻求支持，避免陷入孤立状态，这是人的'社会天性'。为了防止因孤立而受到社会惩罚，个人在表明自己的观点之际首先要对周围的意见环境进行观察，当发现自己属于'多数'或'优势'意见时，他们便倾向于积极大胆地表明自己的观点；当发觉自己属于'少数'或'劣势'意见时，一般人就会迫于环境的压力而转向'沉默'或附和。"① 没有人愿意被边缘化，所以在公共空间中，那些自认为是"少数派"的意见就会被"多数派"意见所淹没。但现实情况却很有可能是少数人的意见是正确的，而多数人的意见则是乌合之众，有的时候"真理掌握在少数人手中"。勒庞在《乌合之众》一书中认为，群体抹杀了个人的特性，适合于水平比较平庸的人存在，"如果一个群体中的个体只把自己禁锢在他们共有的那些普遍特性上，那么除了成为一个平庸的人之外，他们别无选择，因为这种做法根本无法孕育出新特性。"② 当个人独处的时候，他会有很多想法，但是当他处于群体之中的时候，他会根据群体的表现而选择沉默还是发言，选择的心理依据就是自己的发言是否能得到多数人的认可，如果自己的观点属于大多数人的持有的观点，那么这个人一般会积极发言，否则就保持沉默。"平庸性"就是在个体向群体的转变过程中形成的，群体的这种"乌合之众"的特性是如何形成的，勒庞给出了如下几种形成机制：第一，人的数量导致了这一现象的出现。从独处时的有思想有个性状态转向群体的收敛个性、表现平庸的关键因素在群体的出现，即人的数量的增加，当一个人与"他人共处一个集体办事时，他会表现得畏首畏尾而无法做到尽忠职守，那种让人肩负重任的情感也完全在这个人身上得不到表现"。第二，群体中存在仿效性和传染效应。这会干预群体的行为而影响个体个性的发挥，"在群体当中，所有

① 郭庆光：《传播学教程（第二版）》，中国人民大学出版社，2011，第200页。
② 〔法〕古斯塔夫·勒庞：《乌合之众》，刘旭东译，台海出版社，2016，第25页。

的情感和行为都具有仿效性，并且这种蔓延性的行为让群体中的每个个体随时都准备牺牲自身利益来换取集体利益。可以说，这是一个人天性中的对立面，如果不是处于群体中，这种特征无法在个体身上彰显出来。"是群体造就了这些特性。第三，"对大众的独有特征造成的影响往往跟孤立的个体身上偶尔所表现出来的行为完全相反"。长期处于群体中会让个体像被催眠一样丧失自我意识，"当一个人长期处于群体中时，他会发现自己像被一个高超的催眠师催眠了一般，自己所有的行为都是在无意识的情况下进行的，而这种行为要么是群体这个大磁场影响的结果，要么就是我们平时不以为然的某些原因造成的。"集体有时候会把人带入一种高度狂热状态，而这种状态不可能发生在个体身上，个体在群体中丧失了意识能力，无意识行为占据了上风，这个时候，"个体不再是原来的自己，他已经变成了一个任人摆布的机器人。"勒庞还说，一个人"在脱离大众时也许是饱读诗书的知识分子，但一旦融入大众这个集体，他就可能摇身变为一个野蛮人"，"群体中的个体就像沙堆中的一粒沙，它无法控制自己，唯由在风的摆布下形成各种各样的形状。"① 勒庞所说的"乌合之众"的形成机制有助于说明公共领域中的"沉默的螺旋"效应，个体在面对公共领域的时候会表现出"随大流"，丧失自我意识和自我个性，而个体在公共领域的这一倾向会造成某些观点得到广泛传播，而另一些观点则被压抑、被边缘化。

沉默的螺旋在提升新媒体公共领域对社会主义核心价值观的认同中有重要的价值。沉默的螺旋是大众传播的一种趋势，它也是传播学的一种规律，社会科学的规律不像自然界的规律那样"必然"，社会科学的规律具有偶然性的外表，或者说，社会领域中的规律是表现在偶然性之中的必然性，在符合沉默的螺旋的情况下也会有打破沉默的螺旋的人，但保持沉默则是大多数人的选择。沉默的螺旋理论对提升新媒体公共领域对社会主义核心价值观的认同的意义就在于形成什么样的沉默螺旋。为了说明这一问题，笔者在这里将沉默的螺旋区分为"正的沉默螺旋"和"负的沉默螺旋"，所谓"正的沉默螺旋"就是我们所希望的观点成为公共领域中多数人的观点，充满着社会正能量的观点为大多数人所赞同，而那些与我们所主张的主流观点相对立的观点成为被边缘化的少数人的观点，这些观点在公共空间担

① 〔法〕古斯塔夫·勒庞：《乌合之众》，刘旭东译，台海出版社，2016，第25~28页。

心被孤立而保持沉默。而"负的沉默螺旋"就是反主流的观点成为公共空间大多数人的意见，而我们所主张的主流观点反倒成为少数观点，因为担心在公共空间被孤立，甚至被嘲笑，而不敢发表自己的见解，宁愿做"鸵鸟"，保持沉默，使主流观点被边缘化。为了提升新媒体公共领域对社会主义核心价值观的认同，我们应该想方设法促成"正的沉默螺旋"，而减少"负的沉默螺旋"的形成。

三　新媒体公共领域中的培养理论

人是活在自己意义世界中的动物，人也是一种追求意义的动物，客观世界只有一个，但人的意义世界各不相同，人的世界既是对客观世界的反映，也是人在反映的基础上对观念世界的建构。价值观是意义世界中的一个方面。培养（cultivation）就是教化、涵化，大众媒介在人的价值培养过程中发挥着重要的作用，"大众传媒提出的'象征性现实'对人们认识和理解现实世界发挥着巨大影响，由于大众传媒的某些倾向性，人们在心目中描绘的'主观现实'与实际存在的客观现实之间正在出现很大的偏离。同时，这种影响不是短期的，而是一个长期的、潜移默化的、'培养'的过程，它在不知不觉当中制约着人们的现实观。在这个意义上，格柏纳等人将这一研究称为'培养分析'。"① 价值观培育实际上就是将价值观潜移默化地植入人的心灵的过程。

探讨新媒体公共领域对受众的价值观培育问题需要明确培育的主体是谁，即谁在培育。传统媒体时代，培育的主体很明确，就是党和政府，尤其是宣传部门，或者是学校以及各类媒体，但新媒体时代情况发生了较大变化，在新媒体公共领域中没有培育主体，或者说人人都是培育主体，同时人人也都是培育客体，新媒体公共领域中的价值观培育是一个互相影响、互相培育的过程。相互培养是公共领域的特征，不同的人在公共平台就某个公共议题进行讨论，或者进行分析，或者进行批判，但他们的讨论都是理性讨论，而且他们所使用的理性不是私人理性，而是公共理性。私人理性指向自我，理性人就是以自我私人利益最大化为目的的人，公共理性超越了私利的窠臼，它更多地关注公共理性，"公共理性既包括从事公共推理

① 郭庆光：《传播学教程（第二版）》，中国人民大学出版社，2011，第205页。

的能力，又意味着提供公共辩护的公共理由"①，它是从整体的公共利益出发思考问题。这一思考和讨论本身就是一种"培养"，康德在《答复这个问题："什么是启蒙？"》一文中也明确指出，"理性的公共运用"本身也是启蒙。② 公共讨论可相互启发，相互培养，人们的认识在相互讨论，甚至争论中得到进一步升华。前文也说过，群体具有"乌合之众"的特征，充斥着无意识的非理性行为，如果新媒体的某个平台充斥着"乌合之众"，很多人的言论存在非理性的倾向，那只能说明这个虚拟的公共领域还不够成熟，或者说还不是健全的公共领域。实际上现阶段的我国，很多所谓的公共领域都存在不健全不成熟的问题，这种不健全不成熟表现在：参与者缺乏主体意识，现代公共领域的参与者应该是理性主体，应该具备公共推理、公共辩论、公共说理的修养；参与者缺乏理性精神，动辄网络暴力、语言暴力相向，缺乏理性地探讨问题的素养；参与者缺乏权利意识，公共讨论当然需要尊重彼此的权利，以不侵害对方权利为边界展开理性而平和的讨论。新媒体公共领域存在不成熟现象，这是我国社会还处于现代化过程之中的表现，培养社会主义核心价值观当然不能无视这一现实，也要在积极推进公共领域走向成熟的过程中提升社会主义核心价值观的认同。这既需要公共空间的相互涵化，也需要我们予以积极引导。

新媒体公共领域当中也有相当的一部分是传统媒体的延伸，与传统媒体存在诸多相同之处，比如网站，网站发挥培育功能在一定程度上就和传统媒体的培育功能存在诸多共性。现代很多纸媒都在努力与新媒体融合，《人民日报》《光明日报》《经济日报》等纸媒都有新媒体版，这些纸媒的新媒体版虽然也有很多新特点，比如可以在文章后边发言和跟帖，但大体上还是和纸媒差不多的，纸媒的那种培养方式在新媒体时代也还是存在的。传统纸媒的培育方式就是正面引导，通过正规的新闻、评论来引导社会舆论，引导社会主义意识形态入心入脑，内化于心外化于行。网站的培养模式也是通过正面引导，不仅通过正式的新闻报道和评论，还通过引导跟帖发言来进行培育。

总之，传播学上的培养理论在提升新媒体公共领域对社会主义核心价

---

① 谭安奎：《公共理性与民主理想》，三联书店，2016，第32页。
② 〔德〕康德：《历史理性批判文集》，何兆武译，商务印书馆，1990，第25页。

值观的认同度上能够发挥重要的作用。

四　新媒体公共领域中的刻板印象

刻板印象（stereotype）原本是印刷业术语，后被李普曼借用到心理学和传播学领域，李普曼在《公众舆论》一书中用刻板印象指人们对某个对象的一种固定的偏见，"多数情况下我们并不是先理解后定义，而是先定义后理解"。① 人类的认识是先有了某种"前见"，然后才理解，这种"前见"就是刻板印象，李普曼所说的"定义"就是刻板印象。在很多情况下人们是先对某事或某物有了某种成见，然后再看真相，实际上他所看到的真相是被成见解释过的真相。刻板印象是一种心理认知，这种心理认知有如下特点：①刻板印象主要是由经济社会制度、历史传统、思想文化、风俗习惯、了解认知的程度的差异性决定的，一个群体对另一个群体所形成的刻板印象有着深刻的原因，历史上不同民族之间的嫌隙、对立、仇恨和冲突在一定程度上都有刻板印象的影子。②刻板印象具有长期性，也具有社会遗传性。刻板印象不是知识性认知，它掺杂着情感、情绪等非理性因素，一种刻板印象一般不会在短期内消除，一种新的刻板印象也不会在短期内形成，刻板印象还会在代与代之间传递，父母对某一对象的刻板印象会影响儿童对该对象的认知。③刻板印象形成于相互接触与沟通之间，没有接触不会有什么刻板印象，但随着接触与沟通的加深，刻板印象有可能会消除。在李普曼那里，刻板印象主要是负面的，即对某种认识对象的不好的印象。但也有学者将刻板印象区分为正面的刻板印象和负面的刻板印象，也有的学者称作积极的刻板印象和消极的刻板印象，这种区分很有价值，本研究也是利用这一区分来分析新媒体公共领域对社会主义核心价值观认同问题。国内关于刻板印象的研究更多的是关于某类人对另一类人的刻板印象，比如泰国留学生对中国的刻板印象，不同地域之间的刻板印象，不同族群之间的刻板印象，等等。本研究也力图扩大刻板印象的解释范围，把人们对价值观的认知与刻板印象结合起来。范畴是人类认识世界的结晶，也是人类进一步认识世界、解释世界的工具，刻板印象概念反映了人类的一种社会心理现象，

---

① 〔美〕沃尔特·李普曼：《公众舆论》，阎克文、江红译，上海世纪出版集团，2002，第67页。

反映了不同地域之间、不同族群之间的认知差异和冲突，也是分析人类差异和冲突的理论工具。本研究借用刻板印象概念主要是为了探讨人们对价值观的固定成见在社会主义核心价值观认同提升过程中的影响。

形成对社会主义核心价值观的正刻板印象。价值观关涉社会的文明程度问题，关涉社会的凝聚力问题，关涉社会意识形态问题。我们这个社会应该形成对社会主义核心价值观的高度认同，在现实社会中，社会主义核心价值观的认同度也确实是比较高的。但也有不同的声音存在，虽然这些声音不是主流，一些所谓的公共知识分子对西方自由主义情有独钟，对社会主义意识形态存有偏见、成见，其实这些"偏见""成见"就是刻板印象。对于很多问题他们不做深入和细致的思考，对于我们改革开放所取得的巨大成就视而不见，甚至对于我们的正面新闻报道嗤之以鼻，这些刻板印象就是对社会主义核心价值观的负面刻板印象。持有这种成见的人几乎不关注，甚至拒绝关注我们的正面舆论，甚至对于我们的正面新闻报道极尽冷嘲热讽、挪揄调侃之能事。另外还有一种负面的刻板印象就是，少数人以"去意识形态化""纯粹的客观公正"自居，奉行远离政治，不关心政治的生存法则，凡是涉及政治方面的内容都不予关注，这些人也会对社会主义核心价值观形成负的刻板印象，这种负的刻板印象也会影响社会主义核心价值观传播与认同。

心理学提出了刻板印象威胁概念，也是刻板印象的一种，不过这种刻板印象不是对某个外在对象的刻板印象，而是对自我认同的刻板印象，刻板印象威胁主要是"担心自己会验证所属群体的消极刻板印象"，社会对某个群体产生了某种消极的刻板印象，而自己担心自己会被社会归属于这一群体，但自己的很多经验却似乎越来越验证自己是这个群体的成员，而且这种感觉"很难通过反驳来消除"，似乎现实越来越坐实自己的感觉，这样导致自己"行为上的表现下降""焦虑""心理上的不认同"等内心感受。① 心理学所提出的刻板印象威胁主要是探讨某种心理焦虑，当一个人怀疑自己罹患癌症的时候，他会将很多似是而非的经验归结为癌症的验证，进而增加自我的焦虑感。心理学的研究对我们的启发是，我们要培育正确的自

---

① 阮小林、张庆林、杜秀敏、崔茜：《刻板印象威胁效应研究回顾与展望》，《心理科学进展》2009 年第 4 期。

我认同。新媒体公共领域也确实存在极少数调侃、揶揄主流社会的观点，在他们心中，他们是所谓的公共知识分子，他们是道德的制高点，他们自我感觉良好，自我认同是社会的精英。这样的自我刻板印象在新媒体公共领域中是少数，但也应该引起我们的注意，需要认真对待，需要破解这种刻板印象。还有一种自我刻板印象就是积极认同主流意识形态，自然产生对主流意识形态的情感，凡是遇到曲解和误解主流意识形态的现象就感到厌恶，自我认同也是"四个自信""四个意识"的坚定维护者，这样的刻板印象是我们意识形态建设所希望的，是意识形态建设的目的。提升新媒体公共领域对社会主义核心价值观的认同就是要积极促成第二种自我刻板印象的形成和扩大，打破第一种自我刻板印象，促成其向第二种自我刻板印象的转变，这是意识形态的建设的一个重要方面。

第四节　新媒体公共领域认同社会主义核心价值观的心理机制

入心入脑是社会主义核心价值观培育的关键，也是整个思想政治教育的关键，只有弄明白这一心理过程我们才能够有效驾驭社会主义核心价值观培育工作和社会主义意识形态宣传工作，所以要想深入探讨新媒体公共领域对社会主义核心价值观的认同机制，就很有必要从心理学层面弄清楚价值观入心入脑的机制。而入心入脑的过程是一个内在心理过程，只有从内在心理机制的层面探讨问题，我们才能够真正切入社会主义核心价值观培育的关键环节，本节就是试图探讨社会主义核心价值观入心入脑的心理机制。

一　探索道德价值生成及认同提升机制的意义

关于培育和践行社会主义核心价值观的研究已经不少了，既有的研究也都触及了社会主义核心价值观培育的关键环节，能表明这一关键环节的字眼包括"入心入脑""内化于心外化于行""日用而不觉、习焉而不察""落实落小落细""价值观生活化"等，这些概念表明社会主义核心价值观培育的关键在于如何使外在的价值规范内化为内在心理品质。但笔者认为，仅仅找到社会主义核心价值观培育的关键环节还没有解决问题，社会主核心价值观到底是怎么"入心入脑""内化于心外化于行"的，这才是最关键的问题。道德价值的生成到底是一个什么样的机理？道德建设的这些微观层面的形成机制是怎样的？这些问题需要弄清楚，这是社会主义核心价值观培育研究的重要方面，也是提升社会主义核心价值观认同的重要方面，不了解道德价值的生成规律、发展规律和变化规律，我们就没有达到价值观培育的规律自觉，我们就不可能有效促使社会主义核心价值观"入心入脑""内化于心外化于行"，因此探讨道德价值生成的微观机制非常重要。何谓价值观生成的微观机制，即价值观念如何从一种外在规范转化为个体的内在律令，内化为个体发自自然的行为态度。价值观具有稳定性、持久性、坚定性等特征，一个人的价值观一旦形成，他就会坚定地按照自己内心的价值规范来做人做事。价值观的形成是一个复杂的过程，这一过程的关键环节是入心入脑，但社会主义核心价值观研究对此却少有问津，至少研究的状况与这一问题所具有的重要性不相匹配。为此笔者试图借鉴道德情感主义学派的一些研究成果，梳理探讨道德价值的生成机制。

情感主义伦理学的兴起是近代经验主义发展的结果，虽然古代伦理学并不否定情感，但它更多地强调理性在伦理中的价值，情感主义伦理学的兴起是在与理性主义伦理学的争论中逐渐形成的。欧洲大陆以经验主义为哲学基础的情感主义伦理学的代表人物包括哈奇森、休谟、斯密等人。休谟在《人性论》中指出，"在哲学中，甚至在日常生活中，最常见的事情就是谈论理性和情感的斗争，就是重视理性，并且说，人类只有在遵循理性的命令的范围内，才是善良的。人们说，每一个理性动物都必须根据理性来调整他的行为；如果有任何其他动机或原则要求指导他的行为，他应该加以反对，一直要把它们完全制服，或者至少要使它们符合于那个较高的原则。"① 重视理性而忽视情感，甚至把理性与情感对立起来是那个时代的共性，休谟对这种状况提出了质疑，他的《人性论》的一个重要工作就是，"我将力图证明，第一，理性单独决不能成为任何意志活动的动机，第二，理性在指导意志方面并不能反对情感。"② 伦理学是一门实践哲学，它所重视的不应该只是在哲学层面上对道德进行"深入、系统和概念上的辨析和

---

① 〔英〕休谟：《人性论》，关文运译，商务印书馆，2016，第 447 页。
② 〔英〕休谟：《人性论》，关文运译，商务印书馆，2016，第 447 页。

讨论"，不只是"在严格的逻辑推理和概念分析基础上，建立所谓'放之四海而皆准'的'规则伦理'，或具有绝对命令效应的'规范伦理'"，真正的道德"起源于和源自原初生命与生活世界中的人心感受、感动与感通。道德基于人心，成于示范教育与自我修养"。① 情感主义伦理学并不否定理性的伦理价值，只是更多地强调情感在道德培育过程中的重要性。

人的道德价值的形成是一个复杂的过程，但一旦形成就会牢固地镶嵌于人的心灵深处。卢梭说过，真正的法律不是刻在铜板和大理石上，而是刻在公民心中，法律如此，价值观更是如此，价值观一旦形成就会转化为个体辨别是非善恶的标准和态度取向，不会在短时间内发生变化。价值观形成过程中固然包含有理性认知的因素，对于某种价值如果不懂得、不了解，也很难将其内化为自觉的价值态度，但价值观的形成更需要情感的熏染，需要心灵的触动与精神的震撼，价值观的形成及其向好的方面的变迁离不开情感培养。

理性认知使道德主体对价值内容的内涵、渊源及其意义有深刻的了解，情感赋予则是接纳、认同、内化于心的过程。前者解决的问题是"是什么"的问题，是"真"的问题；后者所要解决的问题是"入心入脑"的问题，是"信仰"的问题。对一个对象产生感情的过程也是内心接纳的过程，产生感情是主体自内而外的意向过程，而接纳、认同则是自外而内的过程，这两个过程是情感赋予过程的一体两面。没有真正打动主体内心的外在事物，主体很难对之产生情感，而没有真正触动主体内在心灵的环节，一个外在事物也很难走进一个人的心灵，更难在他的心灵深处生根发芽。

二　理性认知对价值认同的提升

理性在哲学认识论上强调的是对本质的、必然性的认识，是比感性认识更加高级的认识阶段，心理学的理性更多的是与理智、与意识相关联。高清海教授曾指出，动物受本能支配，而人则是受自身理性支配的动物，理性更多地表现为自主性，"人与动物不同，人是自主性的存在，人具有自我选择的能力，人的活动不仅有着目的追求，而且是赋有价值的创造性活动。"人的自主性不仅表现为选择的能力，还表现为实践的能力，"人作为

---

① 王庆节：《道德感动与儒家的德性示范伦理学》，《学术月刊》2018 年第 8 期。

生命体不仅有着主动能量，同时还掌握了同外界事物进行'本质交换'的自主性和主导权。人能够按照自身发展的需要，利用理性从更深的层次自觉地发挥自然本性，通过人的生命活动去挖掘、开发物体自身难以释放出来的潜在能量，这就是理性的'创造性'功能。"① 理性认知在价值观认同过程中发挥重要的作用，理性的主要表现之一就是自主性，人是自主性的存在，对于一个自主性的存在，理性认知是价值认同的第一步，没有理性的认知，人是不会自主选择某种价值的。

皮亚杰的认识发生论认为，人类认知发生表现为相互联系的两个层面：同化和顺应。所谓同化就是外在元素经过刺激而被纳入人的内在认知图式的过程，人的这个内在认知图式是认识的结果。人在认识一事物之前内心实际上已经有一个认知图式存在了，新的认知被人所接受就是被纳入这一认知图式之中，只有被纳入人的认识框架中，人才能理解这个外在元素。顺应在认识趋向上正好相反，它是人在发现外在认知与自我内在认知图式不相协调的情况下主动调整自我内在认知图式，以使人的内在图式与外在元素相协调的行为。按照皮亚杰的理论，人的认识就是主体与客体的协调，是主体对客体的反映。在新媒体对社会主义核心价值观的认同过程中，认同主体就是参与新媒体公共领域的人，新媒体公共领域本身是个虚拟空间，它不存在价值观问题，所谓的价值观问题就是参与这一虚拟空间的人的价值观认同问题。对价值观的理性认知不只是了解其内容，明确其内涵，还包括对价值观的反思、辨析，甚至是质疑，"人们理性怀疑是社会主义核心价值观认知升华的必要环节。理性怀疑区别于'极端怀疑'，前者是作为肯定性力量存在，它是肯定的另一面，使人们具有无可怀疑的信念；后者作为否定性力量存在，它是绝对否定，使人们对认知对象根本否定。前者具有明确的认知方向，是对已有的认知体系的坚信；后者对已有的认知体系否定后，使人无所适从。"② 理性的怀疑不是为了否定，而是为了坚定认知，怀疑性反思是消除认知逻辑不严密的方式，经过怀疑性反思，人对价值观的认知就会变得更加具有坚实的理性基础。在理性的这一怀疑性反思过程

---

① 高清海：《信仰理性·认知理性·反思理性——理性"天然合法性"的根据何在》，《学海》2001 年第 2 期。

② 钱雄、甘用宗：《从理性到信仰：社会主义核心价值观认同机制研究》，《广西社会科学》2016 年第 11 期。

中既有皮亚杰所谓的"同化"，把外在认知内化进主体的认知图式中，也有"顺应"，发现自己的认知图式存在不足，就主动调整自己的内在认知图式，以使之符合外在客观世界。理性地接受是价值观认同的前提，如果没有这一环节，价值观认同的下一个环节就提不上日程。如果一个主体不想了解，甚至有一种内在的抵触心理，那很难让他认同某种价值观。

新媒体公共领域对社会主义核心价值观的理性认知主要范围是中国，参与新媒体公共领域主体的内在认知图式基本都对社会主义核心价值观有一个总体的了解。在人们的理性认知过程中，不管是同化还是顺应，甚或是怀疑性反思，都是在一定程度上补充完善自己的内在认知图式，也都是接纳社会主义核心价值观的过程。当然这一接纳过程有的会顺利一些，有的则存在阻碍；有的主体会主动了解认识，有的则存在冷淡、不关心的心理；有的会快些，有的会慢些。

理性认知是认同的前提，情感认同则是认同的关键，情感认同过程是一个更为复杂的过程，本研究主要关注"道德感动""道德移情"和"行为习惯沉淀"三个层面。下面逐一做展开论述。

三　道德感动对价值观认同的提升

感动是人们司空见惯的现象，习以为常的人们很少从严肃的学术层面去关注这一心理现象，但感动是人类复杂的感情，会对人产生深刻的影响。一般而言，我们的感动可以分为审美感动和道德感动，当你面对大自然的鬼斧神工和巧夺天工，面对艺术作品的触及灵魂和荡气回肠，你会为之而震撼和感动，无论美学意义上的"壮美""崇高"还是"柔美"都是感动，这种感动就是审美感动。《礼记》云："凡音之起，由人心生也。人心之动，物使之然也。感于物而动，故形于声。声相应，故生变，变成方，谓之音。比而乐之，及干戚羽旄，谓之乐。"音乐之美根源于人心被外物所感动；而当你看到一个舍己救人的道德行为时，你也会为之而感动，这是道德感动。无论是道德感动还是审美感动，"都无疑是一种价值感动，是一种由'好东西'所激发的感动。应该说，这种感动的存在，就是价值本身存在的见证"①。

---

① 王庆节：《道德感动与儒家示范伦理学》，北京大学出版社，2018，第24页。

"感"字在《说文解字》中被解释为"动人心也","从心，咸声"。① 《辞源》对"感"的解释有五项：（1）"感应、影响。易咸：'天地感而万物化生'"（2）"感动。书大禹谟：'至诚感神，矧兹有苗。'礼乐记：'乐也者，胜任之所乐也，而可以善民心，其感人深。'"（3）"触着。庄子山木：'感周之颡，而集于栗林'。"（4）"感慨，感触。南朝梁江淹江文通集一别赋：'是以行子肠断，百感凄恻。'"（5）"感激，感谢。文选晋张茂先答何劭诗：'是用感嘉贶，写心出中诚。'"② "感动"一词关键是"感"，古汉语的解读基本都是触及心灵、感动人心的意思。对于感动，王庆节指出，"'感'字还指向某种与人相关，但又常常超越于人的'感应''交感''感通'等等。'动'一般说的是'运动''活动''行动'，但和'感'字联系在一起，说的大概就是人在价值活动的交往、情绪感应中所引发或激发出的具有道德意义的心的'行动'，或者至少是有趋向于道德行为的心的'冲动'过程"。③ 社会主义核心价值观的入心入脑属于道德范畴，我们这里主要探讨道德感动，实际上道德感动和审美感动，甚或是宗教感动等其他感动有很多相通之处，可以相互参照着来探讨。

道德感动之源是道德价值，人们为什么会被感动，就是因为某个人或者某件事淋漓尽致地表现了某种道德价值。学者王庆节把道德感动分为广义的道德感动和狭义的道德感动，"广义的道德感动指的是所有具有道德见证力的、激发出我们道德评判力和道德意识的情感，其中既包括积极正面的，也包括消极负面的情感，但从狭义上讲，也许只有那些能促进和激发人道德向上的情感，即有积极正面的情感才属于道德感动"④。王庆节所谓的负面意义的道德感动主要是指那些激起人们"义愤""愤怒""羞耻"等情绪的不道德或者反道德行为，这在一定程度上也激发起了人们的道德意识，只是所激发的是对不道德行为的愤怒，对不道德行为的愤怒实际上也从反面坚定了道德意识，从这个意义上说，这也是一种道德感动。古往今来描述道德感动的词语有很多，比如"恻隐""怜悯""羞耻""恭敬""惭愧""心安""不仁人之心""致良知""同情""义愤""怨恨"等。《孟

---

① （汉）许慎：《说文解字注》（下卷），段玉裁注，凤凰出版社，2015，第896页。
② 《辞源（第三版）》（上卷），商务印书馆，2010，第1522页。
③ 王庆节：《道德感动与儒家示范伦理学》，北京大学出版社，2018，第25~26页。
④ 王庆节：《道德感动与儒家示范伦理学》，北京大学出版社，2018，第26页。

子》"四端说"在一定程度上就是对道德感动的描述，所谓"四端"即"恻隐之心，仁之端也；羞恶之心，义之端也；辞让之心，礼之端也；是非之心，智之端也。"这"四端"是道德生发的根芽，"人皆有不忍人之心者，今人乍见孺子将入于井，皆有怵惕恻隐之心。非所以内交于孺子之父母也，非所以要誉于乡党朋友也，非恶其声而然也。"这种道德之心是人人具有的，没有这种道德之心的人不是合格的人，"无恻隐之心，非人也；无羞恶之心，非人也；无辞让之心，非人也；无是非之心，非人也。恻隐之心，仁之端也；羞恶之心，义之端也；辞让之心，礼之端也；是非之心，智之端也。人之有是四端也，犹其有四体也。"[1] 孟子认为"四端"人皆有之，面对特定的道德情景人人都会被触动。

　　道德感动对价值观认同的提升机制表现在它可以生成道德行为、坚定道德信念。道德感动源于蕴含道德价值的言行或人格对人的触动，它是把人的道德品质往高处提拔的心理机制。道德感动"不仅仅是一种心理层面的感动，而同时也是一种判断"，"道德感动本身就已经蕴含着一种判断在内，道德感动就是一种道德判断。"[2] 道德感动在激发人的心理活动的同时也会形成道德判断，所谓形成道德判断实际上就是认同某种道德规则，"当我们被一个行为所感动的时候，我们不仅肯定了这一行为，对之给予一个道德赞赏的判断，而且更为重要的是，这一道德感动同时也显现出或见证了这一道德赞赏的根据。也就是说，道德感动自身可能不一定是一个道德行为，但是它却是道德德性的一种见证，而且它还是引发新的道德行为的一种力量，它往往诱导、激励、推动、促进后续的道德行为产生。"[3] 道德感动可以形成或坚定一个人的道德信念，进而激励出道德行为来。烟台电视台报道过一则消息，一个小偷发现自己偷的钱包里有捐款的收据，小偷感动于失主的高尚，于是把钱包放在某超市储物柜中，打电话给烟台电视台记者并把储物柜取物码发短信告诉记者，最终使钱包物归原主。[4] 在这个故事中，小偷把钱包物归原主在一定程度上可以说是道德行为，这一道德

① （宋）朱熹撰：《孟子集注》，中国社会出版社，2013，第35页。
② 王庆节：《道德感动与儒家示范伦理学》，北京大学出版社，2018，第27页。
③ 王庆节：《道德感动与儒家示范伦理学》，北京大学出版社，2018，第27页。
④ 《小偷偷钱包发现捐款单写忏悔书署名罪人》人民网，http://gongyi.people.com.cn/n/2015/0126/c152509－26448273.html，最后访问日期：2020年9月20日。

行为是在看到捐款收据的时候触发了道德感动后做出的，道德感动可以激发人的道德行为，也可以坚定已有的道德信念，提升道德人格。

新媒体公共领域对社会主义核心价值观的认同在一定程度上利用了道德感动的机制，这一机制并非人为设计，而是新媒体公共领域自发形成。新媒体公共领域每天会有大量能够激发人的道德感动的故事和人物被讲述，这些故事也并不一定都是惊天地、泣鬼神的故事，人物也并非都是英雄人物，他们或许就是我们身边的人，或许就是发生在我们身边的小事，但这些生活小事却充盈着充沛的道德价值，使看到或阅读到这些消息的人感动一把，或许感动得深刻一些，或许仅仅是稍微感动，但这些道德感动的点滴之水经过时间的积累也可汇集成道德建设的大江大河。

四　道德移情对价值观认同的提升

"移情"概念是西方情感主义伦理学的核心概念，被称为情感主义伦理学的"拱顶石"，只有理解了移情概念，我们才能够真正理解情感主义伦理学，"移情"的英文是 empathy，也被译作"同情""共情""共感""同感""同理心"等，但目前学界基本以"移情"为确定译法。[①] 宽泛意义上的"移情"并非道德移情，就"移情"概念本身而言，也存在多种解释，我们认为道德移情主要是道德主体对移情对象的情感投射。道德移情和道德感动存在一定的联系，都是道德情感活动，所不同的是道德感动主要是道德客体对道德主体的感动，其关键所在是感动，而道德移情则在对象上有所不同，道德感动的对象是人物的人格或者是事件，而道德移情的对象主要是物，作为道德移情对象的物主要是浸染着道德价值的物，比如说英雄、楷模或者是先贤的遗物、遗嘱、足迹以及相关的历史名胜古迹，等等。这些物不是一般的物，它是文化之物，这一文化之物所蕴含的不是一般的文化，而包含着道德价值，所谓道德价值主要是利他性，道德价值的本质所在是利他性。博物馆中帝王将相的遗物也是文化之物，但这些遗物顶多只是统治者权威的象征，而不具有道德利他性质，所以也不可能成为道德移情的对象。所谓道德移情主要是道德主体在观看先贤、英雄、楷模的遗物时，将自己的道德情感，尤其是道德崇高感、崇敬感投射到这些物品上，

---

① 方德志：《移情的启蒙：当代西方情感主义伦理思想述评》，《道德与文明》2016 年第 3 期。

道德移情是在充满道德崇敬感的观赏过程中汲取道德力量，提升道德境界的过程。有学者将道德移情的过程解释为："主体在对象刺激和特定情境影响下，调动起以往的道德心理信息储备及生活经验、审美经验，对特定对象进行专注的观察、分析、综合、判断，通过同化、顺应来把握对象的意义，展开联想、想象和情感活动，形成道德评价和伦理态度，并且通过模仿对象、理解对象、超越对象、进行能动创造，从特定的对象中获得深刻的内容，走出心境，去承担道德责任。"① 道德移情与道德感动也存在密切联系，道德主体之所以能够专注于移情对象就是因为被对象所吸引，被对象所感动。当我们在如今的重庆红色旅游景点渣滓洞看到烈士江竹筠的遗物，想象当年江姐虽遭受酷刑却坚贞不屈的场面，我们的内心会产生强烈的共鸣，这一共鸣实际上就是道德感动，也是道德移情。

道德移情过程同时也蕴藏着道德接受过程。道德接受就是道德主体对道德原则认同、接纳、内化的过程，道德接受过程可以分为相互关联的两种类型，一种产生于理性学习的过程，一种生发于道德情感形成过程。前者多见于学校道德教育，这是一个摆事实讲道理的说服过程，通过说理的教育过程，道德主体理性地接受道德原则，并有意识地践行这一原则，使这一原则入心入脑。而后者则形成于道德情感活动中，在专注于先烈遗迹、遗物、遗书的过程中，道德主体与外在景物产生共鸣，这一情感共鸣本身蕴含着道德接受过程。应该说前者是理性的、自觉的过程，后者则是一个情感的不自觉的过程。这两种道德接受过程是密切相连的，道德说理必然蕴含着道德情感，而道德情感也必然有道德说理的因素，情感和理性是道德教育的两个重要方面。道德移情对道德接受的促进作用主要体现在道德崇高感上，道德崇高感是道德接受的重要心理基础。当我们在林觉民故居观看《与妻书》的情景，重温《与妻书》的文字时，林觉民那种舍生取义的崇高的情怀会在每个人的心灵深处产生共鸣，这一共鸣会在一定程度上提升道德主体的道德意识，超越个体的自私自利。道德境界的提升是一个复杂而长期的过程，或许一次道德移情对人格的影响有限，但随着个体阅历的增加，随着道德移情、道德感动的数量增多，道德主体的道德接受程度会有所加深，道德意识会更加坚定，进而道德主体也会在行动上更加勇

① 耿信、曾钊新：《道德移情的特征分析》，《江西社会科学》1996 年第 7 期。

于承担道德责任。

新媒体公共领域每天都有海量的包括图片、视频、文字等信息发布，这些信息中会有很多可以引起道德移情的信息，比如关于先贤、先烈生平事迹的照片、文字或视频介绍，红色家书、遗书的传播，故居、遗物、遗迹的图片的流传，等等。这些信息的传播会启迪人们的道德意识，对于道德水准的提升，对于社会主义核心价值观认同的提升都有积极意义。单从某一信息来看，这种传播或许显得碎片化、浅层化，但从整体上看，这些单个的信息会在新媒体公共领域得到广泛的传播，而且每天也都会有数量不等的多个信息被发布和传播，这些单个的信息会积少成多，这些点滴的"移情""感动"会汇集成巨大的情感认同力量，会提升社会主义核心价值观的认同。

五　人的行为习惯对价值观的沉淀

价值观的形成是一个长期的过程，需要在长期的道德实践中逐渐积累和积淀。李泽厚提出过审美"沉淀说"，他认为人本身就是劳动实践长期积累沉淀的结果，"经过漫长的历史进程，才产生了人性——即人类独有的文化心理结构，即人类（历史总体）的积淀为个体的，理性的积淀为感性的，社会的积淀为自然的，原来是动物性的感官人化了，自然的心理结构和素质化成为人类性的东西。"[1] 人的心理结构就是在长期的劳动实践中积淀而成的，而人的心理结构可以大致分为思维模式、道德品质和抑制能力、审美情趣和审美能力三个部分。[2] 也就是说，人的道德意识是长期社会化的结果，是人类文明活动在个体身上积累的结果。价值观不同于认知之处就在于，它已经沉淀熔化于个体内在心理结构之中，已经成为人的品质和本性，是人出于自然的行为动机，价值观一旦形成，将会长期影响人的言行，乃至于道德主体会终身矢志不渝地坚持这一价值观念。价值观的形成需要长期的积累沉淀。

习近平总书记在讲到社会主义核心价值观的时候经常使用的短语有

---

[1] 李泽厚：《李泽厚十年集》第 1 卷，安徽文艺出版社，1994，第 495 页。

[2] 章辉：《"积淀说"与"视域融合"——李泽厚与伽达默尔的一个比较》，《外国文学研究》2003 年第 1 期。

"少成若天性，习惯之为常"，"树德莫如滋，去疾莫如尽"，价值观的形成及其入心入脑是一个"习惯成自然"的过程，需要一个沉淀于人们心中的过程。习近平总书记指出，"一种价值观要真正发挥作用，必须融入社会生活，让人们在实践中感知它、领悟它，达到'百姓日用而不知'的程度。在这方面，我国古代可以说是做到了极致，道德教育渗透到衣食住行、言谈举止各个方面，通过各种礼仪、制度来规范和约束人们的言行"，"我们要注意把我们所倡导的与人们日常生活紧密联系起来，在落细、落小、落实上下功夫"。① 在价值观培养方面，宋明理学有一套"立修齐志、存忠孝心""持敬""修诚""默坐澄心""体验未发"的心性修养工夫，他强调的是要经常性践履这些修养工夫，以坚定自己的道德意志，程朱理学的这套修养工夫在我国南宋以降的历史上发挥了巨大的作用。牟宗三曾指出，五代时期曾出现了冯道这样道德堕落的典型，传统社会奉行"忠臣不事二主"价值观，但冯道却是五朝元老，是政坛上的不倒翁，而且冯道还被人们所称颂，这是道德不彰的表现。经历了程朱理学洗礼的社会造就了文天祥这样宁死不屈的道德典范，在这一道德重塑过程中，程朱理学的心性修养工夫理论功不可没。心性修养工夫理论就是一套把宏大价值观具体落到实处的践履工夫，它非常重视长时期道德磨炼的工夫，尤其强调从小就要践履基本价值规范。这些做法很值得我们学习和借鉴。

做一件好事不难，难的是一辈子做好事，价值观培育所要达到的目的就是一辈子做好事。价值观对人的影响不是体现在一时一地的感动，而是对人的日常言行的支撑。价值观的形成是一个长期的沉淀过程，从小教育小孩子不要乱扔垃圾，要尊敬师长、遵守纪律，这个时候孩子习得的只是社会规范，这些社会规范对孩子来说是外在约束，是他律。这种他律被长时间地履行，会因为习惯而成自然，会逐渐沉淀为人的价值观，成为支配人的言行的内在律令。不管是理性认同还是道德感动，都只是价值认同的开端，真正的入心入脑还需要长期的道德实践，在道德实践过程中沉淀言行中所体现的价值观因素，所以价值观的生成不可能在短时间内实现，而是需要长时间的浸润与濡染，需要较长时间的内化过程。

---

① 《在十八届中央政治局第十二次集体学习时的讲话》，中共中央文献研究室编，《习近平关于社会主义文化建设论述摘编》，中央文献出版社，2017，第 109～110 页。

第五节　新媒体公共领域的政治社会化功能

学界已基本认可了公民文化对于现代民主政治制度巨大的支撑和维系功能，而作为一种特殊政治文化的公民文化之所以能够发挥其重要的维系和支撑功能，是和政治社会化分不开的，没有有效的政治社会化，现代公民文化就不会形成。政治社会化的途径有多种，其中现代新媒体是极其重要的政治社会化的途径。新媒体已经成为很多人，尤其是年轻人生活的一部分，新媒体公共领域以其信息量大、传播速度快等特点深刻影响着人们，也推动了人们的政治社会化。它以"水滴石穿"的精神传播现代理念和价值观，并将社会主义核心价值观"刻"进公民的心灵深处，这种教育功能就是政治社会化的功能。

一　政治社会化概念

政治社会化是社会化的一种，而社会化是社会学的一个重要概念，所谓社会化"是指一个人从最初的自然的生物个体转变为社会人的过程。通过这一过程，个人形成个性和自我、内化社会价值标准、学习角色技能、适应社会生活"。从文化的角度看，社会化是一个文化传递和延续的过程，其"实质是人对于文化的内化"；从个性形成的角度看，社会化是人的个性形成和发展的过程，社会人是经由社会化而成为有个性的人；从社会结构看，社会化过程是一个角色学习过程，它使人变得具有社会性。[1] 社会化过程中人们需要习得和内化的东西很多，内化和习得政治内容的过程就是政治社会化。关于政治社会化，阿尔蒙德认为，"政治社会化就是政治文化形成、维持和改变的过程。"[2] 学者匡和平先生认为，政治社会化是指社会成员在政治实践活动中逐步获得政治知识和能力，形成政治意识和政治立场的过程。它包括两个方面：一是对政治体系中的个体而言，是社会成员通过教育和其他途径获得政治知识、政治情感、政治态度和政治信仰，形成

---

① 《社会学概论》编写组：《社会学概论》，人民出版社、高等教育出版社，2011，第93页。
② 〔美〕加布里埃尔·阿尔蒙德：《比较政治学》，曹沛霖等译，上海译文出版社，1987，第91页。

政治人格的过程；二是对政治体系而言，是政治体系通过各种途径将体系内的主导政治意识在全体成员中扩散和传播以使其成员接受某种特定的政治信息、政治情感和政治信仰，并按照共同的模式进行政治活动，从而塑造其成员的政治心理和政治意识的过程。[①] 学者葛荃先生认为，"政治社会化"是政治文化研究的一个特定论域，一般指的是政治知识的传播过程。[②]

综合以上所列的几种观点，政治社会化是政治认知、情感、态度、信念、价值、观念、习惯的形成过程，也就是政治文化的形成过程。这一过程可以从个体和共同体两个视角来探讨，对于个体来说则是个体从自然人向政治人转变的过程，对于政治共同体来说则是其政治文化的延续的过程。由这一界定可以看出，政治社会化过程中最关键的是要使个体内化政治共同体主流的政治价值观念，使其对这一套价值理念形成认知，产生情感，变为态度，内化为信念。实现这一途径的方式很多，"大众传播媒介是其中之一。……它在政治社会化过程中起了十分重要的作用，承担着重要的政治社会化功能。"[③] 社会主义核心价值观培育属于政治社会化范畴。

社会化的类型包括幼儿和儿童时期的"初级社会化"，成年人为了适应社会生活而进行的"继续社会化"，抛弃以前习得的价值标准和行为规范而重新确立新的价值标准和行为规范的"再社会化"三种类型。[④] 同样政治社会化也可以分为上述三种类型。社会化的途径很多，家庭、邻里、学校、同伴，以及各种传媒等都是社会化的途径，新媒体对人的影响广泛而深刻，所以新媒体公共领域具有强大的政治社会化功能，能将社会的主流价值标准和行为规范在不知不觉之间潜移默化到受众的内心深处，而且新媒体公共领域对人的社会化功能既包括初级阶段的社会化，也包括继续社会化和再社会化，它对人们的政治社会化功能是使社会主义核心价值观入心入脑的重要机制。

二　新媒体公共领域对政治社会化的推进

新媒体公共领域对政治社会化的推进表现在如下几个方面。

---

① 匡和平：《论农民政治社会化的主体性原则》，《长白学刊》2006 年第 1 期。
② 葛荃：《教化之道：传统中国的政治社会化路径析论》，《政治学研究》2008 年第 5 期。
③ 邓集文：《论大众传媒的政治社会化功能》，《湘潭大学学报（哲学社会科学版）》2004 年第 1 期。
④ 《社会学概论》编写组：《社会学概论》，人民出版社、高等教育出版社，2011，第 94 ~ 95 页。

第一，促进公民权利意识的觉醒，有利于建立现代政治价值观。传统的政治价值观崇尚和服从权威，承认政治权威的地位和权力，放弃个体意志和权利；承认等级差别，整个政治社会贯穿着上下有序、贵贱有类、亲疏有别的政治原则，不承认人权、自由、民主和平等等原则。在一个传统政治价值观盛行的社会，是谈不上个人的权利自由和平等的。由于我国背负沉重而深厚的封建传统，权利意识并不强烈，奴隶们在枷锁之下丧失了一切，甚至丧失了摆脱枷锁的愿望；他们爱他们自己的奴役状态，有如优里塞斯的同伴们爱他们自己的畜生状态一样。① 但是《人权宣言》中倡导"人们有权实施法律所不禁止的一切行为"，每个公民都有权享受法律所赋予的权利。权利意识的觉醒是公民意识觉醒的重要方面，而形成公民意识和公民文化则是法治建设的重要方面。因为法治建设不仅仅是一个制度建设的过程，还是一个文化、观念的变迁过程。如果一个社会仅仅有现代法律制度，而公民则满脑子都是"官本位""忠君"等臣民意识，那这个社会顶多只是"新瓶装旧酒"，不能算迈进了现代法治国家行列，甚至其法律制度也无法正常发挥其应有的功能。比如菲律宾独立的时候，仿效美国建立了现代的民主政治制度，设有三权分立的基本制度，有总统、众议院、参议院、最高法院等。在一段时间里，菲律宾一直被誉为"东亚最悠久的民主"，被视为美国在亚洲的"民主橱窗"。但是菲律宾最终还是出现了马科斯的独裁，自 1986 年马科斯政权被推翻后，菲律宾陷入长期纷争和动荡中。② 现代政治价值集中表现在对法治、自由、民主、人权、平等、公正等价值的追求上。而实现公民的法治理念和政治文化的变迁，形成现代政治价值观是政治社会化的主要任务，《今日说法》栏目在催生觉醒的权利意识方面有很好的效果。在新媒体时代，像《今日说法》这样的电视栏目都可以实现在手机、电脑这样的新媒体公共领域同步播放了。《今日说法》的很多案例都是公民追求自我利益的表现，这些案例的讲解，不仅让人们明了自己有权享有这些权利，而且自己可以通过合法途径追求到自己合法的权利。要想让公民用法律开启权利之门，必须舍弃"人治"观念，真正体会到法律的含义，了解法律的真谛，养成遵守法律、服从法律的习惯才是关

---

① 〔法〕卢梭：《社会契约论》，何兆武译，商务印书馆，1980，第 11 页。
② 王绍光：《民主四讲》，三联书店，2008，第 94 ~ 95 页。

键。"法律所以能见成效，全靠公民服从，而遵守法律的习惯须经长期培养。"① 只有这样经常不断的教育、实践，法治精神才能真正深入人心，人们才有勇气用法律武器去追求和维护自己各方面的权利。

第二，催生公民法治观念。真正的法律不是刻在大理石和铜板上，而是刻在公民心中，使公民形成对法律的敬畏，并将法治作为自己的基本的生存方式，将法治的理念内化为自己的人格之中。而这需要公民对于法律知识的熟练掌握，更需要对法律精神实质的真正把握。法治的基本理念表明，法律不仅仅是一些以众多的法典为载体的法律条文，从更根本的层面上说，法治是一个现代社会基本的理念，比如自由的理念、政府边界严格划定的理念、尊重他人私人权利的理念，等等。法律条文仅仅是为了使这些基本理念具体化、可操作化的途径。因此，现代公民不仅需要对法律制度的基本条文有大致的了解，更主要的是对法律制度背后的法治精神和理念的深切体会和良好把握。普通公民毕竟不是专业律师，所以不太可能对每一个法律条文有非常专业、非常全面的掌握，但是公民的行为应该在法律的约束下符合现代法治的基本理念和精神，使法治成为大多数人的基本信念，变成公民的行为习惯，这才是政治社会化的关键所在。因此相比法律条文而言，法治的基本理念、信念的孕育可能是更为根本层面的东西。《今日说法》栏目以典型案例为主要载体，聘请著名法学专家进行讲解。而且专家的讲解大都不仅深入浅出地解释了法律条文，更使用通俗易懂的语言阐释了法治的精神实质，这种就具体案例讲解的法治理念潜移默化地影响了观众的法治观念的形成和确立。

第三，引导健康理性的契约精神。契约精神是现代私法精神的基本表现，众所周知，私法和公法不同，私法的基本精神是自治，它尊崇"凡是法律没有禁止都是允许的"这一信条，而公法的基本信条则是"凡是法律没有允许的都是禁止的"。契约精神实质上就是个人自由理念的外在表现，"人的意志是生来自由的，而契约便是由当事人双方自由意志的合致而形成。由于是自由的，这种合意就既不是出于外界的强迫，也不是出于一方的一厢情愿，而是发自内心的自由的意思表示相一致。"② 随着社会主义市

---

① 〔古希腊〕亚里士多德：《政治学》，吴寿彭译，商务印书馆，1983，第81页。
② 傅静坤：《二十世纪契约法》，法律出版社，1997，第172页。

场经济的健康发展，人与人之间的契约行为越来越多，契约本是人与人自主决定自己事务的最重要的途径。但是现阶段的契约精神却出现了很多并不如意之处，具体表现就是欺诈行为、不守约的行为、坑蒙拐骗行为日渐增多，除此之外还有伪劣产品、超标食品或蔬菜、质量不合格产品等现象也已经严重影响了人们正常生活，这些现象的存在不仅使交易成本、生活成本不断提高，还大大影响了社会公信度，不利于市场经济的健康发展和社会的和谐稳定。而欺诈、不守约等行为也是《今日说法》栏目的"常客"，法律专家的细致讲解以及法律的"法网恢恢，疏而不漏"的威严，都会使欺诈行为有所畏惧。不仅如此，该栏目还会将一些常见的骗人方式阐释给大家以让大家有所防备，并对如何防范被欺诈进行讲解。同时该栏目也会适时地正面褒扬一些遵守合同的典型案例。这些做法在一定程度上对于良好社会风气的引导，对于健康契约精神的培育大有好处。

第四，形成理想的政治人格，尽快完成人格转型。政治社会化的关键是要催生现代政治人格，"政治人格是人格的政治方面，是政治主体在政治生活中表现出来的个性和行为倾向"。[①] 是认知、情感、态度、心理、观念、习惯等因素的综合，其中情感、态度、习惯等稳定性的精神因素乃是政治人格的核心所在。形成健全的政治人格对国家的良好发展是非常重要的。但由于几千年的专制历史的发展，中国传统政治人格总体上是一种"自我萎缩型人格"，一直停留在较低的归属、安全甚至是生理的需要上，而在很大程度上忽视了尊重的需要和自我价值实现的需要。同时，中国传统政治人格具有政治躁动和政治冷漠两种极端情绪反复交替的特点，并在权力运行上崇尚、认同人治而非法治，过分重视德治，轻视法治，"官本位"观念浓重。由于当前我国正处于社会转型期，《今日说法》中各方面的案例较全面地反映了社会中的经济、政治、社会和文化等各方面的"剧烈的变革"，所以，相当一部分人观看《今日说法》并不是为了自己的眼前利益，而是为了关心国家、社会的稳定，是受到了一种社会责任感的驱使，为了整个社会的公正和利益。这样，长此以往就有助于推动完成政治人格的转型及形成现代法治型人格。现代法治型人格的形成对于我国政治现代化的建设至关重要，因为中国的政治现代化不仅仅包括物质的现代化，更重要的在

---

① 张昆：《大众媒介的政治社会化功能》，武汉大学出版社，2003，第203页。

于能否形成中国公民的现代人格，实现人的现代化，这是政治社会化的重要任务。

三 新媒体公共领域政治社会化的特点

新媒体公共领域的政治社会化功能不同于传统纸媒的政治社会化功能，也不同于传统的广播和电视的政治社会化，它有很多新的特点：

第一，新媒体公共领域政治社会化所"化"的内容广泛，几乎无所不包。上文所述的《今日说法》栏目只是新媒体政治社会化功能的法律方面，新媒体公共领域的内容庞杂，政治、经济、社会、文化、生态、国防、外交等信息都可以在新媒体公共领域找到，可以说新媒体公共领域的政治社会化功能所"化"的内容几乎是无所不包的。政治社会化本身也是一个复杂的过程，它所要"社会化"给个体的内容也是丰富多样的，新媒体公共领域内容的丰富性是与政治社会化的复杂性相对应的。依照不同的标准，我们可以把新媒体公共领域中的信息进行不同的分类。按照信息提供的主体分类，新媒体公共领域中的信息可以分为：专业媒体人提供的信息和非专业媒体人提供的信息，专业媒体人提供的新闻、报道等信息被网站、QQ群、微信群所转载可以得到快速的传播，这类信息在新媒体公共领域也占相当的比例；非专业媒体人就是普通的民众，新媒体时代"人人都是麦克风"，人人都是信息源，由普通人提供的各种信息，包括对信息的评论都是属于这一类信息。按照信息的价值指向，新媒体公共领域的信息可以分为：知识型信息、思想型信息、娱乐型信息。知识型信息仅仅提供某种知识，其思想关涉、道德关涉和价值关涉比较薄弱；思想型信息蕴含深厚的思想、道德和价值内涵，对受众的思想、道德、价值观有一定的涉及和触动；娱乐型信息则纯粹是为了娱乐消遣。当然这三类信息也不都是截然分开的，很多信息都是兼具其中的两种或多种功能。不同的信息对人产生不同的影响，有的影响会深刻一些，有的影响则小一些，但这些影响经过长时间的积累就会促进人的政治社会化。

第二，新媒体公共领域政治社会化方式多种多样。新媒体公共领域的特点之一就是它为受众之间的互动提供了一个虚拟平台，它不再是传统媒体"传播—接受"的传播模式，受众不再是单纯消极地接受，而是可以主动参与，主动发表见解。民众的政治知识、政治理念甚至是政治信仰可以在相互碰撞中形成或者改变。在新媒体公共领域中，人们是在理性的讨论中接受或认可某种政治理念或信仰。公共领域的讨论更多的是说理，人们在对政治道理进行讨论、辩论、争论的过程中使一些道理越来越明确，越来越具有说服力，这一过程是一个说服人心的过程，不仅说服对方，也说服自我。公共领域的政治社会化过程更加直指人心，更加触及心灵。提供虚拟的公共空间展开公共说理和公共讨论是新媒体公共领域的一大特色，但并非唯一特色。新媒体公共领域的政治社会化方式多种多样，它不仅提供文字信息，还提供图片、视频等更加直观、更加生动的信息，使信息更加具有现实感、现场感，更加引人入胜；它不仅提供理性的知识和理论，还把很多政治理念和信仰蕴含于各种有温度、有情感的文艺形式之中，寓教于乐地使人们在欣赏的过程中认同和接受理念和信仰；新媒体公共领域对人的影响主要是在八小时之外，人们使用手机的时间越来越长，但更多的不是接打电话，而是阅读微信、接受更多的信息等。新媒体公共领域见缝插针地占领了人们的很多业余时间，"不失时机"地提升政治社会化效果。

第三，新媒体公共领域对受众的影响时间持续长，而且影响深刻。政治社会化是塑造人格、改善心灵的过程，这一过程需要一定的时间，需要主体长期浸润于某种文化、习惯和价值之中，长期的濡染是价值理念形成的基础。新媒体公共领域出现的时间不长，但它对人们的影响却极其广泛而深刻。截至 2020 年 3 月，中国网民规模达 9.04 亿，互联网普及率为64.5%；手机网民规模达 8.97 亿，无线网络覆盖率明显提升。中国的网民规模和互联网普及率逐年稳步上升。这说明，我国新媒体的使用规模已经非常大了，手机网民已经达到 8.97 亿，尤其是年轻人比例很高，截至 2020年 3 月，10～39 岁群体占整体网民的 61.6%，其中 20～29 岁年龄段的网民占比最高，达 21.5%。互联网是新媒体的主体，这么高的普及率，每周的平均上网时间也很长，而且还在继续上升，这说明新媒体对人的影响时间在逐渐增加，社会化过程的效果也会随着时间的增加而增强。

第四章　新媒体公共领域认同社会主义
核心价值观面临的挑战

互联网是新事物，它为人们发表个人见解提供了便捷的平台，但这也形成了思想文化领域多元多样多变的趋势。提升新媒体公共领域对社会主义核心价值观的认同度面临诸多挑战，尤其是多元化的社会思潮的存在，甚至个别社会思潮还试图影响我们的主流意识形态。

第一节　社会主义核心价值观培育工作还存在
不适应新媒体之处

新媒体出现的时间不长，但对人们的影响巨大，它改变了人们获取信息的方式，也改变了人们的交流方式、娱乐方式，甚至人的生活方式也发生了巨大的变化，但是我们的意识形态宣传工作，社会主义核心价值观培育工作还存在与新媒体特征不相适应的地方，这些不相适应之处是提升新媒体公共领域对社会主义核心价值观认同的阻力。

一　新媒体公共领域传播方式给我们提出的挑战

新媒体公共领域在培育和践行社会主义核心价值观上有着其他媒体所不具备的优势。

第一，新媒体对人们的影响广泛而深远。新媒体之所以称为"新"媒体，而有别于传统媒体，最主要的就是互联网和手机的结合，移动互联网是新媒体的主体，而这种新媒体已经成为人们获取信息，进行学习、娱乐、交流不可或缺的工具了。从广度上来说，新媒体对人们的影响几乎无处不在，无时不在；从深度上来说，新媒体几乎对人们的生活方式、行为方式、思维方式、价值观念都产生了深刻的影响。新媒体是培育社会主义核心价值观的重点领域，我们要掌握这个阵地。

第二，新媒体影响人们价值观念的方式不同于传统媒体。传统媒体对人的影响是单向的，没有互动，新媒体对受众的影响过程则是双向的，受众不仅是被动的接受者，而且还是讨论的主动参与者，从这个意义上来说，新媒体比传统媒体更加接近于面对面进行讨论的公共领域。在新媒体的公共讨论中，人们会不知不觉地接受经过理性辩论之后的结论，各种价值原则在理性的辩论过程中也会逐渐地深入并扎根于参与者的心灵深处，这样的影响过程更多的是在新媒体的互动中，在新媒体公共领域的讨论中逐渐实现的，它对人们价值观念的影响是让人在和错误的价值观念进行辩论过程中实现的，这种影响更加深刻。

第三，新媒体对受众的影响更加接近于自发影响。人们参与新媒体公共领域的同时，新媒体就已经开始影响人们的价值观念了，这一影响更多的不是某一主体主动施加影响的结果，而是参与公共领域讨论的诸参与者之间相互影响，所谓"理不辩不明"，参与者在讨论中几乎是不自觉地认同并接纳了经过讨论之后的理念。所以，如果我们能够成功地将培育和践行社会主义核心价值观的话题导入新媒体公共领域，那我们就不需要再花费太多的时间和精力去主动地施加影响，社会主义核心价值观会在公共讨论的"市场"中脱颖而出，而如果能做到这一点，社会主义核心价值体系就能够成为诸多社会思潮的"市场"上的主流价值观念。

但新媒体公共领域在培育和践行社会主义核心价值观方面也给我们提出了挑战。

第一，新媒体公共领域所讨论的内容难以控制。新媒体作为一种媒体工具确实有传统媒体所不具有的优点，无论其传播速度、传播方式还是影响范围，都是传统媒体所无法比拟的。可就新媒体所讨论的内容而言，我们是很难控制的，我们当然可以像传统媒体那样，在主流网站发表我们的宣传性文章，甚至发起力图实现我们目的的议程设置，现实中我们也确实是这样做的，但这些东西能否引发网民的热烈参与，我们就无法控制了。互联网有很多东西，网民可以自由选择他们喜欢的内容，可以说新媒体公共领域就是各种意见的"市场"，我们所设置的议程能否被点击关键要看我们的议程设置能否引起网民兴趣，我们的话题是否比其他话题更加具有吸引力，即我们的话题更加有市场。

第二，新媒体公共领域对待社会主义核心价值观上存在消极趋势。实事求是地讲，社会主义核心价值观在新媒体上的影响力要比我们估计的低，这是我们必须直面的客观事实，盲目沉浸在自我设定的乐观主义之中不是科学的态度，也不利于社会主义核心价值观的培育。网络跟帖、论坛、博客、播客、微博等新媒体公共领域积极支持和认同社会主义核心价值观的言论偏少，在一定程度上，我们的宣传工作还没有跟上网络时代，我们是在用传统媒体的宣传方式在新媒体上开展宣传工作，这样的宣传还没有把新媒体的优势充分发挥出来。

第三，新媒体的网络暴力会影响人们理性地探讨问题。现阶段的新媒体公共领域，很多参与者缺乏理性平和的参与精神，一些人遇到和自己意见相左的观点，动辄破口大骂，在评判涉及政府人员的事件的时候，不管理在哪一方，舆论普遍性地一边倒，这不利于新媒体公共领域的健康发展。出现这些问题的原因是多方面的，新媒体出现的时间还比较短，我国新媒体的管理还不到位，而且转型期国民素质还有待提高，这些都是新媒体在培育和践行社会主义核心价值观上的劣势。

第四，各种消极思潮在网络上盛行。思想领域也类似于市场领域，市场领域中，哪种产品能够占领"市场"关键要看这种产品是否具有竞争力，没有竞争力的产品自然会被市场所淘汰；思想领域也有类似的倾向，哪种社会思潮能够占领"思想市场"关键也要看这种思潮的竞争力，社会思潮的竞争力关键在于它是否适应了社会的发展趋势，是否能够让人们由衷地理解、认同和接纳。转型期的思想领域，各种社会思潮异常活跃，思想领域呈现多元化的趋势，马立诚先生将现阶段我国的社会思潮归纳为八种：邓小平思想、老左派、自由主义、新左派、民主社会主义、民族主义、新儒家、民粹主义等。[①] 尤其是自由主义思潮影响深刻而广泛，很多网民都自觉或不自觉以之为思想基底参与讨论，要想使社会主义核心价值观在与这些社会思潮竞争中脱颖而出确实需要花很大工夫，人为地禁止不是阻止这些消极思潮的有效方法，而现阶段的宣传方式还很难适应新媒体的发展规律，这就造成了新媒体在培育和践行社会主义核心价值观中的积极作用没有充分发挥出来。

---

① 参阅马立诚《交锋：当代中国的八种思潮》，《同舟共进》2010 年第 1 期。

二 新媒体公共领域影响价值观的方式给我们提出挑战

培育和践行社会主义核心价值观，关键是要使社会主义核心价值观深入人心，被人们所认同、接纳，甚至成为人们行为的基本准则，这种准则不是人们刻意追求的结果，而是人们自发的行为，这就是价值观对人的影响。价值观念对人的影响是深刻且久远的，其影响可以分为两种情况：一种情况是自己刻意追求某种价值观念，刻意让自己的行为表现为某种价值观，是个人有意为之的行为；另一种情况是某种价值观已经深入到人的心灵深处，已经成为不自觉地支配自己行为的内在的心理品质。① 显然第二种情况是真正发挥着作用的价值观，也是我们培育社会主义核心价值观所要达到的状态。要使社会主义核心价值观真正成为支配人的生活方式、行为方式乃至思维方式的价值观需要经历一个复杂的过程。孔子能"七十而从心所欲，不逾矩"② 就是价值观念内化的过程，"从心所欲"也不会逾越价值规则，价值观念真正成为支配他的行为的内在自律法则。这种法则对人的约束不是由外而内的强制，而是由内而外的自觉，不是有意识地、刻意而为的结果，而是发自内心的、自然而然的结果。

笔者认为，新媒体是使社会主义核心价值观深入人心的重要手段，新媒体促使社会主义核心价值观深入人心的主要方式是通过新媒体公共领域（虽然网络搜索引擎、网络期刊、网络报纸等也是传播社会主义核心价值观的重要方式，但笔者认为这只是传统媒体的电子化，其本质上还是传统媒体）。按照哈贝马斯的观点，所谓公共领域即介于公共权力与私人领域之间的公共空间，这一公共空间既不受公共权力的管辖与干预，也不是纯然的私人领域，它是由具有独立人格的个人组成的，旨在关注公共事务，维护公共利益的空间。③ 社会主义核心价值观培育的关键是要实现价值观的内化，新媒体公共领域培育社会主义核心价值观的作用主要是通过公共领域的理性讨论而实现的。

第一，新媒体公共领域培育社会主义核心价值观的实现机理。从价值

① 李永杰：《增强社会主义核心价值体系的吸引力和凝聚力》，《湖北社会主义学院学报》2011 年第 2 期。
② 张燕婴译注《论语》，中华书局，2006，第 14 页。
③ 〔德〕尤根·哈贝马斯：《公共领域的结构转型》，曹卫东译，学林出版社，1999，第 58 页。

观发生论①来讲，价值观的发生是一个复杂的过程，社会主义核心价值观的发生不是纯粹发生学意义上的发生过程，因为这些价值观念已经存在于人们的心灵深处，已经"发生"了，只是这些价值观念还不自觉，不坚固，需要我们使之更加自觉和牢固，并成为社会的主导价值观念。一般来讲，价值观念的形成需要经历一个"理解"—"认同"—"接纳"—"扎根心灵深处"的过程，这是一个递进的过程，前一个环节出问题了，后一个环节就很难顺利实现。社会主义核心价值观的培育不是纯粹发生学意义上的培育，这些观念已经存在，我们要做的只是使这些价值观念更加明确，更加占主导地位，所以，我们的工作重点是应该在"认同""接纳""扎根心灵深处"下功夫，即关键是要实现价值观念的内化。新媒体公共领域不同于传统媒体，它本身就是一个公共说理的领域，这种公共领域里充斥着辩论和公共说理，参与辩论的人试图在说服他人信服他所说的观念，而他者也在试图找出其他言说者的问题之所在（当然公共辩论应该是理性地展开的，我国现阶段新媒体公共领域的个别偏激言论属于公共领域发展过程中不成熟状态的表现，随着我国公民意识的觉醒和成熟，以及互联网管理机制的形成与合理化，这些过渡性的不成熟状态是会消失的）。经过公共辩论与说理，社会主义核心价值观会被更加深入地理解，面对转型期"诚信危机""道德滑坡"等社会问题，人们会更加自觉地意识到社会主义核心价值观培育的重要意义，也会更加积极地讨论和看待社会主义核心价值观，这就为实现社会主义核心价值观内化奠定了心理基础。

第二，新媒体公共领域培育社会主义核心价值观的实现方式。新媒体公共领域实现价值观内化的方式有两种：正面宣传和反面批判。新媒体公共领域的正面宣传不仅仅局限于我们官方的宣传，还包括对各种典型的案例的讨论，讨论会让参与者的思考更加深入，这种深入的思考有可能触动其心灵，所以公共领域里的宣传效果可能会更好。反面批判是新媒体公共领域培育价值观念的重要方面，转型期的中国，"道德危机"事件比较频繁，每次这样的事件都会在新媒体公共领域引发热议，所谓的热议更多的是批判，比如最为典型的就是对"小悦悦事件"的评论，事件发生的那一

---

① 李永杰、郭彩霞：《社会主义核心价值观发生论研究》，《中共福建省委党校学报》2013 年第 8 期。

段时间里，新媒体的各个公共领域中都在讨论这一事件，都在批判某些人突破道德底线的无情和冷漠。参与这一事件讨论的网民会在讨论中思考，我们的时代到底什么地方出问题了，人们探讨了个人品质、社会风气、社会体制等方面的问题，但不管归因于哪个方面，人们在讨论的过程中都受到了心理撞击，"自己面临这种情景该怎么办？"这种撞击有可能让人们自觉地抵触这种"负能量"，而发挥"正能量"。当然，新媒体公共领域对价值观念的培育是一个长期涵化的过程，其效果不可能立竿见影，价值观的发展本身就是一个长期的过程，所以我们应该从长远打算，充分利用新媒体的积极作用，培育和践行社会主义核心价值观。

三　发挥新媒体积极作用培育和践行社会主义核心价值观

我们需要明确的前提是，"三个倡导"的社会主义核心价值观是对社会主义核心价值的科学提炼，是中国特色社会主义意识形态的核心和灵魂，也是中国特色社会主义经济基础的集中体现。培育和践行社会主义核心价值观要做的是合理地阐释和宣传社会主义核心价值观，以增强和扩大社会主义核心价值观的吸引力和凝聚力。因此发挥新媒体的积极作用，培育和践行社会主义核心价值观要做到如下几点：

第一，掌握新媒体公共领域的运行及传播规律，并自觉遵循这一规律开展社会主义核心价值观培育活动。媒体从传统媒体（主要形式是报刊、广播、电视等单向信息传递的媒体）向新媒体（主要形式是互联网及其他和互联网结合起来的双向互动传递信息的媒体）的发展实现了媒体的革命性变革，新媒体的传播方式与传统媒体比较起来存在显著的差异性，新媒体特点包括：新媒体时代每个人都是信息传播源，受众存在明显的主动性；新媒体传播存在"去中心化""碎片化""分众化"的特点；其传播存在超时空化，真正实现了"零距离""零时间"传播；信息传播即时性强，难以控制；传播速度非常快，一个小小的事件就可能引发"蝴蝶效应"般的连锁效应和放大效应；等等。传统媒体的宣传模式在一定程度上已经不适合新媒体了，要想保障宣传效果就必须使我们的宣传方式适应新媒体的特征。与新媒体相比，传统媒体存在可控性、单向度传播性、受众接受的被动性、信息发布的滞后性等特点。新媒体发展速度很快，但其出现的时间毕竟还很短，所以我们的宣传工作还停留在传统媒体宣传的思维方式上，这在重大事故的报道中已经很明显地表现出来了，长此下去必然会影响宣传工作的公信力。新媒体中可供受众选择的内容极其丰富，一旦我们的宣传丧失了公信力，受众会降低对宣传的关注度，或者根本就不再关注和信任我们的宣传，一遇到我们的宣传，它们就"用脚投票"，不予关注。所以，要想充分利用新媒体在培育社会主义核心价值观中的积极作用，我们就必须深入探讨新媒体运行规律，自觉使我们的工作适应新媒体的运行规律，用适合新媒体的方式进行宣传。

第二，各级党员干部要敢于担当，敢于直面新媒体公共领域。新媒体强大的"人肉搜索"力量曾经让一些"贪腐高官"下马，这使得很多领导干部面对新媒体时心有余悸。而且新媒体公共领域中的见解也很复杂，微博流传这样一个故事，德国留学生雷克面对中国的微博说道，"我说中国还有些不完美，就被骂'臭老外'。我说中国发展的方向是对的，就被骂'洋五毛'。我说家里换了个灯泡而已，被骂个'没有内涵的傻瓜'。"① 总之你说什么，总会有人批评你。而且现在新媒体一边倒的倾向明显，领导干部的言论经常受到质疑和批评，甚至大有"有理也说不清"的趋势，这使得很多领导干部不敢、不愿也不想直面网络，干脆躲起来，不去蹚这潭浑水，所以很多人"奉行明哲保身之道，害怕说错话、表错态而保持沉默，认为多一事不如少一事；有的忽略能力提升，对新的舆论环境一片茫然，躲媒体、怕网络、当鸵鸟。"② 如果每个人都这样不敢担当，不敢直面，那我们就不可能掌握新媒体，更别说利用新媒体培育和践行社会主义核心价值观了。而意识形态工作（社会主义核心价值观是社会主义意识形态的核心）具有"极端重要性"。意识形态是观念上层建筑，是政治上层建筑的集中体现和思想支持，也就是说，我们的意识形态，我们的社会主义核心价值观是中国特色社会主义上层建筑的思想维系，是论证中国特色社会主义道路合理性与合法性的理论基础，如果我们松懈了意识形态工作，任由其他社会思潮肆虐，那么我们的道路将受到威胁，我们的"四个自信"将被侵蚀，所以，各级领导干部要克服畏难情绪，要敢于面对、善于解决棘手的难题，

---

① 《关键时刻敢于"亮剑"——创新我们的宣传思想工作之四》，《人民日报》2013 年 9 月 2 日第 5 版。
② 《当干部不能只会抓经济还要善抓宣传——创新我们的宣传思想工作之一》，《人民日报》2013 年 8 月 27 日第 5 版。

善于"因势而谋、应势而动、顺势而为",要"有守有为、敢于担当、改革创新、虚功实做、建强队伍,以奋发有为的精神状态开创工作新局面"①。

第三,培养健康的新媒体公共领域。首先,提高网民素养。现阶段新媒体公共领域里出现的动辄谩骂、网络暴力等非理性的倾向的根本原因就在于现实中我们的国民素质还有待提高,新媒体中的素养是现实中大部分国民素养的体现,这是社会转型期必然要经历的环节,过于扩大这种不合理性不利于问题的解决,我们要做的事情就是采取务实可行的措施提升国民素养。合格的现代公民才能够支撑起健全的公共领域,公共领域不是独立于人之外的实体,它是人的领域,什么样的人决定了什么样的公共领域。其次,建立健全合理的规范新媒体公共领域的体制机制。权力固然不应该过多地干预公共领域的运行,但也并不是说权力就可以无所作为,实际上健康的公共领域的运行离不开权力的管理,比如对于侵犯他人权利的行为、对于一些非理性行为,公共权力应该及时地予以制止。

第四,整合新媒体公共领域各方面的积极力量,弘扬正能量,传播社会主义核心价值观。《关于培育和践行社会主义核心价值观的意见》强调,要把培育和践行社会主义核心价值观融入国民教育全过程;落实到经济发展和社会治理中;加强社会主义核心价值观宣传教育;开展涵养社会主义核心价值观的实践活动;加强对培育和践行社会主义核心价值观的组织领导。强调要积极整合各方面的力量,大力培育和践行社会主义核心价值观,新媒体公共领域中有很多可以利用的积极力量。可以展开公共说理,价值观的培育是一个"理解"—"产生情感"—"认同"的过程,这一过程不是自发产生的,需要有一个说服的过程,要想说服公共领域的参与者认同接纳价值观念,就要有充分的公共说理。理不辩不明,只有在公共领域的辩论中,参与者才会逐渐认同所辩论的价值观。价值观的形成不光需要理论上说服,还需要情感认同,而具体的典范则是情感认同的重要环节,浸润在充满着令人感动的敬业精神的模范人物或优秀文章和演说中,自己会逐渐被这种精神所感化,所涵养,而这个过程也就是价值观发生的过程,这是一个增加认同,提升自我的过程。如果新媒体公共领域中这类涵养实

① 任仲文编《学习贯彻习近平总书记 8·19 重要讲话精神人民日报重要言论汇编》,人民日报出版社,2013,第 8 页。

践多了，那么被涵养的人也就会多起来，正能量也会得到暗滋潜长。

第二节　新媒体公共领域中的拜金主义

拜金主义是一种消极的价值观倾向，在现实社会中产生了一定的消极影响，在作为现实社会"表象"的虚拟的新媒体公共领域中，拜金主义也产生了一定的影响，对于提升新媒体公共领域对社会主义核心价值观的认同构成了一定的挑战。

一　拜金主义的内涵

拜金主义，按照《辞海》的解释，即"货币拜物教的通俗表述。把金钱作为崇拜对象的观念。主张一切为了金钱，金钱就是一切，把自己价值的大小归结为拥有金钱的多少。资产阶级道德的一种表现，导致损人利己，唯利是图。"[1] 拜金主义把金钱看作是人生的目标，奉金钱为人生成功与否的圭臬，人生的成功就在于拥有大量金钱，相反，没有金钱就意味着人生的失败。拜金主义实际上就是货币拜物教，货币拜物教是商品拜物教的发展，马克思用"拜物教"这个概念来指代这种人生态度十分恰当。拜物教概念对应的英文为 fetishism，原本是一种原始宗教，与"拜神教"相对，把天然的万物视为崇拜对象，赋予其某种超自然的神秘感，并对之产生神秘感、敬畏感、恐惧感，进而顶礼膜拜。商品拜物教是对拜物教概念的借用与引申，它把商品视为崇拜的对象，对其迷信或者盲目崇拜，"商品所体现的人与人之间的社会关系，在以私有制为基础的商品经济和市场经济中，采取了具有奇特的社会属性的自然物的形式，表现为物与物关系的虚幻形式和超自然的、支配人的命运的神秘性质。"这就是商品拜物教，它是人与人之间关系的反映，"商品拜物教是自然经济或产品经济发展到商品经济阶段的产物。商品生产的私人劳动性质使无论是个别生产者还是总体生产者都不能自觉地保持按照社会必要劳动的要求按比例进行生产，社会生产呈现无政府状态，大量表面的和偶然的因素支配着商品的价格的运动，市场盲目自发的势力成为一种神秘的力量，统治着商品生产者。尤其商品向货

---

[1] 《辞海（普及本）》（上册），上海辞书出版社，2010，第 136 页。

币的惊险跳跃，往往酝酿着生产过剩的危机，商品生产者的命运就决定于商品能不能换成货币，货币具有了支配人们命运的神秘力量，商品的神秘性进而发展成了货币的神秘性，货币拜物教由此成为商品拜物教的发展形式。在货币转化为资本的过程中出现了资本拜物教。资本拜物教就是把资本的价值增值看作是物本身具有的'普照的光'的一种错误观念，资本主义社会成了一个着了魔的、颠倒的、倒立着的世界。"① 商品表面上是一个很普通、很平凡的东西，但在资本主义市场经济中却充满了"形而上学的微妙和神学的怪诞"，商品具有了"可感觉而又超感觉"的品质，商品的这种神秘性质到底源于什么呢？马克思讲，这种神秘性明显不是来自使用价值，也不是来源于"价值规定的内容"，而在于商品所反映的社会关系。② 商品表现了人与人的关系，表现为支配人的某种力量，这是商品的神秘性所在。为市场而生产成为社会主导性的生产方式是现代性的核心特征，马克思曾经以人的生存状态为标准把人类历史依次分为"人的依赖性"社会状态、"以物的依赖性为基础的人的独立性"状态和"自由人联合体"三个阶段，③ "以物的依赖性为基础的人的独立性"就是现代社会的人的生存状态，人为物役，物支配人的状态就是一种异化，但却是这一社会状态的客观存在。商品拜物教是这种社会状态的一种表现，甚至可以说是一种极端表现。商品拜物教的进一步发展就是货币拜物教、资本拜物教，资本的具体表现形式就是货币，用于实现增值的货币就是资本。货币是商品的等价物，是交换的终结，正因为它可以与任何物交换，所以它可以兑换成任何物，"货币，因为具有购买一切东西的特性，因为它具有占有一切对象的特性，所以是最突出的对象。货币的特性的普遍性是货币的本质的万能；因此，它被当成万能之物……"④ "万能之物"的身份给予货币以某种权力，权力的本质所在就是控制人的某种资源。资本就是控制人的一种资源，掌握了这种资源就可以控制人，"货币的力量多大，我的力量就多大。货币的特性就是我的——货币占有者的——特性和本质力量。因此，我是什么和我能够做什么，绝不是由我的个人特性决定的。我是丑的，但我能给我买

---

① 徐光春主编《马克思主义大辞典》，长江出版传媒崇文书局，2018，第115页。
② 〔德〕马克思：《资本论》第1卷，人民出版社，2004，第88~89页。
③ 《马克思恩格斯全集》第30卷，人民出版社，1995，第107~108页。
④ 〔德〕马克思：《1844年经济学哲学手稿》，人民出版社，2018，第137~138页。

到最美的女人。可见，我并不丑，因为丑的作用，丑的吓人的力量，被货币化为乌有了。我——就我的个人特征而言——是个跛子，可是货币使我获得二十四只脚；可见，我并不是跛子。我是一个邪恶的、不诚实的、没有良心的、没有头脑的人，可是货币是受尊敬的，因此，它的占有者也受尊敬。货币是最高的善，因此，它的占有者也是善的。此外，货币使我不用费力就能进行欺诈，因为我事先就被认定是诚实的。我是没有头脑的，但货币是万物的实际的头脑，货币占有者又怎么会没有头脑呢？再说他可以给自己买到颇有头脑的人，而能够支配颇有头脑者的人，他不是比颇有头脑者更有头脑吗？既然我有能力凭借货币得到人心所渴望的一切，那我不是具有人的一切能力了吗？这样，我的货币不是就把我的种种无能变成它们的对立物了吗？"① 马克思的这段话是针对上文所援引的莎士比亚的话而发出的感叹。掌握了货币就可以使丑的变成美的，假的变成真的，资本可以混淆真善美与假恶丑之间的边界。货币原本只是交往的中介，远古时代人们的交换是物物交换，货币的发明是为了便于人们的交换，交换的原初目的在于获得另外一个使用价值，所以使用价值是最终目的。但商品经济却颠倒了目的和手段之间的关系，获取更多的货币变成了目的，而生产使用价值却降低为手段，生产物美价廉的使用价值的目的是为积累货币，这就是马克思在《1844年经济学哲学手稿》中的《穆勒评注》所探讨的"交往异化"问题，或者也可以称作"货币异化"，这是对货币拜物教深刻而系统的阐释。

货币拜物教就是拜金主义，它冲击了人类的道德与文明，马克思在《资本论》中曾指出"一旦有适当的利润，资本就胆大起来。如果有10%的利润，它就保证到处被使用；有20%的利润，它就活跃起来；有50%的利润，它就铤而走险；为了100%的利润，它践踏一切人间法律；有300%的利润，它就敢犯任何罪行，甚至冒绞首的危险"②。对于资本的逻辑，马克思也曾经给予了充分的肯定，他曾指出，"资产阶级在它的不到一百年的阶级统治中所创造的生产力，比过去一切世代创造的全部生产力还要多，还

---

① 〔德〕马克思：《1844年经济学哲学手稿》，人民出版社，2018，第139页。
② 〔德〕马克思：《资本论》第1卷，人民出版社，2004，第871页。

要大。"① 但资本在创造巨大生产力的同时，却也激发起了超越人的德性边界的不合理欲望，资本的强大诱惑使一些人视道德与法律如无物，冲击了社会道德规范与法律规则。

马克思在其政治经济学研究中对货币拜物教做出了深入、系统的研究和阐释，这为我们了解货币拜物教提供了重要的理论基础，但作为货币拜物教同义词的拜金主义则在当今媒体上更加为人们所熟悉，所以在接下来的论述中，我们还是使用拜金主义这一概念，以更符合现代人的表达习惯。

二　拜金主义在新媒体公共领域中的表现及其危害

新媒体公共领域是现实社会的表征，虚拟空间是现实空间的反映，虚拟空间中所表现出的各种问题和倾向是现实社会问题的症候，很多问题可能在现实社会没有表现出来，或者表现出来了没有被人所关注，而新媒体公共领域则把有些问题呈现出来，设置成大家讨论的种种议题，使得诸多现实问题被关注、思考和评判。新媒体公共领域的拜金主义是现实社会拜金主义的反映。各种拜金主义表现在新媒体公共领域中都有反映，比如说到拜金主义的时候，经常出现在新媒体的名言有，"天下熙熙，皆为利来；天下攘攘，皆为利往"，"人为财死，鸟为食亡"，"有钱能使鬼推磨"，"金钱万能论"，等等。近年来新媒体中表现比较多的拜金主义，如：第一，炫富的言论、图片和行为。炫富的图片在新媒体中有很多，也很受关注，豪车、豪宅、贵重物品等，炫富的种类也很多，这些现象很多人也只是看看，而且大多数也是带着批判的心态去看的。第二，拜金主义婚姻观。比如"宁可坐在宝马车里哭也不坐在自行车上笑"的言论，还比如网络流传一位浑身戴满了黄金首饰的新娘子照片，手腕上黄金镯子戴了一大串，脖子上的黄金项链也绕了好几圈，整个身上珠光宝气。拜金主义在新媒体公共领域中的盛行产生了一些消极影响。

第一，摧毁崇高，降低道德水准。崇尚高尚的品德和人格是任何文明社会的追求，东西方社会无一例外，在西方，苏格拉底挺拔的人格在哲学史上一直是人们讨论的对象；中国传统儒家追寻"大学之道，在明明德，在亲民，在止于至善"也是对崇高的祈求。中国古代的思想充满着浓厚的

---

① 〔德〕马克思、恩格斯：《共产党宣言》，人民出版社，2018，第32页。

道德教育，其克明俊德，其止于至善，都主张人应该追寻崇高，所谓"至善"就是至高之善，这种善或许一般人难以企及，但只要你是一个人就应该向"至善"靠近。虽然传统社会的道德状况不一定都非常好，但至少传统社会以追寻高尚为荣，这是积极的。社会主义道德更是追寻集体的价值、公共的价值，追寻人类的自由和解放。但社会主义市场经济的发展，尤其是市场经济的一些负面影响是导致拜金主义的重要根源。众所周知，"理性人"的假设是市场经济的基础性假设，每个人追求自我利益最大化，市场经济才能够运行，价格才会随着价值上下波动，价值规律才会正常存在，但"追求自我利益最大化的理性人"在一定程度上也是拜金主义的基础，尤其是在缺乏对拜金主义有效引导和积极制衡的情况下，拜金主义就开始出现并逐步盛行。拜金主义与合理的"利益观念"不同，后者是市场经济的基础性观念，前者则是道德水准下滑的表现之一。利益是关涉道德建设的重要因素，毋宁说道德建设所纠结的就是如何合理处理利益问题，宋明理学所倡导的"存天理灭人欲""以理制欲"的道德口号就是用道德规则约束利益，"欲"更多的是私人利益。市场经济的发展，尤其是像我国这样的市场经济发展的时间还比较短，还存在不健全、不完善之处，这为拜金主义的出现提供了一定的基础。

改革开放以来，拜金主义逐渐抬头并大有盛行的趋势，这种趋势在新媒体公共领域也有较为充分的表现：①拜金主义在新媒体公共领域中表现在很多事件上，比如人所周知的"宁可坐在宝马车里哭也不坐在自行车上笑"的雷人语句在网上传播，此语出自江苏电视台一个相亲栏目《非诚勿扰》中的一位女嘉宾，旋即成为新媒体热议的主题。之后，相关的视频、图片在新媒体广泛传播。新媒体的关注与传播虽然也带有批判与讽刺的意味，但这句话实际上也确实反映了部分人的择偶标准，择偶首先看的是你有没有车，有没有房，外在的物质因素成为择偶的主要标准。②拜金主义在一定程度上渗入了人们的集体无意识之中，在人与人的交往中，拜金主义已经成为人们不经意流露出来的一种倾向和趋势。马克思讲，人类历史将依次经历"人的依赖性""以物的依赖性为基础的人的独立性""自由人联合体"三个阶段，[1]我们所处的历史阶段大致相当于马克思所讲的第二个

---

[1]　《马克思恩格斯全集》第30卷，人民出版社，1995，第107页。

阶段，"人依赖于物"是这一大时代的基本特质，但过于"物化"将终致拜物教。应该说重视物的价值是现代社会的共性，但对物质的过度重视则会对社会产生消极作用。③拜金主义不仅拉低了道德水准，甚至还触碰了道德底线。微信、微博等新媒体公共领域爆料了很多为了赚钱而丧失了道德良知的现象，比如蔬菜农药超标、使用地沟油、商品以次充好、假冒伪劣、坑蒙拐骗等现象经常见诸新媒体的各种形式中，新媒体曝光这些现象当然是意在批判和讽刺，但这些现象的增多也表明拜金主义对社会的危害在增大。

第二，解构真善美，败坏社会风气。积极健康的社会应该弘扬真善美，鞭笞假恶丑，古今中外皆是如此。我们中华民族历来重视德性修养，但拜金主义在一定程度上损害了社会风气。拜金主义导致了如下社会风气：①物质主义风气。人的生活可以分为内在的精神生活和外在的物质生活两个层面，人的幸福固然离不开物质，但内在的精神生活对于幸福也非常重要，甚至对于个人幸福而言，内在心灵的平静比外在的物质生活更重要。拜金主义的存在及其在一定程度上的盛行助长了物质主义，历史上任何社会的主流风气都是拒斥物质主义的，当然这并不意味着这个社会不存在贪鄙之人，但主流群体的主流观念基本都主张抑制物质贪欲，弘扬高尚的价值追求。但当代社会的物质主义却大有成为社会主要风气的趋势，正如卢风指出的那样，当代社会的价值取向层面存在如下三个侧面："以赚钱为志业的人们成为社会中坚"，"'资本的逻辑'成为支配现代社会建制的'逻辑'"，"物质主义价值观成为主流价值观"。① 这三个"面相"实际上与物质主义有着直接的关联，追求物质财富的增值成为人们的"主业"，其他如自我修养的提升、内在心灵的安顿、精神世界的充实似乎都被物质主义所淹没。②功利化社会风气。拜金主义影响了整个社会风气，使得很多方面越来越功利化。教育方面缺乏人文修养的教育，而是以应试教育为主，以提高成绩为主要目的，甚至个别的教育者以能够挣大钱、住豪宅、开豪车为教育目标。某经济学院教师的"没有 500 万不要说是我学生"的言论曾经在网络流传。在科学研究领域，一些学者热衷于发文章、出著作、拿项目、拿奖项，学者向往学术成就和学术地位本无可厚非，但一些人不是把心思放在深化学

① 卢风：《启蒙与物质主义》，《社会科学》2011 年第 7 期。

术研究上，而是热衷于跑关系、拉大旗，学术风气被搞坏了。个别领导干部热衷于搞政绩工程，劳民伤财又不切实际，损害了国家利益。这是整个社会功利化的表现。③真善美的东西被淡化。良好的社会风气必然弘扬真善美，贬抑假恶丑，拜金主义则在一定程度上败坏了风气。在我国的传统社会中，"天下兴亡，匹夫有责""穷则独善其身，达则兼济天下""位卑未敢忘忧国"是整个社会的导向，文人以"为天地立心，为生民立命，为往圣继绝学，为万世开太平"自期，武将则以"大丈夫战死沙场，马革裹尸，报效国家"为荣。虽然传统社会也不乏卑鄙小人，但从整个社会风气来看，大多数人还是主张这些高尚的价值，以这种风尚教育子女，树立家风家训垂范后世的。但在当下的新媒体公共领域中，很多人觉着谈论这些"高大上"的价值很虚伪，甚至不好意思堂而皇之大谈特谈。曾经的那种集体主义价值观，助人为乐的风气，淳朴的社会关系，人与人之间的情感与金钱没有多少直接的关系，一个人再有钱也不会趾高气扬，看不起穷人的社会风气逐渐被拜金主义所侵蚀。

　　第三，消解情感，使人际关系物质化。马克思、恩格斯在《共产党宣言》中讲到，"资产阶级撕下了罩在家庭关系上的温情脉脉的面纱，把这种关系变成了纯粹金钱关系"，资产阶级"使人和人之间除了赤裸裸的利害关系，除了冷酷无情的'现金交易'，就再也没有任何别的联系了。它把宗教虔诚、骑士热忱、小市民伤感这些情感的神圣发作，淹没在利己主义打算的冰水之中"。[①] 也就是说在资本主导的社会中，人与人之间的情感被资本所解构，人与人之间的情感越来越淡漠，变成了"冰水混合物"。资本主导的社会必然出现这种趋势，中国特色社会主义市场经济必然存在资本逻辑，资本逻辑的负面影响在一定程度上引起人际的冷漠化。人际情感的冷漠化有三个相互关联的层面：①人际关系的理性化。理性是现代性的核心观念之一，理性本身有多重含义，可以是认知的深刻性，从感性认识上升到理性认识；可以是态度的去情感化，比如说某人比较理性，一般不会感情用事，在这里理性和理智相近；理性也可以表现为追求利益最大化的资本逻辑，古典政治经济学"理性人"假设就是在这个意义上使用理性概念的。相对于前现代社会人际关系的"情感本位"，以市场经济为基础的现代社会

[①] 〔德〕马克思、恩格斯：《共产党宣言》，人民出版社，2018，第30页。

必然会出现人际关系理性化的趋势，人际关系的热度逐渐被物质主义的"冰水"降温，人与人之间既没有前现代那样情感本位化，也不存在坑蒙拐骗的损人利己行为，合理的现代性不应该有这些不合理现象。人际关系的这种理性化是现代化的合理因素，不必过度批评和贬低。②人际关系物质化、金钱化、功利化。上述第一点的表现或许是人人都忙于自己发家致富的事业，没有时间交往和沟通，或者说交往和沟通也更多的是为了谈生意，为了物质而进行的交往降低或者说消解了情感沟通因素。人际关系的金钱化、功利化则将人际关系视为实现资本增值的手段，之所以热衷于交往和应酬，其实质并非为了建构情感，而是以此为手段实现自我利益最大化，把人际关系当成了赚钱的手段。所谓的"关系资本""社会资本"就是从"资本"的角度来理解关系，使人际关系沾染太多的铜臭味。③为了物质利益而损害了人际情感的倾向。人与人之间物欲横流、尔虞我诈，不仅没有融洽的人际关系，而且还导致了以邻为壑，人与人之间的对立和欺诈。比如"小悦悦"事件，事发后十几个人从旁边过去，但没有人伸出援手，哪怕是打个急救电话。再比如为了物质利益而不择手段，从"杀生"转向了"杀熟"，对亲朋好友等进行坑蒙拐骗，甚至为了自己的利益不惜反目成仇，乃至于兄弟姐妹为了争夺财产而对簿公堂，甚至还有父母子女为了争夺利益而打官司告状的。这些都是拜金主义对人际情感的影响。

三 拜金主义的根源

拜金主义消解着社会的正能量，是社会主义核心价值观培育的障碍之一。要正确应对这股力量就应该明确这股力量的存在原因。

市场经济的负面影响。市场机制的基础是利益机制，市场经济必然重视利益，但如果利益观念被过分看重则容易趋向于拜金主义。对于利益问题，中外思想史都给予了高度重视，利益问题的核心之一就是公私问题，即公共利益与私人利益之间的矛盾。总体而言，古代社会更偏于公，认为人的本质所在应该是公共领域，为公共事业而奋斗才是真正的人的行为；而现代社会，自启蒙运动以来，私的观念就得到了充分的张扬，启蒙就是要调动主体意识，主体意识裹挟着私的观念成为现代社会的共识，私人权利、私人利益等私的东西被合法化，甚至神圣不可侵犯，这为私的过度张扬打开了魔瓶。私有观念的启蒙再加上市场经济的诱导使得拜金主义走向了前台，甚至出现泛滥趋势，但市场经济经过一段发展之后，人们在反思中又力图把"公共"的观念恢复起来，西方一些企业家在获得成功之后转向了慈善，转向为人类进步做善事，这虽然包含宗教的因素，但不可否认也是对市场负面作用的反思。资本追寻自我利益最大化的逻辑是一支强大的力量，它曾摧毁了诸多阻碍历史进步的观念与制度，但也充分激发起来人们的拜金主义，这就是市场的负面作用，这种负面作用在市场经济不完善，市场经济发展的时间不长的情况下会更加明显。

消费文化的影响。现代社会的消费社会特征日益凸显，消费社会根源于资本的力量，资本的力量在于追求增值，但要实现增值，商品就必须出售，商品只有出售出去才能使资本实现"惊险的一跃"。资本主义生产力的发展使得所生产的产品越来越多，消费就成为一个关键问题了，如何让这些产品被出售，被人们所消费，就是资本所要化解的现实问题。为了实现商品的价值，资本通过创造种种虚假的需要来刺激消费。一些女孩子明明衣柜中已经有很多衣服，而且也都很新，怎么让她们消费呢？资本创造了"时尚"这一概念，"时尚"的周期很短，一款衣服只"流行"一段时间，这段时间过后就不时尚了。广告的宣传使得时尚观念深入年轻女孩子之心，女孩子要追赶时尚，否则就落伍了，这些都是为了提高消费欲望而建构起来的观念。这些观念使得那些衣柜中已经塞满了衣服的女孩子还有旺盛的购买需求，这种需求是资本创造的虚假需求。而且广告引导人们从使用价值的消费转向了"符号"的消费。你是有身份的人，有身份的人当然要穿名牌服装，海澜之家是"男人的衣柜"，再加上各种明星代言和广告，这个品牌就象征了品位和地位。符号代表着身份，象征着高贵，也创造了品牌的价值，但这些都是资本在作祟，消费社会完全颠覆了勤俭节约的优秀传统。

缺乏对拜金趋势的文化制衡力量。拜金倾向在前现代社会也存在，但传统社会有一套禁欲主义的教育和文化宣传，这些文化宣传就是对拜金主义的制衡，比如传统社会的以理制欲的理欲观就是一种制衡拜金主义的文化机制。追求物质是人之常情，在物质贫乏时代，人们对物质利益会看得更重，但传统文化的禁欲主义在一定程度上制衡了拜金主义的过度泛滥，虽然社会上存在拜金主义趋势，但不会过度泛滥，忠孝仁义礼义廉耻的价值还是要的，在物质与良知的摇摆和算计中，道德良心还是会发挥很大作用的。现阶段我们的思想道德教育没有很好地发挥制衡拜金主义的作用，学校教育、家庭教育和社会教育普遍存在重视知识教育从而忽视道德教育的问题，这使得道德教育或者被忽视，或者流于形式，没有真正入心入脑，也就不可能发挥制衡拜金主义的作用。

四 拜金主义对社会主义核心价值观培育的阻滞

与自由主义、"左"的思潮不同，拜金主义并不直接涉及国家政治制度问题，它更多的是个体自我价值观态度问题，对社会主义核心价值观的培育和认同将会产生重要的影响。

拜金主义张扬了个体私利，也助长了享乐主义，使个体更多地沉浸在自我的世界中，相对忽视了国家和社会的价值。社会主义核心价值观固然也张扬个体层面，但它更多的是对国家和社会的重视，国家的富强、民主、文明、和谐，社会的自由、平等、公正、法治都应该是个体公民内化于心的价值追求，而且社会主义核心价值观在张扬个体层面的时候更多的是强调个体对社会、国家的义务和责任，爱国、敬业、诚信、友善都不只是个人私德，而是个体对社会和国家的情怀。社会主义核心价值观所体现的是社会主义原则、集体主义原则，而拜金主义的盛行使得一些人只关注自我利益，其他的价值都被虚化，不在他关注的范围内，如果处于这种状态的人很多的话，那么社会主义核心价值观就会被搁置，或者被口头化，即只停留于人们的口头，而无法进入人们的心灵和头脑，提升社会主义核心价值观认同就会流于形式。

所以拜金主义是提升新媒体公共领域对社会主义核心价值观认同的一个敌人，要提升新媒体公共领域对社会主义核心价值观的认同就应该积极应对拜金主义的影响。

第三节 新媒体公共领域中的民粹主义

民粹主义现象和关于民粹主义的讨论由来已久，它曾经在整合弱势群体力量，增加弱势群体筹码，从而制衡某些强势群体，以维持社会均衡方面发挥了积极作用，但是它的弊端也是明显的。近年来，随着新媒体的快速发展，民粹主义开始在新媒体公共领域呈泛滥态势，它以辛辣的冷嘲热讽、机智幽默的段子调侃专家、丑化官员、渲染仇富心理、批判社会体制、消解政策规章,① 宣泄鼓励非理性主义，易于引发公共事件，扰乱社会秩序，影响政府决策。

一　基本概念厘定

民粹主义对应的英文是 Populism，也可以译作平民主义，是一种政治思潮，迄今为止，人们还不能为民粹主义下一个准确的定义，塔格特在《民粹主义》一书中指出，"民粹主义有一个基本的特征：即概念上的尴尬的不确定性。对于不同的社会群体，有的认为它极具价值，有的则视之为毫无意义、空洞无比。精英人物认为它是极富魅力而又令人厌恶、危险的现象。"② 总体上讲，民粹主义是一种极端强调民众的价值，泛道德、泛情感的，甚至是反理智的、极易煽动民众情绪的，立场多变的社会思潮。自由主义、老"左"等思潮常常被民粹主义当作理论立场和工具，民粹主义常常表现为如下几种倾向：首先，民粹主义极端强调民众的价值，崇尚、信仰"人民"，并将民众和精英对立起来。强调人民群众的价值没有错，民粹主义的错误之处在于它把民众的价值强调到了极点，这也就把精英摆在了民众的对立面，"民粹主义认为平民被社会中的精英所压制，而国家这个体制工具需要离开这些自私的精英的控制而使用在全面的福祉和进步的目的上。"③ 实际上民粹主义所崇高的"人民"也只是一个抽象概念，它们处处打着抽象"人民"的幌子抢占道德制高点，以"底层民众"代言人的身份自居，对各种权威、精英甚至是体制指手画脚。民粹主义在西方更多地强调全民公决权、全面的创制权等内容，比如英国脱欧事件就有着浓厚的民粹主义因素潜藏其中。在我国，现阶段存在着"大闹大解决，小闹小解决，不闹不解决"的问题解决趋势，"散步""游行""围堵政府大门"等事件时有发生，这在一定程度上也有民粹主义的因素，尤其是当他们成功之后，目的的实现反而强化了他们的民粹情绪，刺激了民粹主义的进一步扩大。其次，民粹主义具有泛道德倾向，在很多问题上它往往以道德制高点自居，并以此煽动民众的非理性情绪，利用民众的情感掀起排山倒海式的轩然大

① 王娟：《论网络段子中的民粹主义倾向》，《学习月刊》2014 年第 16 期。
② 〔英〕保罗·塔格特：《民粹主义》，袁明旭译，吉林人民出版社，2005，第 1 页。
③ 陈龙：《当代传媒中的民粹主义问题研究》，中国广播影视出版社，2015，第 10～11 页。

波。在"大多数人是正确的,大多数人是合理的"理念支配下,民粹主义非理性地反对精英,反对权威。比如"杨佳袭警案"之后,很多网民声援杨佳,甚至称其为"义士",要求法院无罪释放,或者轻判,虽然杨佳袭警事出有因,但毕竟杀害 6 名无辜警察,应该理性地看待这件事,但民粹主义则情绪化、非理性地表达其不合理的要求,甚至左右法院的审判工作。最后,民粹主义常常借助于某种公共事件,在对公共事件的分析中把情绪宣泄在对权威的批评上。在我国,民粹主义常常隐藏在对群众路线、群众史观的片面理解中,打着"人民群众是历史的创造者"口号,大兴民粹主义之实。民粹主义和群众史观虽然都强调人民群众的地位,但二者存在本质的区别:民粹主义把群众强调到了极端,并把群众和精英对立起来,而群众史观在强调人民群众是历史的创造者的同时并不否定历史人物(精英)的作用,并认为人民群众和历史人物是辩证统一的,历史人物来源于人民群众,历史人物只有顺应了历史发展趋势才能够成功,而且唯物史观也毫不讳言民众的弊端,非理性的乌合之众是不可能创造人类历史的。应该说,民粹主义有其合理因素,它肯定了人民群众的历史作用,尤其是在当代,民粹主义整合了弱势群体的力量而制衡了日益强大的资本、权力的力量,在保持社会均衡方面发挥了积极作用,但民粹主义的负面影响是很明显的,它激发了民众的非理性情绪,影响了社会秩序,干扰了政府的正常决策,等等。

二 新媒体公共领域中的民粹主义表现

传统媒体时代,由于信息传播手段落后,民粹主义的影响不会太大,尤其不会在短时间内掀起轩然大波。新媒体的出现掀起了一场传播革命,传播手段的革命推动了信息时代的到来,以互联网为依托的新媒体提高了传播速度、传播广度和传播力度,这种传播手段为民粹主义的传播提供了便捷的传播渠道,扩大了民粹主义的影响。

新媒体公共领域中的民粹主义表现在诸多方面:

第一,网络段子中的民粹主义。在手机微信等新媒体中,各种幽默风趣而又极具辛辣的讽刺意味的段子十分流行,具有民粹主义倾向的段子最大的特征就是批判权威。面对新闻中权威人士所做的解释,网络段子极尽调侃讽刺之能事,戏谑地称其为"砖家""砖渣";面对官员,段子则极力讽刺、丑化;扩大公共事件中的富人身份,大力渲染仇富心理,甚至批判体制，解构政策规章的权威，等等。网络段子多出自民间"高人"，他们了解现实，对现实问题具有犀利的眼光和辛辣的叙事方式，反映现实，针对性强，能够博得受众会心一笑，而且还会让受众认为这些段子思想深刻，进而较为信服段子所宣扬的观点。虽然这些段子对批判现实，唤起民众对社会问题的关注具有重要的积极意义，但段子的嬉笑怒骂及其批判面的扩大化降低了社会认同和社会整合度，不利于社会的健康和谐发展。

第二，批评性文章中的民粹主义。批评性的文章多见于论坛、微信群、QQ 群等公共空间，文章多是对社会问题，或者对某个事件所发表的评论，其叙事方式以批判为主。在互联网上影响比较大的一些论坛每天都会发表大量的文章，文章的内容很广泛，社会、经济、生态、文化，甚至养生等几乎无所不包，关注现实、批判现实的文章占有相当的比例。这类文章多与自由主义、老左派等社会思潮相结合，以这些思潮所持有的立场批判我国转型期所出现的问题，尤其是针对收入差距过大、食品安全、道德滑坡、环境污染、个别官员腐败等问题发表批评的文章，并以此批评我们的改革开放。新媒体公共领域中的很多批判性文章都是以某种社会思潮为分析工具批评体制，解构权威，他们的批评具有一定的合理性，但他们的出发点和立场是有问题的，他们更多的是为了宣泄，为了"仇富""仇官"，而不是理性地提出建设性的意见。

第三，公共事件评论中的民粹主义。近年来，各类群体性的公共事件呈现增多趋势，尤其是新媒体的参与使得很多公共事件变得异常复杂。在新媒体上，曝光了的公共事件后面会有大量的评论性跟帖，这些评论性跟帖在一定程度上也渗透着诸多民粹主义因素。学者陈龙指出，网民在网络公共空间的评论中存在着如下几类民粹主义倾向：①夸大事实，"往往选择数量、规模、程度等具有轰动效应的内容来加以渲染。"②猜测、演绎，"当一起事件发生尚未有结论时，往往会有人充当'意见领袖'，来演绎事件的过程、原因、结论，而这种演绎，又常常是朝着能调动舆论的方向演绎。"③内幕解读，"以知情人身份，将某些百姓不熟悉的领域、盲区加以貌似专家般解读，表述往往将网民所熟知的信息串联起来，形成逻辑上的'证据链'从而引发广泛的认同，激发民众的情绪。"④移花接木，"往往以讴歌社会底层来达到批判权贵的目的"，典型的例子比如"最美乡村女教师""最美的哥""最美民工"等。① 在相当程度上，这些评论是具有合理性的，所以这些言论具有一定的影响力，新媒体公共空间的言论浩如烟海，不合理的、胡搅蛮缠的言论也不可能被人们认同，但这些言论过度夸大了某些方面，强化了阶层界限、对立心理和敌视某些群体的情绪，不利于社会的健康和谐。

第四，网络恶搞中的民粹主义。在新媒体公共领域，有很多恶搞的图片、视频让人们捧腹大笑，但这些恶搞在博得人们一笑的同时很大程度上解构了崇高、消解了伟大。比如网上曾经流行过恶搞诗人杜甫的图片，小学课本上曾经有诗人杜甫的画像，但有些人在画像上添了一些涂鸦，从而产生了很多个版本的杜甫画像。图片原本表现了诗人忧国忧民的形象，但这些被恶搞后的图片，有的是诗人骑着摩托车，有的是诗人戴着墨镜，有的是嘴里叼着烟卷，甚至还有一个是骑着自行车，后边载着一位性感美女……本来，杜甫的诗歌很有教育意义，是对现实的真切关怀，但图片这么一恶搞，崇高、伟大消解殆尽。

三 新媒体公共领域中的民粹主义特点

新媒体的出现使得民粹主义如虎添翼，学者邹诗鹏说，"网络时代无疑加剧了民粹主义，甚至于与网络的结盟，已经出现了所谓网络民粹主义思潮。"② 其影响借助于新媒体得到充分扩展。新媒体公共领域中的民粹主义有如下特征：

第一，传播速度快、影响广泛。2020 年 4 月中国互联网络信息中心（CNNIC）发布的《第 45 次中国互联网络发展状况统计报告》显示，截至 2020 年 3 月，中国网民规模达 9.04 亿，互联网普及率达到 64.5%。手机网民规模达 8.97 亿，网民中使用手机上网的人群占比由 2018 年底的 98.6% 提升至 99.3%。③ 互联网普及率的提高为民粹主义的影响扩大提供了有利的工具。比如手机微信就是一个能够快速传播信息的新媒体公共领域，微信自产生以来便得到了飞速发展，现在已经成为很多人生活中必不可少的一部

① 陈龙：《当代传媒中的民粹主义问题研究》，中国广播影视出版社，2015，第 145~146 页。
② 邹诗鹏：《三十年社会与文化思潮》，复旦大学出版社，2012，第 73 页。
③ 《第 45 次〈中国互联网络发展状况统计报告〉》中国互联网信息中心，http://www.cnnic.net.cn/，最后访问日期：2020 年 6 月 20 日。

分，"低头族"已经成为社会的一种常见现象。微信的出现使得浏览、传播信息更加便捷快速，一条微信可以在短时间内获得几何级数的传播。那些带有民粹主义倾向的言论具有一定合理性且能够激发起民众某种情绪，其影响是深刻而巨大的。

第二，摇摆于理性与非理性之间。民粹主义的论证貌似符合逻辑，有一定的道理，而且民粹主义对社会问题的批判有助于制衡某些强势群体，使其不敢肆意妄为而有所畏惧，有一定的积极意义。比如网络对"表哥""房叔""天价烟局长""微笑局长"的曝光以及人肉搜索使得有些人很注意外在表现，畏惧网络舆论，但民粹主义的结论却存在激发人的非理性情绪的趋势。对于民粹主义，有时候我们很难用对与错评判或者指责，因为它总是对与错、合理与不合理的混合，有时候合理因素占得更多一些，而不合理的因素只占一点点，而有时候不合理因素占主导，而合理因素较少。具体到某个论坛或者某条评论、文章或者微信，我们不能一概而论地认为这是民粹主义，是不合理的，而应该具体分析其民粹主义的因素有多大。不仅如此，民粹主义本身也是飘忽不定，缺乏一以贯之的坚定立场的。有学者指出，民粹主义就是一个变形金刚，"它瞻之在前，忽焉在后，看似在左，倏忽在右，今天要平等，明天就要特权，一会儿是民主主义者手里的讲稿，一会儿是独裁者……"①

第三，易于博得受众的认同和理解。民粹主义以凸显民众地位，批判解构精英权威等强势群体的地位为主要宗旨，所以他们容易得到普通民众的理解和支持。民粹主义行为之所以能够激发出一种非理性的理论，根源于具有相同心理的人群聚集在一起能够产生"法不责众"的效应，明明知道砸别人的车是违法行为，但在"爱国主义""抵制日货"等具有道德优先性的口号的激励下，一些人竟然置法律于不顾，做出了非理性行为。而且，即便这些砸车的人受到了惩罚，他们的行为仍然会得到一些具有民粹主义倾向的人的支持和赞赏，这是一种集体违法行为。这是民粹主义破坏社会秩序、危害社会的表现。但因为民粹主义以人民大众为理念后盾，所以他们的行为很容易被认同和理解，即便人们知道这种民粹主义行为是不合理的，但也在心理上支持这种行为。

---

① 吴稼祥：《民粹主义的三只手》，《南方周末》2008 年 4 月 24 日。

第四，潜在地影响着人们对转型社会的认识。民粹主义具有一定的不自觉性，对权威的解构或者谩骂经常是近乎随口说出来，而不是深思熟虑的结果，它甚至在一定程度上是集体无意识的表现。所以这样的行为或者言论容易被人们所接受，但民粹主义的言论容易造成社会的分裂，强化权威与民众、富人与穷人、官员与人民群众之间的边界，使得人们在心理上把自己归结为弱势方而对另一方产生敌视、不满甚至仇恨的心理。一方面，处于转型期的我国确实出现了诸多社会问题，如食品安全、诚信危机、道德滑坡、官员腐败、收入差距过大等，这些问题容易造成社会的失序；另一方面，民粹主义人为地从心理上把人们对社会问题的感知夸大了，有可能误导人们，尤其是误导社会大众对我国社会转型的感知，而这种误导是不利于经济社会和谐发展的。一个最为明显的不利后果就是阻隔社会共识的形成。现阶段的我国，社会共识在减少，这是客观现实，而民粹主义"通过敏感议题话语，阻断社会共识、强化社会对立。"① 民粹主义的盛行从思想意识上把群体之间的边界划分得十分清晰，激发社会对立心理，诱发社会的撕裂，使得达成共识的难度更大。

第五，各种民粹主义观点会因"沉默的螺旋"效应而扩大。充斥着民粹主义因素的段子、文章、视频、搞笑图片等本身确实有一定的合理性，是对社会丑恶现象的批评，而且他们往往以道德制高点自居，这种情况更加强化了"沉默的螺旋"效应。所谓"沉默的螺旋"主要是心理压力使然的效应，在一个网络公共空间中，大家都持某种观点，少数不赞同这种观点的人就会有一种心理压力，以至于不敢表达而保持沉默。在"沉默的螺旋"效应影响下，当民粹主义观点在新媒体公共领域盛行时，理性的声音被埋没和压制，这使得民粹主义的非理性因素就像滚雪球一样快速膨胀，任何引导和阻止这一趋势的企图都如螳臂当车一般无力。

四　用社会主义核心价值观引领新媒体公共领域民粹主义

民粹主义在新媒体公共领域中的盛行给人们的思想文化领域造成了一定的混乱，所以引导民粹主义向积极向上的健康方向发展势在必行，但这一工作面临巨大的挑战。挑战来自两个方面：第一，来自民粹主义本身。

---

① 孟威：《民粹主义的网络喧嚣》，《人民论坛》2016 年第 3 期。

民粹主义以反权威著称，以道德制高点、"人民"代言人自居，对于主流媒体的引导力量，他们嬉笑怒骂，通过扣帽子、压制不同意见、渲染情绪、甚至谩骂和恐吓等惯用方式予以嘲讽，我们所做的努力本身就被他们当作某种权威来解构，所以，积极的引导很难发挥作用，而且，我们的努力本身也会被当作不同意见而遭到压制。第二，来自新媒体公共领域。新媒体公共领域的参与者是平等的主体，它不像传统媒体，传统媒体的受众都是被动接受，受众没有机会反驳或者评论媒体的声音，而新媒体具有互动性，参与者是平等的主体，即便我们想引导这一思潮，我们的声音也只是众多平等的声音中的一种，如果新媒体公共领域中的话语权掌握在持有民粹主义的参与主体手中的话，我们的理性声音还只是一支微弱的力量，随时都可以被边缘化，或者被冷落、置若罔闻。

　　引领新媒体公共领域确实困难重重，但困难不应该是不作为的理由，面对这些消极力量，我们应该创新宣传方式，积极探索更加适合新媒体的引领方式。笔者认为，应对新媒体公共领域中的民粹主义，我们应该做如下努力：

　　第一，发挥社会主义核心价值观正面引领作用，自觉抵制民粹主义社会思潮。民粹主义等各种非主流社会思潮的滥觞甚至泛滥固然有多种原因，但我们自身精神世界不够充实，社会主义核心价值的引领作用没有充分发挥是最重要的根源。一段时间来，我们的发展偏重于关注经济社会发展，而相对忽视了思想文化建设，人们的腰包鼓了，但精神世界没有得到应有的充实；经济水平得到了快速提升，而道德水准却没有得到较快提升。由此导致了诸多社会问题，各种非主流的社会思潮的沉渣泛起就是在这种背景下发生的，这就需要我们积极培育和践行社会主义核心价值观，真正使社会主义核心价值观生活化，入心入脑，成为引领整个社会思潮的主导价值观念，只有自身的免疫能力提高了，人们才会自觉抵制各种非社会主义的社会思潮。

　　第二，深入研究民粹主义的各种表现，让人民群众明白它的危害性。民粹主义之所以影响巨大，一个重要原因就是它抢占道德制高点，并以"底层民众的代言人"自居，这很容易获得民众的理解和同情。为了让那些被民粹主义逻辑引向歧途的民众自觉认识到民粹主义的弊端，我们的理论界应该深入研究民粹主义，尤其是要讲清楚民粹主义的各种危害，马克思曾经说过，"理论只要说服人，就能掌握群众；而理论只要彻底，就能说服人。"① 要让人们面对民粹主义保持清醒、理性的头脑就要让普通民众明白民粹主义的弊端和危害，让民众对民粹主义产生抵御心理，只要我们研究得透彻，大多数人是会对民粹主义形成冷静、理性的认识的。不仅要说明民粹主义的危害，还要讲清楚民粹主义的种种表现，大多数的民粹主义是掺杂在对现实问题的批评中的，很多批判看似很有道理，很能博得大家的同情，而实际上只是打着抽象的"人民"的旗号，来操控、宰制民众情绪的一种社会思潮，只要人们明白了民粹主义的种种表现方式，就能够对之产生清醒认识，逐渐地从被民粹主义情绪操控的状态下解放出来。当然，改变民众的看法是一个长期的过程，而制服民粹主义也需要一个过程，不可能在短时间内完成。

第三，推进现代化进程，尽快消除现阶段的种种社会问题。社会意识是社会存在的反映，现阶段民粹主义之所以盛行的一个重要原因就是我国处于矛盾凸显期，各种社会问题比较多，而且有的问题表现得还很突出，收入差距过大、诚信问题、道德问题、食品安全、官员腐败，等等，这些问题的存在客观上给民粹主义的盛行提供了现实基础。其实，任何一个国家在走向现代化的过程中都会出现诸多社会问题，亨廷顿在《变化社会中的政治秩序》一书中指出，"现代性孕育着稳定，而现代化过程却滋生着动乱。"② 也就是说，现代化是一个充斥着矛盾的过程，亨廷顿的观点可以在很多国家得到印证，英、美、法等已经经历过现代化过程的发达国家都曾出现过大量的社会矛盾，而我国的社会转型也不可能例外，所以出现社会问题是正常的，关键是要尽快完善社会的体制机制，实现现代化，这些问题就会逐渐消失。随着社会逐渐超越了社会发展的这个阶段，民粹主义也会逐渐地偃旗息鼓，或者仅仅处于边缘化的态势。

第四，在论坛等新媒体公共领域开展关于民粹主义的讨论，让人们在讨论中理解民粹主义的危害性。理不辩不明，规避民粹主义危害性的关键是要让普通民众理解民粹主义的弊端，而新媒体公共领域的讨论则是宣传

① 《马克思恩格斯全集》第 3 卷，人民出版社，2002，第 207 页。
② 〔美〕塞缪尔·P. 亨廷顿：《变化社会中的政治秩序》，王冠华等译，三联书店，1989，第 38 页。

我们正面主张的重要方式，这就需要媒体人，尤其是各大网站负责人以及其他有能力影响新媒体公共领域的人担负起社会责任，利用他们的议程设置能力有意识地设置某些关于民粹主义的讨论，让新媒体公共领域的参与者在讨论中认识民粹主义，并在理性认知的基础上自觉调整自己的立场。民粹主义情绪有时候会不自觉地影响人们，尤其是在"沉默的螺旋"效应响应下，很多人虽然心里有一定的疑虑，但还是默认了它的影响，只有我们关于民粹主义的批评占了主导地位，形成对民粹主义反"沉默的螺旋"效应，人们才会自觉抵制并参与批判民粹主义的错误影响。

第五，充分利用教育、文化等领域的化人育人功能，提高新媒体公共领域参与者的素养。一个有着强烈理性精神的人是不会随意被非理性的冲动所左右的，正因为很多网民素质不太高，理性精神不够健全，才使得很多民粹主义的行为得到广泛的回应和支持。很多网民本身就是所谓的"底层人民"，接受的教育不是太多，而且接受的教育更多的是应试教育，理性修养偏低，这是民粹主义盛行的民众基础。我们应该通过教育（不仅仅是学校教育，也包括广泛的社会教育）提高普通民众的理性修养，只要大多数人能看穿民粹主义的本质，它就不会再在网上兴风作浪。理性精神的培育是一个复杂的过程，从根本上来说，现代化是理性精神形成的根本，现代化过程中的市场经济、民主政治、理性文化都是理性精神形成的根源，但我们的现代化不同于原发性现代化国家的现代化，我们的现代化过程时间较短，要在几十年的时间里完成原发性现代化国家上百年才完成的任务，所以理性精神的培育不能只靠社会来自发形成，而要充分发挥教育、文化的化人育人功能，培育理性精神。

第四节　新媒体公共领域中的历史虚无主义

历史虚无主义是一种影响大、危害性强的思潮，新媒体公共领域中的历史虚无主义也是一个需要警惕，对社会主义核心价值观培育具有消极影响的问题。

一　历史虚无主义及其危害

历史虚无主义是指"不加具体分析而盲目否定人类社会的历史发展过

程，甚至否定历史文化，否定民族文化、民族传统、民族精神，否定一切的历史观点和思想倾向"。① 历史虚无主义是解构民族精神、消解意识形态凝聚力的一种思潮。就现有的文献来看，历史虚无主义最早可以追溯到法国大革命，当时的历史虚无主义的主要内涵是意见和观点毫无意义。德国哲学家雅克比是最早使用现代意义上的历史虚无主义概念的人。他担心康德、费希特等哲学家所倡导的启蒙精神会用理性摧毁人们心中的神圣与崇高，终致价值世界崩塌，所以指责这些人是历史虚无主义。尼采"上帝死了"的口号是历史虚无主义的经典表述，之后历史虚无主义在哲学、文化、政治学等领域被广泛关注和重视，尤其是俄国作家屠格涅夫的小说《父与子》用小说的形式张扬了历史虚无主义，甚至中国的历史虚无主义传播都受到这部小说的影响。② 历史虚无主义在我国也已有较为悠久的历史了，近代的"全盘西化论"，五四时期提出的"打倒孔家店"都或多或少侵染着历史虚无主义因素。黑格尔把学习哲学视为学会崇高的途径，他认为没有崇高，庙宇即便再富丽堂皇也没有灵魂，徒有其表，没有其实。清代学者龚自珍研究历史得出"欲灭其国，必先灭其史；欲灭其族，必先灭其文化"的结果。而历史虚无主义就是要消解"庙中之神"，解构历史的崇高。

历史虚无主义的一般表现是：①打着"还原历史""重新评价历史""重新认识历史""秉笔直书"的旗号歪曲历史，进而解构人们业已形成的历史认知。他们所谓的"还原历史"实际上就是歪曲历史，其"还原"的方式包括：片面抓住一些史料，或者用"考证"的方式，引证所谓的回忆录、口述历史等资料"揭秘"重大历史事件的"某些细节"，以颠覆人们对历史的正面认知；使用不实的资料大肆歪曲历史人物和历史事件，颠覆人们心目中的英雄人物；断章取义、夸大甚至曲解历史史料，进而改变人们的观念。这些所谓的"考证"表面上"秉笔直书""客观公正"地"揭秘历史"，但实际上却歪曲了历史，进而消解民族精神与核心价值的吸引力和凝聚力，造成消极影响。②"丑化""矮化""亵渎""妖魔化""污蔑""诋毁""嘲弄""讽刺"革命领袖人物、英雄人物，摧毁人们心目中的高

---

① 张首吉、杨源新、孙志武等：《党的十一届三中全会以来新名词术语辞典》，济南出版社，1992，第85页。
② 王冀：《历史虚无主义思潮透析》，《探索》2018年第2期。

大形象。其惯用的方式包括："挖掘"历史上英雄人物的私生活，把英雄人物拉下"圣坛"，消解其高大形象；不是从正面理解英雄人物，而是力图质疑、否定英雄人物的品质，寻找任何证明英雄人物有"劣迹"的蛛丝马迹；打着所谓"科学"的旗号，质疑英雄人物光辉事迹的可能性；放大英雄人物的缺点，以偏概全地抓住英雄人物的不足，进而消解英雄人物的神圣性；等等。人无完人，金无足赤，任何人都可能有这样那样的缺点，对于英雄人物我们应该从正面去理解和解读，历史虚无主义则正好相反，从反面去理解，力图推倒英雄人物，解构崇高。③历史虚无主义往往和其他社会思潮相结合。尤其是经常与自由主义相结合，自由主义力图张扬西方的民主政治体制，而否定中国的社会制度，历史虚无主义则力图抓住我们党史、国史上的一些事件和人物，尤其是我们历史上的一些失误，进而否定我们的历史，否定历史实际上也就否定了现实，在这一点上二者是同流合污的。

　　历史虚无主义对主流意识形态具有一定的危害性，它通过所谓的"重新审视历史""恢复历史真相""学术探讨"等口号抹黑历史、丑化历史上的英雄和伟人，来达到否定历史的目的。有学者将历史虚无主义的危害概括为：①消解主流意识形态，歪曲价值观；②降低对共产党的信任，阻拦社会主义进程；③淡化中华民族精神，助长社会负能量；等等。① 也有学者将历史虚无主义的危害概括为：①"泛娱乐化"消解历史，潜移默化"攻心"；②歪曲诋毁英雄模范，颠覆民族记忆；③碎片化解构历史，影响理性判断；等等。② 历史是民族的根，英雄、伟人、榜样是民族的精神脊梁，否定历史、解构英雄将会腐蚀民族的根基。苏联解体在一定程度上就有历史虚无主义的影子，历史虚无主义在苏联的兴起和泛滥与苏联的国情有一定的关系。俄罗斯总统普京很重视这个问题，强调俄罗斯的历史教材要明确，"斯大林是最成功的苏联领袖，建造了一个伟大的国家，赢得了反法西斯战争的胜利。"③ 以习近平同志为核心的党中央高度重视历史虚无主义问题，习近平总书记强调，"灭人之国，必先去其史"，"国内外敌对势力往往就是拿中国革命史、新中国历史来做文章，竭尽攻击、丑化、污蔑之能事，根

---

①　蒋在峰：《网络信息时代"历史虚无主义"思潮探析》，《改革与开放》2018 年第 8 期。

②　张畅：《新媒体环境下历史虚无主义思潮对大学生的影响及对策研究》，《湖北师范大学学报》（哲学社会科学版）2018 年第 4 期。

③　欧阳向英：《从苏联解体看历史虚无主义的危害》，《红旗文稿》2018 年第 6 期。

本目的就是要搞乱人心，煽动推翻中国共产党的领导和我国社会主义制度。苏联为什么解体？苏共为什么垮台？一个重要原因是意识形态领域的斗争十分激烈，全面否定苏联历史、苏共历史，否定列宁，否定斯大林，搞历史虚无主义，思想搞乱了，各级党组织几乎没任何作用了，军队都不在党的领导之下了。最后，苏联共产党偌大一个党就轰然倒下了，苏联偌大一个社会主义国家就分崩离析了。这是前车之鉴啊！"①

历史虚无主义在当代表现出了一些新特点，关于这些新特点，有学者将其概括为：转向学术研究领域，以"重新评价"为名，歪曲中国近现代革命史、党的历史和中华人民共和国历史；转向文学创作领域，以娱乐化的方式，丑化党的领袖，戏说人民英雄，为反面历史人物翻案；转向日常生活领域，以新媒体为传播手段，虚构个体历史记忆，消解国家民族历史。② 面临各种主流媒体的舆论压力，历史虚无主义也在改变自己的形态，以更加隐蔽的方式寻求传播和发声，一种被称作软性历史虚无主义的历史虚无主义变种被学者所关注，历史是整体的，不应该割裂历史、破碎历史、拼凑历史，而软性历史虚无主义者则专注于一些碎片化的史料，脱离整体，并从自己的主观臆断出发来解读这些碎片化的史料，"他们将抗日战争时期部分国民党爱国将士的积极行为拼凑在一起，以此无限夸大国民党、赞美国民党。""他们还有意识地裁剪台湾地区、民国时期一些在当时看似先进的做法，并简单粗暴地拼凑起来，以此否定祖国完全统一、否定新中国的历史，否定中国共产党的领导。"③ 实际上就是割裂局部与整体、现象与本质，只抓住存在的问题，不看取得的成就，形而上学、断章取义地选取对自己的观点有利的史料来解读历史，表面上这些史料确实是真实的，但这些史料被做了一番取舍与选择之后，就成了"支持"他们个别谬论的基础了。

二 新媒体公共领域中历史虚无主义的表现

新媒体提供了迅速快捷的传播方式，历史虚无主义借助于这一现代化

---

① 中共中党宣传部：《习近平总书记系列重要讲话读本（2016年版）》，学习出版社、人民出版社，2016，第32~33页。
② 杨龙波、季正矩：《历史虚无主义的流变逻辑及其新表现》，《马克思主义与现实》2018年第4期。
③ 杨全海：《软性历史虚无主义的实质与危害》，《马克思主义与现实》2018年第6期。

的传播工具获得了快速传播，新媒体公共领域中的历史虚无主义表现在如下几个方面：

抹黑历史事件。微信、微博既是人们获取信息的重要渠道，也是人们娱乐的手段，从中猎取怪诞奇异的故事成为人们的一种普遍心理，而历史虚无主义则打着"复原历史原貌"的旗帜，推送各种抹黑历史事件，进而解构主流价值观的各种奇谈怪论。比如一段时间里，"告别革命论"，以"阻碍生产力"为由否定近代的农民战争，而抬高晚清政府的"洋务运动"；否定中国共产党领导的革命运动，而歌颂西方"现代化历史观"；否定马克思主义阶级分析的方法，而褒扬抽象人性论等观点在新媒体空间传播。

丑化历史人物。每个民族都有自己的英雄，古今中外概莫能外，英雄是民族共同的回忆和精神家园，是激励人们上进的力量和孕育崇高的精神力量。西方有歌颂英雄的诗歌、小说、戏曲、雕像等，而且英雄在各种艺术作品的再创作过程中被塑造得更加崇高和伟大。我国古代社会也是崇尚英雄的社会，在传统社会的艺术形式中，英雄一直是人们传颂的对象，在传统的小说、戏曲中，杨家将、岳飞、包公、梁山好汉等都是被人们歌颂的对象，各种文学艺术形式就是用这些题材教化民众，维系社会的道德和秩序。历史虚无主义则要摧毁人们心中的道德高地和精神领袖，他们通过剪裁历史、歪曲历史，甚至编造历史事实来抹黑、诋毁狼牙山五壮士、雷锋、邱少云、刘胡兰、王二小、抗美援朝英雄王成、优秀县委书记焦裕禄等英雄模范人物，甚至否定伟大领袖毛泽东，否定革命导师列宁，否定十月革命，否定国际共产主义运动中的领袖人物和重大事件，进而否定马克思主义。习近平总书记强调我们要树立中国特色社会主义道路自信、理论自信、制度自信和文化自信，但历史虚无主义正好相反，他们的言论是在消解"历史自信、价值自信、民族自信，从而否定中国共产党的领导和社会主义制度"。①

网络"恶搞"。恶搞是一种文化消费现象，让人们在对文字、图片、视频的轻松欣赏过程中获得笑声，如果仅仅是逗乐，所谓"恶搞"也并无不可取之处，但新媒体公共领域中的一些"恶搞"现象试图恶搞我们树立起

---

① 朱继东：《认清历史虚无主义的本质》，《毛泽东研究》2018 年第 1 期。

来的榜样、典范和英雄人物，在戏谑、讽刺、扭曲中颠覆认知、消解崇高、混淆真善美与假恶丑的界限。比如"恶搞经典""抗日神剧""戏说经典"等，这就是历史虚无主义因素了，他们在"全民泛娱乐化"时代，获得了一定的社会基础，但这种"恶搞"在缓解人们工作压力、逗人一乐的过程中却隐藏了一定的政治诉求。榜样是行动的楷模，英雄是我们崇尚的道德高地，对榜样和英雄的传唱、歌颂在一定程度上是为了形塑当代道德，而对榜样和英雄的戏谑与解构则侵蚀当代道德标杆，拉低社会道德水准。除了"恶搞"英雄人物之外，在微信等新媒体公共领域还出现"恶搞"古代诗人、思想家的现象，比如"恶搞"杜甫、李白、关汉卿的图片曾经在微信中传播。被"恶搞"的也包括西方的一些伟大人物和作品，比如达·芬奇的伟大画作《蒙娜丽莎》曾被涂鸦成憨豆版，被涂鸦成叼烟卷的样子以及各种搞怪的版本。被"恶搞"的名画不止《蒙娜丽莎》，达·芬奇《最后的晚餐》、雅克·路易·大卫的《马拉之死》都曾被"恶搞"。单从涂鸦看，这些图片似乎是小学生取乐之作，并无其他恶意，而且从图片中也可以看出孩童幼稚、淘气的影子，但这些图片令人啼笑皆非，一下子把严肃、崇高和伟大消解得无影无踪，杜甫的诗、《蒙娜丽莎》的美是启迪人、教育人的好教材，结果被这么一改造，纯粹变成了笑料，毫无教育意义可言。小学生如果在学习杜甫诗作的时候，看到这样的图片，其对古人情怀的体验与敬仰将会在狂笑中被消解。

网络媚俗。历史虚无主义恶意编造了种种媚俗的"段子"，以迎合个别人的低级趣味。当代社会竞争日益激烈，人们的工作压力增大，也需要一定的形式来缓解压力，历史虚无主义在某种程度上就抓住了人们的这种心理，在迎合这些心理需求的同时贩卖自己的"私货"，把一些意识形态诉求夹杂其中。

美化反面人物。历史虚无主义不仅诋毁、污蔑英雄人物，解构人们心目中的崇高与伟大，还美化反面人物，为历史上的一些定论"翻案"。历史的舞台上有推动历史进步的正面英雄人物，也有阻碍人类进步的反面人物，近代以来的中国历史舞台上反面人物可谓不少。对于这些人物，或者那些犯过错误的人物，历史已经给出定论。但在新媒体公共空间中，偶尔也会有美化反面人物的言论。不仅对于负面人物，对于一些历史事件也有美化的趋势，比如一些所谓的"精日"（即"精神日本人"的简称）分子极力推崇日本和日本文化，厌弃自己的中国人身份，奉日本为"精神母国"，学日语、穿和服、吃日本料理、宿榻榻米、取日本名字，虽然是中国人但却称中国为"贵国"，等等，在日本侵华战争上更是颠倒黑白，美化日本的侵略战争，支持日本右翼所谓的"大东亚战争肯定史观"，甚至指出"要改正中国人的这些民族劣根性，除了由日本人来领导之外别无他法，因此认为日本发动战争的目的是为了'解救中国'，帮助亚洲的黄种人摆脱西方白种人的殖民统治，亚洲各国包括中国应该感谢日本，因为托日本的福才摆脱了欧洲殖民获得独立。"他们还为日本法西斯侵略行为辩护，"日本发动九一八事变，是为了回应中国的'挑衅'行为，侵占中国东北是迫不得已的'正当防卫'。"肯定日本对"满洲国"和台湾地区的治理立下了"汗马功劳"，台湾地区能有今天要拜日本殖民统治所赐，片面鼓吹日本的统治推进了台湾地区的现代化进程，却闭口不说日本的压迫和剥削，等等。① 无怪乎2018 年两会期间外交部部长王毅怒斥这些所谓的"精日"分子是"民族败类"。在新媒体公共领域，这些怪诞的现象数量极少，但影响非常坏，亟待关注与引导。这些现象的存在或许可以在日本动漫、网游在中国人，尤其是青年儿童中流行中找到部分原因。

　　新媒体公共领域中的历史虚无主义本质包括：政治层面怀疑、调侃甚至否定党的领导和社会主义道路；道德层面是解构我们已经树立起来的道德标杆，混淆善恶边界，扰乱人心；经济层面，极力"虚无化"公有制经济成分的积极作用，鼓吹、扩大私有制的作用；文化层面，削弱人们对中华优秀传统文化的认同，冲击国民精神和民族凝聚力；价值观层面，消解优秀革命传统和红色基因，进而质疑社会主义主流价值观。② 对其危害性学界已有诸多研究。但笔者认为，我们在批评历史虚无主义的同时也不应该扩大化，正确区分学术研究与历史虚无主义，历史虚无主义经常打着学术研究的旗号招摇撞骗，可能有些人把严肃的学术研究也误认为是历史虚无主义，这是不对的，真理往前多迈一步就会走向错误，我们在批评错误思想的时候不应该超越应有的边界。

---

① 杨金华、黄陈晨：《"精日"现象透视》，《红旗文稿》2018 年第 17 期。
② 王冀：《党的十八大以来学界对历史虚无主义及其危害的分析批判》，《毛泽东邓小平理论研究》2018 年第 5 期。

三 新媒体公共领域中历史虚无主义的传播特点

上述现象的存在并非新媒体公共领域的主流，但这些现象却反映了一定的趋势和诉求，历史虚无主义在新媒体公共领域中的传播呈现如下特点：

传播速度较快，传播范围也比较广泛。新媒体传播的一个重要特点就是快捷性，一则消息可能会在短时间内获得广泛的传播。带有历史虚无主义倾向的信息多以言论出格、怪诞、颠覆一般性认知的面目出现，而在新媒体公共领域的海量信息中，这些信息很容易吸引受众的眼球而被点击和阅读，并在微博、微信群中传播，而微信群的传播可能是几何级增长的态势。

新媒体公共领域的可控性较低。与传统媒体相比，新媒体的可控性低，在新媒体公共领域中，人人都是麦克风，人人都是信息源，新媒体公共领域中没有人是一呼百应的权威。虽然我们可以采用技术性的屏蔽来阻止某些信息传播，但这仅仅只是可以屏蔽一部分，无法彻底消除这些消极信息。

历史虚无主义往往打着冠冕堂皇的旗号。前文已经提到，历史虚无主义往往打着"揭秘历史""还原历史"的旗号散布他们的言论，这些言论的散布往往会在新媒体公共领域造成一种假象：虚无主义言论站在道德制高点上，他们是敢说真话的，他们是社会的良心，而且这种假象又借助于"沉默的螺旋"效应获得自己的舆论力量，那些对虚无主义言论有异议的人面对虚无主义的舆论压力而更多地保持沉默，出于害怕舆论上的孤立而不表明自己的立场和观点。

新媒体公共领域的历史虚无主义解构主流话语。历史虚无主义并不直接否定主流话语权，而是通过事件或人物的重新认识，从具体的例子中来完成上述任务。新媒体公共领域中的历史虚无主义在嬉笑怒骂中消解了伟大与崇高，混淆了真善美和假恶丑的界限。

新媒体公共领域的传播还呈现碎片化和隐蔽化的特点，将其观点进行重新包装，形成一套不同于主流价值观，并力图解构主流价值观的话语体系。

四 采取措施制止历史虚无主义的传播

历史虚无主义的危害性是公认的，对于历史虚无主义这种社会思潮，我们固然要予以思想引导，但也应该采取强制措施予以制裁和禁止。当今世界很多国家对那种否定历史，诋毁英雄人物的行为都给予了严厉惩处。

比如德国《反纳粹和反刑事犯罪法》规定，在公开场合宣传、不承认或者淡化纳粹屠杀犹太人的罪行的言行，可依法判处 3~5 年徒刑；法国《盖索法案》规定，凡在法国境内质疑纽伦堡审判结果，或对审判证据、前提提出怀疑者将受到法律制裁；韩国刑法规定，公然编造虚假信息毁损逝者名誉的行为可"判处 2 年以下徒刑或 500 万韩元以下罚金"；美国《尊重美国阵亡英雄法案》将英雄烈士置于法律的严密保护之下；俄罗斯《卫国烈士纪念法》对英雄烈士的物质权利和精神权利进行全面保护。① 我国法律也对各种具有历史虚无主义倾向的言论予以禁止，比如《宪法》《民法总则》都有"禁止侮辱、诽谤公民和法人的名誉"的规定。《中国共产党纪律处分条例》也明确规定，"丑化党和国家形象，或者诋毁、污蔑党和国家领导人、英雄模范，或者歪曲党的历史、中华人民共和国历史、人民军队历史的给予开除党籍处分"②。

在历史虚无主义问题上，我们应该旗帜鲜明予以抵制和驳斥，而不能当"鸵鸟"，做"开明绅士"，在新媒体公共领域中，如果抵制、驳斥、反对历史虚无主义的声音越来越大，就会使得这种思潮没有藏身之地，逐渐走向消失。

第一，坚定"四个自信"。坚定中国特色社会主义道路自信、理论自信、制度自信和文化自信是消除历史虚无主义的根本途径，历史虚无主义的实质就是诋毁党的领导，否定社会主义道路，当然有些历史虚无主义传播者并没有此"目的自觉"，但这只是不自觉地为这一目的充当了传播工具。只有坚定"四个自信"才能有效抵制历史虚无主义。

第二，巩固马克思主义在意识形态领域的指导地位。习近平在"8·19讲话"中强调，"宣传思想工作就是要巩固马克思主义在意识形态领域中的指导地位，巩固全党全国人民团结奋斗的共同思想基础"③。马克思主义是我们党和事业的指导思想，也是历史虚无主义试图"虚无"的对象，同时也是应对历史虚无主义的理论武器，唯物辩证法强调学术研究要处理好整

---

① 皮坤乾、杨秀琴：《历史虚无主义错误思潮泛滥的法理思考》，《世界社会主义研究》2018年第 3 期。

② 《中国共产党纪律处分条例》，中国方正出版社，2018，第 22 页。

③ 任仲文：《学习贯彻习近平总书记 8·19 重要讲话精神人民日报重要言论汇编》，人民日报出版社，2013，第 2 页。

体与局部、个别与一般、现象与本质等问题，而历史虚无主义的主要方法论原则就是割裂这些关系，就是抓住某个局部不顾整体，抓住某个现象不看本质，进而断章取义。巩固马克思主义在意识形态领域的指导地位不但给各种"虚无"以回击，还从方法论层面抓住历史虚无主义的问题之所在。

第三，加强对历史虚无主义的研究和批评。近年来对历史虚无主义的批判研究逐渐增多，以"历史虚无主义"字样搜索中国知网（CNKI）可以看到所发表的学术论文数量：2018 年 274 篇，2017 年 284 篇，2016 年 314 篇，2015 年 192 篇，2014 年 111 篇，2013 年 76 篇。这六年里对历史虚无主义的研究成果是逐渐增多的。但"道高一尺，魔高一丈"，历史虚无主义在存在空间压缩的情况下出现了一些新变化和新情况，这就需要加强对历史虚无主义及其新变化的研究，只有了解历史虚无主义的套路我们才能提出科学的应对策略。

第四，要加强中国特色社会主义话语权建构。话语的重要功能就是解释现实，对于同样的历史事实，用不同的话语进行解读会得出不同的结论。中国故事要用中国特色社会主义话语来讲才能够讲清楚，用西方话语讲中国故事会把中国的好故事讲歪了。历史虚无主义背后的话语是西方话语，它"虚无化"历史事件和英雄人物的目的就是要否定党的领导，否定中国特色社会主义。建构中国特色社会主义话语权就是要让世界人民改变用西方概念、西方思维和西方文化来理解中国道路的思维方式，要让世界人民学会并习惯于用中国概念、中国思维、中国文化来理解中国故事。这是应对历史虚无主义，提升社会主义意识形态吸引力和凝聚力的重要途径。

第五节　新媒体公共领域中的自由主义

自由主义是西方资本主义国家自启蒙运动以来一直占主导地位的社会思潮和意识形态，启蒙运动所宣扬的理性、主体性、自由、平等、博爱等理念就是自由主义的核心理念。自由主义作为意识形态是与西方资本主义社会的上层建筑相适应的，是西方政治模式的合法性之基，也与西方社会的经济基础相适应。这种意识形态与中国特色社会主义不相适应，纯粹就一种文化现象或者学术研究的对象而言，自由主义的存在也并非一无是处，但作为一种社会思潮，尤其是有时候还试图与我们的主流意识形态争地盘的时候，那就是个问题了。中国特色社会主义道路"既不走封闭僵化的老路，也不走改旗易帜的邪路"，这是我们的基本立场。自由主义是现阶段我国需要警惕的一股社会思潮，尤其是在新媒体公共领域中。

一　自由主义的历史发展与核心理念

自由主义起源于近代以来的思想家。霍布斯、洛克等资产阶级思想家以自然法为依据论证了人的主体性，在洛克看来，政府是为了避免"无休止的争斗"所导致的人类退步而达成的妥协。为了论证这一点，洛克假设了一个没有政府的状况——自然状态的存在。在自然状态下，人是绝对的主体，但自然状态的自由必然导致"无休止的争斗"，这一"无休止的争斗"缘起于物的"所有权"的争夺，为了避免长此下去，每个人通过契约把自己的部分权利交付出来，形成政府，这就是政府形成的合法性所在。在让渡之前每个人都是绝对独立的，所有权利都收归于自我，为了形成政府，个体让渡自己的部分权利——让渡那些承担公共事务的权利——给政府，形成公共权力。所以在公民与政府的关系上，公民是主体，政府是仆人，公共权力是公民让渡部分权利形成的机构，是公民雇用来为公民承办公共事务的。这一论证充分说明，公民是主人，公民的自由是第一位的，政府的存在仅仅是了方便公民充分享受自己的私人权利和自由。这一契约论的政府理论自从提出来之后就成为资产阶级思想家的核心理念。在自由主义发展史上，贡斯当也是一位做出重要贡献的思想家，他区分了古代人的自由和现代人的自由，使现代自由的意义更加清晰起来。他认为，古代人的自由是积极做事情的自由，古代人并不认为个体沉浸在私人领域中，追求自我私人权利、私人利益是自由，相反古代人认为这种状况是不自由的，因为在他们看来，追寻私利的人是受欲望支配的，人是欲望的奴隶，那些满足欲望的事情——比如劳动——应该交付奴隶去做，而不应该由人来做，在古代人那里，奴隶只是会说话的工具，不是人。劳动受必然性支配，当然是不自由的，真正的人应该走向广场，去讨论战争、媾和等政治事务，"他们几乎把全部精力与时间投入到军事与公共服务之中。"① 这才是

---

① 〔法〕邦雅曼·贡斯当：《古代人的自由与现代人的自由》，阎克文、刘满贵译，商务印书馆，1999，第15页。

自由的。与古代人的自由相反，启蒙运动以来所宣扬的"现代人的自由"强调私人权利、私人利益是个体自由，现代人把政治等公共事务交付专业政治家去做，而自己则沉浸在私人领域中，追寻个体利益。"对他们每个人而言，自由是只受法律制约、而不因某个人或若干个人的专断意志受到某种方式的逮捕、拘禁、处死或虐待的权利，它是每个人表达意见、选择并从事某一职业、支配甚至滥用财产的权利，是不必经过许可、不必说明动机或事由而迁徙的权利。它是每个人与其他个人结社的权利，结社的目的或许是讨论他们的利益，或许是信奉他们以及结社者偏爱的宗教，甚至或许仅仅是以一种最适合他们本性或幻想的方式消磨几天或几小时。最后，它是每个人通过选举全部或部分官员，或通过当权者或多或少不得不留意的代议制、申诉、要求等方式，对政府的行政施加某种影响的权利。"[①] 当代，自由主义虽然仍然是西方的主流意识形态，但其自身已经做出了较大的调整，就实践层面而言，凯恩斯主义大大丰富和发展了自由主义，凯恩斯主义把社会主义的一些因素吸收到了自由主义之中，政府从"守夜人""必要的恶"的角色逐渐转向了开始干预市场。美国以罗尔斯为代表的新自由主义左派更加强调正义和平等，而以诺奇克等人为代表的具有古典自由主义倾向的人则更加强调自由。当代，新自由主义成为一个重要概念，所谓新自由主义就是充分张扬古典自由主义精神的自由主义，实际上就是要复兴古典自由主义。20 世纪 30 年代的经济危机宣告了古典自由主义的破产，"罗斯福新政"所代表的凯恩斯主义成了主导资本主义社会政策的理论，但凯恩斯主义发展到 70 年代的时候出现了滞胀，这个时候新自由主义开始兴起，尤其是美国总统里根和英国首相撒切尔夫人的上台，使新自由主义主导了资本主义社会的政策。1990 年美国所谓的"华盛顿共识"提出的十项政策工具是新自由主义的经典表述。新自由主义的基本主张包括"自由化""私有化""市场化""个人主义"等，同时"反对公有制""否定社会主义""否定政府干预市场"等。新自由主义的主要代表人物就是哈耶克，代表性的著作比如《通往奴役之路》《自由宪章》《致命的自负》《开放社会及其敌人》等。

---

① 〔法〕邦雅曼·贡斯当:《古代人的自由与现代人的自由》，阎克文、刘满贵译，商务印书馆，1999，第 26 页。

自由主义发展史是一个内容无比丰富的话题，这里我们没有必要过多涉及，而与本课题有直接相关性的问题是自由主义的核心理念。

自由主义的核心理念包括：

第一，自由主义以个人主义为核心价值。自由是依赖自己而存在，如果自己的存在仰赖于他人，那就是不自由的，所以自由主义最核心的价值理念就是个人主义。不管是洛克讲的社会契约论，还是贡斯当的现代人的自由，抑或是哈耶克所谓的"自生自发的秩序"都是以个体权利为核心理念。自由主义的核心就是对个人价值的尊崇和肯定，但自由主义在肯定个体私人权利的同时也强调以不侵犯他人合法权益为边界，个体的自由不能侵犯他人的自由。

第二，在个人与政府的关系上，自由主义强调政府不得干预个体的私人自由。不管是社会契约论的小政府大社会，还是私人领域"风能进，雨能进，国王不能进"的谚语，所强调的都是政府要尊重个体私人领域。公共权力是有边界的，政府的存在是人类"本性恶"的表现，如果人人都是天使，那就不需要政府的存在了，人有"恶"的本性，那么掌握公共权力的人必然容易侵犯公民权益，所以近代资产阶级思想家设计的种种制度在很大程度上都是为了实现约束掌权者的欲望，避免公共权力侵犯私人权利。

第三，在政治社会领域中，自由主义主张轮流执政、三权分立等政治设计。不论是英国的上下两院的政治设计，还是美国立法、司法、行政三权分立、相互制约，再加上联邦制的纵向分权的政治安排，都体现了这种政治设计。这种设计掩饰了资产阶级独享政权的实质，用形式上的平等遮蔽了实质上的不平等。资本主义的政治设计是资产阶级意识形态的体现，也是为了维护资本主义的存续和资产阶级利益的。

自由主义很早就传入到了中国，严复很早就将密尔的《自由主义》（严复译作"群己权界论"）翻译到了中国，五四运动前后，自由主义是我国的一股重要思潮，它在一定程度上发挥了资产阶级思想启蒙的作用。民国时代，自由主义就是一股有重大影响的社会思潮。新中国建立之后，由于社会氛围的原因，自由主义的影响渐趋萎缩。但是改革开放以后，自由主义思潮逐渐形成并产生一定的影响，西方自由主义著作开始逐渐翻译成汉语，比较有影响的人物如哈耶克、诺奇克等人的著作开始被翻译和研究，自由主义不仅在学术界受到关注，而且在思想文化领域也产生了一些影响，尤其是个别学者用自由主义观点解读中国，产生了一些消极影响。

自由主义是和西方资本主义社会经济政治相适应的，是资本主义的意识形态，在思想文化领域，我们应该抵制自由主义的消极影响。习近平总书记强调，我们既不走封闭僵化的老路，也不走改旗易帜的邪路，在自由主义问题上，尤其是面对作为社会思潮的自由主义，我们要旗帜鲜明地予以反对。

二 自由主义在新媒体公共领域中的表现

自由主义作为纯粹学术研究，自然没有必要干预，但作为社会思潮则是需要抵制的。目前自由主义表现的一个重要平台就是新媒体公共领域，但并非所有新媒体公共领域都有自由主义倾向，而只是在具有自由主义倾向的网站、微博、微信群等新媒体公共领域中有一定的表现。持有自由主义倾向态度的网民多数为知识分子，普通网民对西方自由主义知之甚少，自然也不可能用自由主义立场来解读中国现实。持有自由主义倾向的知识分子，多数是专门研究西方政治学、文化学、哲学等领域的学者，当然也并非知识分子都有自由主义倾向，只是少数知识分子才有此倾向，他们在微博、微信等新媒体公共领域发表有自由主义倾向的言论。概括起来这些言论和倾向可以分为如下几种情况：

第一，抓住改革开放以来出现的社会问题，批评我们的体制，赞扬西方制度。改革开放四十余年来，中国特色社会主义获得了长足的发展，取得了令世人瞩目的成就，这是有目共睹的。但不可否认，改革开放四十余年的发展也出现了一些问题，比如现阶段房价偏高、收入差距偏大、个别官员腐败、道德领域中面临的冷漠、食品安全等。自由主义抓住这些问题不放，他们认定，这些问题出现的原因就是我们的改革开放不够彻底，我们的改革保留了太多的公有制，国有企业就是收入差距偏大的原因，就是腐败产生的重要温床，等等。甚至个别观点相当激进，在新媒体公共领域却拥有一定的市场。这种倾向虽然只是极少数，但在一定程度上也反映了某种倾向，值得我们高度重视。对于改革开放中出现的问题，邓小平同志早就说过，"发展起来以后的问题不比不发展少"，随着改革的不断深入，发展中的问题"会越来越多，越来越复杂"，而且"随时都会出现新问题"，① 邓小平尤其提到了收入差距过大的问题。这都是发展过程中的问题，从一定程度上来说，社会发展就是一个"出现问题—解决问题"的过程，"现代性孕育着稳定，而现代化过程却滋生着动乱。"② 亨廷顿的这句话说出了发展的一些共性问题。不只是中国的发展如此，一些发达国家的发展也难逃这一宿命，英、美等发达资本主义国家在现代化过程中都曾出现过这样一个问题丛生的时期，比如英国在现代化过程中就曾因为古典自由主义政策而导致严重的两极分化，引发了社会动荡，作为"欧洲三大工人运动"之一的英国宪章运动就是这一时期社会矛盾的表现。法国的现代化曾经"革命—复辟—再革命—再复辟"过很长一段时间，但这些国家都成功解决了发展中的问题，实现了现代化。现代化是一个利益结构重组的过程，原有的利益格局被打破，新的利益格局还没有形成，这必然导致社会问题，等到现代性建立起来，现代化定型下来了，这些问题也就逐渐消失了。我们现阶段出现的各种社会问题，不是我们的道路和方向问题，而是任何国家在走向现代化的过程中都会出现的问题。不能因为我们的发展出现了一些问题，就怀疑我们的发展方向、发展道路。自由主义抓住现阶段的问题解读中国现实是一种严重的误解和误读，但是因为它所抓住的也确实是客观问题，他们的解释有一定的迷惑性，所以自由主义在新媒体公共领域有一定的市场，这也是一种客观现象，这种客观现象对社会主义核心价值观的认同造成了一定的消极影响。

第二，抓住个别具体的事件，大肆上纲上线，进而诋毁我们的制度与体制。有时候自由主义并不直接鼓吹自由主义理论，而是抓住某个时间，或者某个话题，在展开讨论的过程中阐释自己的立场。比如天涯论坛网站的关天茶舍中在讨论公有制与私有制问题时，谈论了马克思的社会所有制问题，改革开放前割资本主义尾巴问题，以及多种所有制形式并存是否存在剥削等问题，很多网民参与了讨论，甚至一些网友就对公有制存在明显的偏见。应该说，目前我们的社会主义制度还有待进一步完善，全面深化改革的总目标就是完善中国特色社会主义制度，也有一些问题是由于体制

---

① 中共中央文献研究室编《邓小平年谱》（下卷），中央文献出版社，2004，第 1364 页。
② 〔美〕塞缪尔·P. 亨廷顿：《变化社会中的政治秩序》，王冠华等译，三联书店，1989，第 38 页。

机制造成的，这些问题需要在进一步深化改革中逐渐消除，很多问题都是发展过程中的问题。抓住我们发展中出现的问题宣扬西方自由主义是不实事求是的，而且一些发展中国家的发展演变已经给我们提供了前车之鉴。习近平总书记在《在中央统战工作会议上的讲话》（2015 年 5 月 18 日）中指出，"搞了西方的那套东西就更自由、更民主、更稳定了吗？一些发展中国家照搬西方政治制度和政党制度模式，结果如何呢？很多国家陷入政治动荡、社会动乱，人民流离失所。""政治制度对一个国家长治久安具有十分重要的意义。西方国家策划'颜色革命'，往往从所针对的国家的政治制度特别是政党制度开始发难，大造舆论，大肆渲染，把不同于他们的政治制度和政党制度打入另类，煽动民众搞街头政治。当今世界，意识形态领域看不见硝烟的战争无处不在，在政治领域没有枪炮的较量一直未停。"①一个国家采用什么样的制度取决于一个国家的国情，照抄照搬是会出问题的。

第三，宣扬所谓的"普世价值""宪政"，传播西方价值观。自由主义的表现还包括对"普世价值""宪政"等西方理论的支持和宣扬。

所谓普世价值论，就是西方一些人士把西方自启蒙运动以来所宣扬的民主、法治、自由、人权、平等、博爱看作普世价值，视之为人类文明的共性。普世价值论的实质是用西方的价值标准批评我国的政治制度，民主不民主、自由不自由就看是否符合西方的标准，中国是社会主义国家，当然不会"符合"西方资本主义标准，他们就此认定中国不民主、不自由，中国要走向现代文明就要接受普世价值。李崇富认为普世价值论的意向和主张包括：①"崇拜和迷信西方的资产阶级抽象的价值观念和基本制度，说资本主义是人类'最终的制度归宿'。"②"认为中国搞社会主义是'离开甚至背离了人类近代文明主流'，改革开放是向资本主义的'价值回归'。"③"认为'解放思想'就是要'确立普世价值'，并把党中央提出的'以人为本'，归结和歪曲为'普世价值'。"④"有些人张扬普世价值，名曰谈'学术'，实际上是在做政治文章。"②普世价值并不"普世"，它实

---

① 习近平：《在中央统战工作会议上的讲话》（2015 年 5 月 18 日），载中共中央文献研究室编《习近平关于社会主义政治建设论述摘编》，中央文献出版社，2017，第 18 ~ 19 页。

② 李崇富：《关于"普世价值"的几点看法》，《马克思主义研究》2008 年第 9 期。

质上只是西方的价值，他们主张中国的发展道路就应该是普世价值，解放思想就要接受普世价值，这些主张在我国舆论界造成了一定的混乱。习近平在《在全国宣传思想工作会议上的讲话》（2013 年 8 月 19 日）中强调，"敌对势力在那里极力宣扬的'普世价值'。这些人是真的要说什么'普世价值'吗？根本不是，他们是挂羊头卖狗肉，目的就是要同我们争夺阵地、争夺人心、争夺群众，最终推翻中国共产党领导和中国社会主义制度。如果听任这些言论大行其道，指鹿为马，三人成虎，势必搞乱党心民心，危及党的领导和社会主义国家政权安全。在事关坚持还是否定四项基本原则的大是大非和政治原则问题上，我们必须增强主动性、掌握主动权、打好主动仗。"① 应该说，现阶段新媒体公共领域中公开宣扬所谓"普世价值论"的现象已经不存在，但在一些网络，尤其是有自由主义倾向的微博、微信群中，有些人对我们主流意识形态批评普世价值论不以为然，甚至还有一些人调侃、讽刺我们对普世价值的批评，这说明新媒体公共领域中的个别人对西方的价值和制度还是持有摇摆的态度，对社会主义核心价值观的认识还不坚定。

宪政问题也是自由主义宣扬的一个重点。所谓宪政实际上就是西方政治模式的简称，说得更具体一些就是西方的三权分立、两党制或多党制、轮流执政、军队国家化等制度设计。对于资本主义而言，宪政是对封建社会的超越和扬弃，当然有其进步性与合理性的一面，但它和社会主义民主政治存在明显的区别，宪政和我国的依宪治国的主要区别包括：价值体系不同、领导力量不同、权力主体不同、运行机制不同等方面。② 中国与西方的制度不同、国情不同，不可能照搬西方的制度框架，而且近代以来的历史也已经表明了，我们曾经尝试着走西方的道路，但这些都只是"试错"，没有成功。社会主义是中国的历史选择，也是必然选择。但新媒体公共领域中存在有意无意地用西方的所谓"宪政"批评我国的社会主义制度的言论，甚至个别言论还主张"宪政"应该是中国改革和发展的目标。新媒体公共领域信息量巨大，在主流声音占主导地位的前提下，各种声音都有可

---

① 习近平：《在全国宣传思想工作会议上的讲话》2013 年 8 月 19 日，载中共中央文献研究室编《习近平关于社会主义文化建设论述摘编》，中央文献出版社，2017，第 27 页。
② 宋诚：《我国依宪治国与西方宪政的本质区别》，《红旗文稿》2018 年第 4 期。

能存在并发声。这是提升社会主义核心价值观认同所面临的挑战。

三　新媒体公共领域中自由主义的特点

由于党中央高度重视意识形态工作，自由主义面临压力，新媒体公共领域中的自由主义逐渐变得更具隐蔽性，公开张扬自由主义的现象减少了，但是在一些重大事件的评论或跟帖中，自由主义还会有意无意地表露出来。新媒体公共领域中的自由主义呈现如下特点：

第一，个别学者以学术研究为名在新媒体公共领域张扬自由主义立场。把西方自由主义作为西方政治哲学的一个思潮来做学术研究并无不妥之处，我们的学术研究也主张百家争鸣、百花齐放，各种不同学术观点进行碰撞是学术研究创新的前提。自由主义政治哲学是资产阶级思想家智慧的总结，也是人类文明的一种体现，有些方面值得我们深入学习和借鉴。实际上国内政治学界、政治哲学界对自由主义的研究具有悠久的历史，甚至可以追溯到 20 世纪初，毋宁说这种研究也是一个"显学"。但在中国特色社会主义道路问题上，我们坚决反对用西方那套话语体系来解读我们的政治，中国特色社会主义道路只有用中国特色社会主义话语体系才能够解释清楚，中国"故事"要用中国"话语"来讲，而不能用西方自由主义话语来讲。新媒体公共领域中持自由主义见解的人多数为知识分子，而且多数是学者，对西方政治哲学有较多的了解，有的还曾在西方留学，或者在西方国家的高校获得学位。这些学者中的个别人对西方制度情有独钟，他们的言论不仅仅是学术研究，很多都是透过学术语言染指政治。在一些微信、微博、网络社区中，他们表面上是讨论学术问题，但实际上也表达他们的不满。在主流意识形态的压力面前，他们不再明目张胆地表达他们的主张，但他们会通过各种隐蔽的方式，或者抓住个别事件，或者在某个关键的时刻，发表他们的见解。

第二，自由主义倾向的一些言论只有在个别具有自由主义倾向的新媒体公共领域有一定的市场。新媒体公共领域的种类很多，网站、微信、博客、网络社区等，而同一个种类的新媒体公共领域数量也是非常多的，大多数的新媒体公共领域都是我们主流意识形态的阵地，在这些领域中基本没有自由主义的地盘，即便个别人有此倾向，那也会被主流的舆论所淹没，而无法扩大，形成传播学意义上的"沉默的螺旋"效应。只有在个别具有自由主义倾向的新媒体公共领域，这些公共领域的特点是由高级知识分子，尤其是由有西方政治学、西方哲学、西方经济学、西方文学背景，或者是有西方留学背景的高级知识分子组成的新媒体公共领域。他们的讨论中有意无意地把西方的制度框架视为现代文明的典范，而认为我们的制度不如西方，我们应该向西方学习，应该走向"现代文明"。在这样的新媒体空间，主流意识会因为"沉默的螺旋"效应而得不到广泛的传播，这是社会主义核心价值观认同面临的挑战之一。

第三，很多新媒体公共领域对自由主义表现冷漠，不赞同也不批评。民众对政治的关注度下降是现代性的共性，现代性意味着人们更多地关注物质生活，追寻市场价值，前现代社会对政治社会的热衷被狂热的经济理性所冲淡、消解。在物质问题上，前现代社会更多地表现为禁欲主义，重农抑商是前现代社会的特点，这在东方社会尤其明显。现代化解构了传统社会的特点，物质的地位得到提升，启蒙运动甚至为商业大唱赞歌，可以说代表现代资本主义精神的"新教伦理"就是披着宗教外衣的物质主义，现代化让人们放弃了哲学家所张扬的美好生活，转而让市场和资本去引导人民的美好生活，这最终导致了物质主义的泛滥。[①] 马克思曾指出，现代资本主义"消灭了市民社会的政治性质"，现代市民社会中的人只关心自己的经济利益，而不再对政治投入热情，[②] 现代人把政治事务交付专业人士去做，自己则更多地把时间和精力放在了自己私人利益最大化的事业上，所以，对政治社会关注度下降是现代化的必然。中国传统社会中，士大夫阶层对政治最为热心，"天下兴亡，匹夫有责"的口号，"学会文武艺，货卖帝王家"的志向都在于进入政治领域，但传统社会的民众对政治事务则没有那么多的热情，普通老百姓认定，政治事务乃是"肉食者谋之"的事情，甚至"莫谈国事"还成为很多人明哲保身的生存方式。社会的传统再加上现代市场经济对政治热情的淡化，新媒体公共领域对政治话题淡化也就有其必然性了。不管是自由主义，还是"新左""老左"，很多人不予以关注，在很多新媒体公共领域中，充斥着广告，如何投资赚钱等信息。普通民众对消极社会思潮也不积极关注，这种不关注使得一些人对各种消极错误的

---

① 卢风：《启蒙与物质主义》，《社会科学》2011 年第 7 期。
② 《马克思恩格斯全集》第 3 卷，人民出版社，2002，第 187 页。

社会思潮缺乏辨别能力，更缺乏批评的能力，新媒体公共领域的这种社会氛围在一定程度上为某些消极错误思潮的传播提供了社会土壤。

第六节　新媒体公共领域中的其他思潮

新媒体公共领域中除了上述几种思潮之外，还有一些思潮对社会主义核心价值体系的认同提升产生了一定的消极影响。

一　"左"的思潮的存在

左是积极进步的符号，但"左"又是错误偏激的代名词，"左"的问题在我党的历史上曾经产生过重要影响，改革开放后，"左"也是一股重要思潮。邓小平曾经讲过，"有右的东西影响我们，也有'左'的东西影响我们，但根深蒂固的还是'左'的东西。""右可以葬送社会主义，'左'也可以葬送社会主义。中国要警惕右，但主要是防止'左'。"① 改革开放的今天，"左"已经很难算是一股力量了，但这种倾向还是在一定程度上存在，尤其是还借助于新媒体发表自己的见解，有一定的影响。

（一）"左"的思潮在改革开放之后的演变

关于"左"的错误，我们党早已有明确的定论，1981 年通过的《关于建国以来党的若干历史问题的决议》中谈到"文化大革命"的时候明确指出，"这场'文化大革命'是毛泽东同志发动和领导的。""毛泽东同志发动'文化大革命'的这些"左倾"错误观点，明显地脱离了作为马克思列宁主义普遍原理和中国革命具体实践相结合的毛泽东思想的轨道，必须把它们同毛泽东思想完全区别开来。"② "文化大革命""左"的错误已经成为定论，我们党也明确指出，这些"左"的错误思想不是毛泽东思想的组成部分，我们要明确区分二者。但"左"的观点和思潮并没有随着我们党做出这一明确定论而彻底消失，而是在一定程度上、一定领域内存在。

"左"的思潮一直伴随着改革开放，虽然它的势力是逐渐减弱的。改革

---

① 《邓小平文选》第 3 卷，人民出版社，1993，第 375 页。
② 《〈关于若干历史问题的决议〉和〈关于建国以来党的若干历史问题的决议〉》，中共党史出版社，2010，第 79 ~ 80 页。

开放之初，"左"的最集中表现就是"两个凡是"，这股力量试图阻碍改革开放，但历史的车轮没有被这股思潮所阻挡。改革开放以来，"左"的思潮也力图发声并阻挠我们的改革开放，在很多问题上，"左"总是要问一问姓"社"，还是姓"资"，试图阻挠我们的改革开放，但是"左"的企图又一次落空。在1995—1997年，民间曾经流传过四份所谓的"万言书"，题目分别为《影响我国国家安全的若干因素》《未来一二十年我国国家安全的内外形势及主要威胁的初步探讨》《关于坚持公有制主体地位的若干理论和政策问题》，第四份万言书是对前三份万言书的补充，还列了一个很长的所谓的"资产阶级自由化"学者、作家的黑名单。① 这四份万言书认为资产阶级自由化之风愈演愈烈，甚至逐步影响了一些大媒体，万言书的传播在当时产生一定的影响，造成了社会紧张氛围，一些人看了万言书后甚至都不敢讲话，很多人都在揣摩万言书的来头，这四份所谓的"万言书"都是"左"的力量发声的方式。应该说，改革开放四十余年的发展，"左"的力量走的是下坡路，其市场越来越小，认同这一立场的人越来越少，但现阶段"左"的思潮还时不时会发出声音，尤其是在个别具有"左"派倾向的网站。这些观点产生了一定的消极影响，不利于社会主义核心价值观的认同。

（二）"左"的观点在新媒体公共领域中的表现

以互联网为技术依托的新媒体公共领域是一个公共空间，只要不违反法律，持有各种观点的人都可以发表自己的见解。本来"左"的声音已经十分微弱了，随着改革开放的深入发展，"左"的观点已经没有社会基础和市场了，也就是少数人还"坚定"地坚持原来的观点，但是新媒体公共领域的出现把这些人聚集在了一起，形成了若干具有"左"的倾向的网站。

需要特别说明的是，关于"左"的看法也存在一定程度的分歧，甚至可以说是混乱。现阶段少数人把旗帜鲜明地坚持马克思主义立场，坚持中国特色社会主义立场的学者说成是"左"，马克思主义、中国特色社会主义的立场和原则是正确的立场和原则，对于这种立场，少数持自由主义立场的人会觉着"左"，而在一些真正持"左"的错误立场的人认为，中国特色社会主义立场则又有点"右"，所以是"左"还是"右"和评判者所持有

① 马立诚：《当代中国八种社会思潮》，社会科学文献出版社，2012，第44~49页。

的立场有关。我们这里是从坚持马克思主义，坚持中国特色社会主义的立场来看待"左"的倾向，对于被某些人说成是"左"的那些马克思主义研究者，笔者并不列入"左"的行列。

"左"的观点在新媒体公共领域中表现为如下几种倾向：

第一，抓住和夸大改革开放过程中出现的问题。"左"在现代的一个基本倾向是对现阶段持批评态度，他们不看改革开放四十余年我们取得的历史成就，而是抓住改革开放以来我们出现的问题，甚至把这些问题夸大，以增强人们对当下的不认同感。在批评现实的同时怀念改革开放前的时代。他们的逻辑是发现改革开放后出现的问题，然后把这些问题夸大，用这些问题质疑改革开放的方向，目标是论证回到改革开放之前的社会状态才是最合理的。现阶段确实存在一些社会问题，但这些问题没有他们说的那么严重，而且这些问题是发展起来的问题，不是道路问题和方向问题。这些问题解决了就实现了发展的进一步跃迁，社会发展就是一个出现问题—解决问题—再出现问题—再解决问题的过程，而"左"派抓住一些问题并加以夸大，进而质疑中国特色社会主义，这种认识是错误的。习近平总书记在《在庆祝改革开放 40 周年大会上的讲话》中指出，改革开放四十年来，我们取得的宝贵经验之一就是"必须坚持走中国特色社会主义道路，不断坚持和发展中国特色社会主义"，"方向决定前途，道路决定命运。我们要把命运掌握在自己手中，就要有志不改、道不变的坚定。"① "左"的错误见解是一种客观存在，是新媒体公共领域社会主义核心价值观认同提升的一个挑战，需要我们深入研究，对其进行有效合理的引导。

第二，试图用"前三十年否定后三十年"。客观地讲，"左"的思潮是一股力量非常小的思潮，持这种观点的人少之又少，而且这种观点常常被视为"笑谈"，即便是在所谓的"左"派网站中"左"的观点也不一定都被认同。"左"的倾向核心所在就是张扬和向往改革开放前的社会，而贬抑、质疑改革开放以来的中国特色社会主义道路，无视改革开放以来我们所取得的成就。随着改革开放的推进和中国特色社会主义取得举世瞩目的成就，这一思潮的市场将越来越小。

---

① 习近平：《在庆祝改革开放 40 周年大会上的讲话》，人民出版社，2018，第 27 页。

二　"去意识形态化"的思潮

"去意识形态化"思潮也叫作"非意识形态化"思潮，出现于西方国家，代表人物包括丹尼尔·贝尔、弗朗西斯·福山、维尔纳·桑巴特以及其他如李普塞特、布热津斯基、雷蒙·阿隆等，代表性著作包括桑巴特的《为什么美国没有社会主义》、贝尔的《意识形态的终结》、布热津斯基的《大失败——二十世纪共产主义的兴亡》、福山的《历史的终结及最后之人》等。① 他们以抽象的人性论为基础，强调人类社会的共性，以所谓的人类共性、人类本性为最高标准，在否认阶级性的同时否定马克思主义，否认社会主义，视社会主义为"乌托邦"，认为资本主义是人类历史的最高峰，是人类历史的终结。实际上，去意识形态化思潮是打着"意识形态没落""意识形态终结"甚至是"打倒意识形态"的旗号否定社会主义意识形态的思潮，他们并不"去"意识形态化，而是"去"社会主义意识形态。"去意识形态化"思潮具体表现在如下几个方面：

第一，主张所谓的"价值中立"。价值中立问题历史悠久，早在休谟时代就是一个被重视的问题，休谟强调了学术研究中的"是"与"应该"的问题，"是"是客观性的"真"的问题，而"应该"则是价值问题，学术研究不应该以"应该"代替或者伤害"是"的问题。在西方思想史上，价值中立问题屡屡被重视和探讨，马克斯·韦伯也强调社会学研究应该保持价值中立，"价值无涉""价值悬置""价值中立"成为学术研究的一个基本准则。求真是学术研究的一个重要目的，为了达到这一目的，学术研究当然应该排除其他干扰因素。但社会科学不同于自然科学，它固然有求真的追求，但也都或多或少地关涉意识形态，而现阶段我国思想文化领域中所说的"价值中立""价值无涉"在一定程度上都是指"意识形态中立""意识形态无涉"。在一些所谓的"纯粹学者"看来，涉及意识形态的研究是政治，而不是学术，真正的学术不应该关注意识形态，应该与意识形态"保持距离"。少数学者沉溺在学术的世界中，"两耳不闻窗外事，一心只读圣贤书"倒也无可厚非，问题是一些学者认为只有这样的学术才是真正的

---

① 高立伟：《从西方非意识形态化思潮的角度看"普世价值"》，《马克思主义研究》2010 年第 4 期。

学术，不这样做就不是真正的学术，不仅"纯粹"的学者这样认为，一些"不纯粹"的学者甚至也这样认为，这在一定程度上就成为社会问题了。大多数的社会科学都关涉意识形态，在关涉意识形态性的社会科学中强调"价值中立""去意识形态化"，只会为其他意识形态让出空间，从思想文化上弱化意识形态建设。

第二，意识形态"虚假论"。意识形态"虚假论"起源于意识形态概念的形成时期，这一概念的最早使用者是特拉西。特拉西提出"意识形态"概念的目的是要建立"观念的科学"，① 这里的"意识形态"概念就有"虚假观念"的含义。马克思丰富了意识形态内涵，但在马克思那里，意识形态也有"虚假观念"的含义，在《德意志意识形态》中，马克思把青年黑格尔派的思想称作"德意志意识形态"实际上就是要强调他们的思想是主客颠倒的思想，强调青年黑格尔派的思想是唯心主义世界观。真正从"观念上层建筑"的意义上使用这一概念的时候也部分地承认意识形态的虚假性，这里的虚假性主要根源于意识形态的阶级性，意识形态是维护统治者利益的，但阶级社会中的统治阶级却力图把自己的观念和利益说成是全体人民的公共利益，"每一个企图取代旧统治阶级的新阶级，为了达到自己的目的不得不把自己的利益说成是社会全体成员的共同利益，就是说，这在观念上的表达就是：赋予自己的思想以普遍性的形式，把它们描绘成唯一合乎理性的、有普遍意义的思想。"② 马克思强调意识形态的虚假性主要是为了说明资产阶级意识形态的虚假性和欺骗性。"去意识形态化"意义上的"意识形态虚假性"并非马克思意义上的意识形态虚假性，"去意识形态化"意义上的"意识形态虚假性"主要是为了影响人们对社会主义主流意识形态的认同，它意在攻击社会主义意识形态，消解人们对社会主义核心价值观的情感和认知，其本质是西方意识形态与我们争夺舆论阵地。

第三，去政治化倾向。政治与人的生存息息相关，但如何对待政治却是一个未必能处理得恰到好处的问题，过去我们曾经出现"泛政治化"倾向，出现"政治挂帅"的口号，什么问题都是政治问题，什么问题都要问

---

① 约翰·汤普森：《意识形态与现代文化》，高铦等译，译林出版社，2012，第32页。
② 〔德〕马克思、恩格斯：《德意志意识形态（节选本）》，中央编译局译，人民出版社，2018，第45～46页。

"政治正确与否"，在政治的名义下我们曾提出"宁要社会主义的草，不要资本主义的苗"的口号。改革开放初期，我们的诸多改革曾受"姓社姓资"疑问的困扰，解放思想、实事求是思想路线的重新恢复打破了"左"的"泛政治化"的思想束缚，邓小平以政治家的高瞻远瞩提出了"不争论"的口号，提出"市场和计划都是手段"，社会主义可以有市场，资本主义可以有计划等具有战略意义的思想。① 改革开放四十余年我们取得了令世人瞩目的成就，实践证明了中国特色社会主义道路是中国人民正确的选择，曾经的"泛政治化"的倾向减少了，甚至销声匿迹了，人们现在不会再对市场"姓资姓社"感兴趣了，随着经济社会的发展，人们逐渐从"泛政治化"的狂热走向了理性的现代性。但随着改革开放的深入，一些西方思潮进入中国并产生了一定的消极影响，他们打着"去政治化"或"非政治化"的口号贩卖西方自由主义意识形态，比如"军队去政治化""军队国家化"等主张的存在就是西方自由主义的表现。党对军队的绝对领导，"党指挥枪"是我们党革命成功的法宝，也是我们社会主义事业建设必须坚持的法宝，在这个问题上我们决不能允许"非政治化"倾向的存在，改革开放之初的"不争论"并非"去意识形态化"。政治这个问题有个边界，既不能超越边界推行"泛政治化"，也不能自我退缩奉行"去政治化"原则，在不该政治化的问题上我们应该为政治划界，不能拿着政治"大棒"到处伤人；而在具有意识形态敏感性的领域，我们应该负起责任，不能缩手缩脚地"去政治化"。我们党从来没有"去政治化"，政治建设从来都是我们党的建设的重要方面，2019 年初党中央还印发了《中共中央关于加强政治建设的意见》。我们"去政治化"就为西方意识形态退出了阵地，为西方意识形态的传播留下空间。意识形态领域里的斗争从来没有停止过，在这种情况下我们"去政治化"无异于缴械投降。

"去意识形态化"思潮虽然表现有所不同，但其实质不变，就是宣扬西方的意识形态，有学者指出，"从贝尔的'意识形态终结'论到福山的'历史终结'论，再到亨廷顿的'文明冲突'论，直至当前一些学者宣扬的'普世价值'，去意识形态化思潮虽然变换了多种形态，但其核心目的不变：

---

① 李辽宁：《当前我国意识形态建设亟须澄清的几个理论问题》，《马克思主义研究》2015 年第 12 期。

论证西方价值观的不可超越性及其政治制度的永恒性，攻击和诽谤马克思主义，消解社会主义意识形态。"① 这一思潮的存在和流行对社会主义核心价值观的认同产生了一定的消极影响。

三 关于普世价值的争论

普世价值论是去意识形态化思潮中的一种表现，这种表现引起了我国学界的广泛关注，近年来有大量的批驳普世价值的文章发表，鉴于此，本节专辟一部分予以探讨。

普世价值论在我国思想界的兴起源于 20 世纪 90 年代，具体来说就是 2005 年一些西方自由派分子开始用"普世价值"攻击我国的意识形态，2007 年秋天开始在我国扩散和传播，后来又借助于汶川地震、奥运会、残奥会等重大事件大肆炒作，逐渐成为一股不可忽视的消极思潮。② 这一思潮不是纯学术思潮，它带有明显的意识形态指向，他们所谓的"普世价值"并不是要探讨共性价值，其本质所在就是要把西方的价值观、西方的意识形态说成是"普世价值"，中国要走向文明必然要接受这些价值。侯惠勤指出，"在今天鼓吹践行'普世价值'，就是打着人类文明大势的旗号，向英美为代表的西方资本主义回归，从而背离中国特色社会主义；反过来说，只有对于当今流行的'普世价值'持批判抵制态度，才能有共产主义的一席之地。"③ 其根本目的是与我们的主流意识形态争夺阵地，这已经引起诸多学者的关注，也引起中央的关注，"普世价值论"的危害性很大。

目前国内已有不少学者从各个方面对"普世价值论"进行批判。李德顺在评判普世价值之争的问题时指出，支持普世价值的人甚至认定"否认普世价值就是自绝于人类"，而反对者则甚至认定普世价值意在我们的国家权力，但这一争论没有讨论是否存在客观现实基础，不考虑有没有客观现实基础，只讨论有没有普遍价值的问题似乎落入了主观主义或者唯心史观的窠臼，而且争论混淆了"普世价值"与"普遍真理"，真理是普遍的，但并不意味着价值观念是普遍的，价值观以主体为尺度，主体是多样的，所

① 刘海龙：《去意识形态化思潮对社会主义核心价值体系建设的影响及其应对》，《理论导刊》2014 年第 3 期。
② 刘树林：《"普世价值"问题出现的过程、原因及实质》，《政治学研究》2008 年第 6 期。
③ 侯惠勤：《"普世价值"与核心价值观的反渗透》，《马克思主义研究》2010 年第 11 期。

以价值观具有多元性。① 侯惠勤认为"普世价值"存在诸多逻辑上的错误，它"混淆了认识论价值与价值论价值""混淆了政治价值与人性价值""混淆了理想价值与空想价值""混淆了马克思不同语境中的话语价值"，与国际关系中的"单边主义和双重标准"存在密切关系。② 甚至可以说，上述"混淆"是"普世价值论"的理论工具，他们就是利用这些容易混淆的问题来影响人们的价值观念。关于如何破解"普世价值论"问题，侯惠勤指出，"马克思主义对于意识形态的破解，概括起来就是把流行的、占统治地位的思想观念还原为统治阶级的意识"。③ 同样道理，我们要破解"普世价值论"也要将之归结到它们的"统治阶级意识"。

四　"高级黑"和"低级红"现象

"高级黑"和"低级红"概念出现自网络，后被我们正式文件采用，《中共中央关于加强党的政治建设的意见》中明确强调"不得搞任何形式的'低级红''高级黑'"④。这一概念的流行与"苏州马拉松递国旗"事件有关。事件发生在 2018 年 11 月 18 日在苏州举行的国际马拉松比赛中，志愿者给中国选手何引丽递国旗，而且是在冲刺阶段，这严重影响了赛事，导致何引丽以 5 秒之差与冠军失之交臂，这引起了网友们的吐槽，事后有人认为"递国旗"是一种礼遇，而更多的人则认为任何行为都不应该干扰正常比赛，不能用"爱国"的名义干扰选手。当时选手如果接国旗则湿漉漉的国旗会影响比赛，如果不接则又担心有"不爱国"的帽子扣到自己头上。正如新浪博客中"秦岭雪的博客"的博文"警惕'低级红'的泛滥"所说的，"高级黑"就是"低级红"，因为它是红，有时候它会让你在道德的压力下无话可说，因为"低级红"也是"红"，正是在这个"红"的包装和掩盖下，才有了"高级黑"的效果。⑤

所谓"低级红"实际上就是用违反常识甚至背离人性的方式去"宣传"一些具有正面意义的事情，但这种"宣传"不但没有发挥应有的正能量，

① 李德顺：《怎样看"普世价值"？》，《哲学研究》2011 年第 1 期。
② 侯惠勤：《"普世价值"的理论误区和实践陷阱》，《马克思主义研究》2008 年第 9 期。
③ 侯惠勤：《我们为什么必须批判抵制"普世价值观"》，《马克思主义研究》2009 年第 3 期。
④ 《中共中央关于加强党的政治建设的意见》，人民出版社，2019，第 9 页。
⑤ 《警惕"低级红"的泛滥》，秦岭雪的博客，http://blog.sina.com.cn/u/5696510232。

反而引发了民众的厌恶和反感，本来国旗意味着国家，但志愿者不分场合，甚至不惜干扰比赛的正常秩序"递红旗"，这种行为虽然初心可能是"红"的，但结果却事与愿违。"低级红"和"高级黑"表面上是说两种现象，实际上所指是同一类事情，低级的红结果就是高级的黑，这种黑不是赤裸裸的、明目张胆的黑，它表面上是"红"，是为了宣扬正能量，但结果却是在"黑"那些具有正面意义的事情。

"高级黑"和"低级红"对我们的意识形态工作，对于我党的宣传工作有一定的危害性，表面上它好像是在做"宣传"，但从结果来看，它是在给宣传工作"添乱"，对于"高级黑"和"低级红"的危害性，媒体人曹林指出：

> "高级黑低级红"者眼中只有一种抽象的理念，而没有人，没有人性。抵抗这货那货的街头暴力中，以"爱国"名义砸这个砸那个，生日本人的气，砸中国人的车，砸中国人的头，不也是如此思维？每一声爱国的口号喊得都冠冕堂皇、正义凛然，可每一个暴力行为都在伤害着"爱国"这个词，更伤害着自己的同胞，伤害着国家形象、国家利益。削足适履，把抽象的观念凌驾于活生生的人之上，低级得要命，黑得很惨。[1]

网上还流行一些具有"高级黑"和"低级红"特征的事件，比如某领导干部晚上因洗澡没有接手机而受到党内警告，并被扣上"四个意识"不够的大帽子，办公室放零食被处理，某教师在教师节自费聚餐被处理，等等，这些行为看似严格执行政策，但实际上是"低级的红"，把严格推行到了极端就可能不再是"红"了，而有可能变成了"黑"。曹林在一篇流行于新媒体公共领域的题为《高级黑低级红的十种表现及防范应对策略》的文章中把高级黑和低级红的典型表现分为十类："削足适履式高级黑""反向论证式高级黑""推向极端式高级黑""公私混淆式高级黑""恶捧领导式高级黑""完美塑造式高级黑""坏事好评式高级黑""傻白甜式高级黑""自我美颜式高级黑""伪造论据式高级黑"。这些现象的存在对于我国意识

---

[1]　曹林：《拒绝流行：高级黑和低级红》，《羊城晚报》2018 年 11 月 25 日第 7 版。

形态建设，对于提升社会主义核心价值观的认同度产生了一定的消极影响。

前文所讲的思潮是当前新媒体公共领域中的主要社会思潮，并不是所有的社会思潮，除了上述这些之外，还有民主社会主义思潮、新儒学思潮、民族主义思潮、消费主义思潮、后现代主义思潮，等等。这些或者可以归并入前文所述的思潮之中，或者是纯粹学术思潮，或者在新媒体公共领域几乎没有什么明显表现，这里就不再赘述。

第五章　提升新媒体公共领域对社会主义核心价值观的认同

培育和践行社会主义核心价值观，必须抓住新媒体这一"最大的变量"，我们要有效利用新媒体公共领域这一新平台，提升社会主义核心价值观的吸引力和凝聚力，要在"入心入脑""内化于心外化于行"上下功夫，真正提升社会主义核心价值观的认同度。

第一节　培养健康的新媒体公共领域

充分利用新媒体公共领域这一平台提升社会主义核心价值观的认同的前提是要有健康的新媒体公共领域，新媒体公共领域在我国出现的时间不长，而且还存在一些有待进一步完善的不足之处，因此培育健康的新媒体公共领域就成为提升新媒体公共领域对社会主义核心价值观认同的重要方面。

一　倡导理性的公共表达方式

现代文明彰显了人的自由个性，但自由应该以不侵害他人权益为边界。新媒体公共领域是一个新事物，一则是相关的法律法规还不健全，二则是转型期的我国公民素养也确实还存在有待提高之处，这种现状致使新媒体公共领域的叙事存在非理性，乃至于不文明的现象。

抵制网络暴力。网络具有多种多样的功能，但最主要的可以分为两类：娱乐和公共批评，其中的公共批评本来是指责社会的假恶丑，弘扬真善美等正能量的有效途径，社会舆论是维持社会秩序的精神基础，但网络的公共批评有时候却走向了极端化，走向了网络暴力。一个典型的例子是，2007年北京一位女青年名叫姜岩，在博客空间记录了自己对丈夫的出轨非常气愤，想抛弃但又舍不得，不抛弃又痛苦煎熬的心情，并有轻生的想法。最终于 12 月 29 日在挽回丈夫没有希望的情况下跳楼自杀，但她的"死亡博客"却在网络传播开来，一时之间网络对她的丈夫群情激愤，展开了人肉搜索，不久姜岩丈夫王菲的电话、地址、单位等信息都在网上曝光，王菲本人受到了极大的骚扰，迫于网络压力，王菲辞掉了工作。王菲的做法确实有不恰当之处，在道德上确实存在污点，但网络的这种过度滥用公共批评权的行为严重侵害了他的权益。近年来，这样的例子还有很多，网络在批判不善的行为上确实站在了道德的一方，但却以超越法律底线的方式滥用了这种公共批评权。在人肉搜索中，受害者被淹没在批评之中，有口难辩，所发出的声音根本无法传播出去，十分微弱，这不是现代文明所应该有的状况，也不是新媒体公共领域所应有的叙事方式。

消解唯我主义。新媒体公共领域是一个探讨公共事务的领域，其言说方式应该是理性的、平和的，但现阶段的新媒体公共领域却存在一种唯我主义的叙事倾向。新媒体公共空间中的公共言说必然存在多元化的视角和观点，彼此批评、反驳是正常的事，否则也无所谓公共领域，但现阶段有些人遇到不同的观点就是"拍砖"、攻击、谩骂，即便对方的观点有道理也不认同。公共领域中的言说就是公共说理，而公共说理关键在于讲理，在相互的公共说理过程中形成舆论，即便有不同的观点，彼此之间也会平和地倾听对方，我可以不赞同你的观点，但我坚决维护你言说的权利。一位学者曾经说过，"吵架越成功，说理越失败"，现阶段有些人的"思维定式是'对抗'，不管对方说得对不对，都一律要予以'反击'，绝不认账。"① 新媒体公共领域中尤其如此，这种状况不可能达成共识。公共说理中的唯我主义是现阶段公民素养偏低的表现，改革开放四十余年的发展，尤其是社会主义市场经济的发展已经孕育了主体意识、权利意识，但人们的公共精神却相对滞后，梁启超、费孝通等近代思想家早就指出，私心过重是我们国民性之弊。新媒体公共领域是一个陌生人的社会，参与者彼此不一定认识，习惯于在熟人社会客客气气的人们还不习惯于陌生人社会中的道德。当然，有不同见解就出言不逊的唯我主义也只是个别人，大部分人还是懂得相互尊重，以理性平和的态度进行公共说理，但个别的唯我主义也反映

---

① 徐贲：《明亮的对话——公共说理十八讲》，中信出版社，2014，第 12 页。

了某种趋势，值得我们关注。

提升理性的辨别能力。新媒体公共领域是一个新事物，由于相关的法律法规还有待建立健全，所以新媒体公共领域中的内容也是鱼龙混杂、泥沙俱下，但部分网民出于猎奇心理，对于网络流行的很多消息不究真实，只求好奇，以讹传讹，导致互联网充斥各种虚假信息。公共领域本来是通过对公共事务的批评形成一定的舆论，对现实构成一定的舆论压力，以此迫使社会走向公序良俗。如果虚假和错误信息充斥网络的话，新媒体公共领域的公信力就会降低，就会流于人们娱乐开玩笑的平台，而且，虚假消息的泛滥也会淹没真正的公共问题，致使公共问题无法在新媒体公共领域得到充分的讨论，新媒体公共领域的公共性被虚假和错误信息所解构。

二　培育健康的公共生活能力

不管是传统的以报纸、杂志为平台的公共领域，还是以新媒体为平台的新媒体公共领域，都只是一个技术性平台，是物质依托，而真正的公共领域都是由人组成的，人是公共领域的关键因素，健康的公共领域需要有健全的现代公民，需要有会过公共生活的人。日常生活更多的是私人生活，非日常生活包括很多方面，公共生活就是其中的重要内容，公共生活是人们参与社会、参与政治，建构人际关系和其他社会关系的重要领域。现代人的生活样法是重视私人生活而相对忽视公共生活，把私人生活视为自己最重要的领域，而将参与公共生活视为一种应付。

第一，培育健全的主体人格。健全的主体人格可以从多个层面探讨，公与私是讨论主体人格的一个重要方面。现代性塑造了强烈的主体意识，主体意识的一个重要表现就是利益意识，古典政治经济学"理性人假设"就是这种主体意识的最典型表现，因此现代人格的最突出表现就是"经济人"的人格，每个人都围绕着自己的利益思考问题，一切以自我利益最大化为中心。这种主体把私人生活视为目的，而把公共生活看作是手段，只有涉及自己私人利益的时候，个体才会真心关注公共生活，除此之外，都是应付。这样的人格是不健全的，是"单向度的人"，片面地发展了利益意识。真正健全的人格不应该仅仅关心自己的私人利益，而应该在关心自我利益的同时也关注社会公共事务，应该有公共意识。公共意识是责任意识的表现，也是义务观念的表现，它强调个体应该对公共事务做出自己的贡献。在面对社会丑恶现象的时候，不管这一现象是否涉及自己的利益，都应该勇敢地站出来说"不"；在面对社会不公正的时候，即便自己没有身处其中，也不应该"高高挂起"。只有这个社会中的大多数人都有这种健全的主体人格，社会正能量才会充满新媒体公共领域，社会主义核心价值观的认同度才会得到提高。

第二，培养积极参与公共生活的习惯。桑内特《公共人的衰落》一书不仅指出了 19 世纪公共生活衰落的事实，而且最重要的是，它还强调了公共生活的重要意义，人们不应该只关心私人领域而忽视公共领域，进而忽视了公共生活。只有在公共生活中的人们才能调动起关心社会事务、政治事务的兴趣。同时，人们在参与公共生活时不应该只关心政治人物的私人生活，不应该仅仅被政治人物的情感和动机所吸引，而应该关心政治领导人的行动和政策，进而真正地关心社会事务和政治事务，提出有关自身利益的诉求，追求和维护自身利益，也维护公共利益。在当今的资本主义社会，正因为人们沉浸在已经全面异化的日常生活中，受到了无意识和隐匿性的控制和蒙蔽，沉浸在一种"虚假的幸福"中，成为"戴着镣铐跳舞"的舞者，人们才会不关心公共生活。而 19 世纪以来所形成的公共生活和私人生活的失衡，造成了对个体人格的过度关注，使广大民众不再关心社会事务和政治事务，造成了公共生活关注点的错位。因此，现代人应该形成积极参与公共生活的习惯，公共生活是每个人的生活，只有每个人都积极参与公共生活，公共生活才不会被架空或者被某些人所宰制。这样人们就不会再沉迷于一种"自恋人格"，沉迷于不断地追问"这个人、那件事对于我有什么意义"的漩涡中。

第三，重建合理的共同体，为公共生活提供有效的平台。公共生活的衰落源于多种因素，其中共同体的日渐削弱是一个重要根源。古代社会的共同体本位色彩非常浓厚，马克思曾指出，"我们越往前追溯历史，个人，从而也是进行生产的个人，就越表现为不独立，从属于一个较大的整体"①。古希腊的雅典城邦，"人是共同体的动物"特征表现得非常明显，共同体就是公共生活的平台，古典共和主义论者认为，公共生活更能够彰显人的本

---

① 《马克思恩格斯全集》第 30 卷，人民出版社，1995，第 25 页。

质。而近代以降，个人主义的盛行解构了古代的共同体社会，人们的兴趣点从公共生活转向了私人生活，"理性人"成为现代人的范本，私人利益成为个人的第一追求。共同体的消解弱化了公共生活的平台，理性人的逻辑培育了只关心私人利益，而漠视公共利益的现代文化，这是现代性之弊。虽然现代社会已无法恢复曾经的共同体本位社会，但为了补救极端个人主义的现代性危机，我们应该重建合理的共同体，为公共生活提供有效的平台。合理的共同体关键是要处理好群己关系，古代社会共同体对个体干预太多，个体缺乏自由个性，而现代社会注重个体的主体性，罔顾了共同体的意义。合理的共同体需要有超越自我私人利益而关注公共利益的文化氛围，又需要共同体不能像古代共同体那样粗暴地干预私人自由，共同体应该奠基于个体人的自愿与自由，在共同体中人与人的沟通应该是平等的、民主的。在尊重彼此的个性、自由及私人利益的基础上寻求共识，以此来获取社会的整合度与认同感，提高人们参与公共生活的热情，这样的共同体才是现代共同体，才能够为公共生活的复兴提供有效的平台。

我们应该重新建立一种平衡，即公共生活和私人生活的平衡，使人们在公共生活中能够摆脱过度关心领导人物私人生活的世俗卡里玛斯的统治，更加理性和成熟，更加具有批判性和建构意识。

三　建构新媒体公共领域的意识形态叙事

上述叙事方式更多的是新媒体公共领域参与者日常交流、沟通、娱乐的方式，而新媒体公共领域的意识形态叙事则相对严肃，但即便是意识形态叙事，也有着明显的叙事特征，考察这些特征对于我们用主流意识形态引导新媒体公共领域具有重要的意义。

主流网站正面宣传我们的主流意识形态。习近平总书记在"8·19讲话"中强调"意识形态工作是党的一项极端重要的工作"[1]，而且在多个场合强调新媒体在意识形态建设中的重要性。在新媒体公共领域中，尤其是在人民网、新华网、光明网等党和政府主办的各大网站中，主流意识形态牢牢掌握了话语权。各大主流网站普遍的做法是正面报道宣传我党的各项

---

[1]　任仲文：《学习贯彻习近平总书记8·19重要讲话精神人民日报重要言论汇编》，人民日报出版社，2013，第2页。

方针政策；发表或转载中央领导人的重要讲话；发表或转载解读我们党方针政策的文章；等等。在各大主流网站，各种非主流的社会思潮根本没有发声的渠道和机会，从这一点上来说，各大主流网站类似于传统纸质媒体，党和政府容易掌握。而且，各大主流网站的影响力大，权威性高，对意识形态话语权的建构发挥着主导的作用。

但新媒体公共领域也存在解构意识形态的叙事趋势。

第一，各种社会思潮纷纷以"批判"的叙事方式试图与主流意识形态争夺话语权。新媒体公共领域的舆论是转型期社会现实的反映，随着改革开放的深入，社会结构开始分化，社会思潮多元化趋势增强，社会的共识在减少，这是转型社会无法回避的客观现实。新媒体的出现客观上为这些非主流的社会思潮提供了一个发声的平台，在 QQ 群、微信、博客、微博以及一些网站上，各种社会思潮发表着各自的看法。应该承认的是，一些社会思潮以批判现实为主要姿态，而且很多批判甚至直指我们的主流意识形态，试图与我们的主流意识形态相抗衡。

第二，以"非叙事"的叙事方式对待意识形态话语权倾向。有学者将这种倾向概括为"内向坍塌"，其表现为"网民发起、参与公共事件的积极性降低，隐退到私密沟通空间，泛滥的意识形态之争弱化理性讨论，扑朔迷离的高级黑破坏讨论氛围，娱乐至死取代公共责任，网民之间、网民对政府的不信任，个人发言的不安全感等导致网络舆论难以促成个人观念的理性公正和社会共识的达成。"① 应该说，与改革开放前的全民政治化倾向相比，对意识形态的逐渐淡化是现代化的必然趋势，马克思早就说过，现代化就是一个"物化"的过程，对物的崇尚逐渐淡化了对意识形态的崇尚。改革开放前，甚至普通的农民也能把意识形态话语说得头头是道；改革开放后，对物质利益的关注，对市场的关注逐渐成为人们的焦点，这是现代社会的常态，是社会的进步。但普通民众对意识形态敏感性的降低客观上为一些非社会主义社会思潮的盛行减少了障碍，增加了我们意识形态话语权建构的难度。

我们应该积极构建新媒体公共领域的意识形态叙事模式。

---

① 赵玉林：《法治中国背景下互联网管理机制的整体设计——消解互联网公共舆论的"内向坍塌"危机》，《情报杂志》2016 年第 5 期。

第一，深入挖掘意识形态的吸引力和凝聚力。意识形态要发挥凝聚人心的功能就要有吸引力和凝聚力。我们应该积极挖掘意识形态的吸引力和凝聚力，让人们领悟它的魅力，自发地去关注意识形态，这才是意识形态建设的关键。

第二，培育民众健康积极关注公共事务的素养。市场经济可以提高资源配置的效率，充分调动人们的劳动积极性，推动社会快速发展，但市场经济也引发了一些负面效应，比如引发社会的物质主义，使人们偏重于私人利益，等等。西方发达资本主义国家的个人主义哲学就是与市场经济相匹配的思想观念，中国特色社会主义市场经济的发展也会引发人们沉迷于自我私人世界的社会风气，"各扫自家门前雪，哪管他人瓦上霜"成为人们的生活方式，人们关注公共事务，关注整体，关心大局的意识降低了。人们的所思所想越来越"务实"，注意力从曾经的国家大事转向了自我私人利益最大化，"资本的逻辑"解构了意识形态的宏大叙事。但这不应该是现代社会应该有的公民素养，我们既要发展市场经济，也要规避市场经济的负面影响；既要以自我利益最大化为"志业"的"理性人"，也要以国家、集体、社会为基本情怀的"公共理性人"，整个社会应该把人们从偏重于自我私利的倾向引导到关注公共事务的倾向上去，使得个体在共同体和个体之间保持合理张力。

第三，在新媒体公共领域中积极引导舆论。面对新媒体"内向坍塌"的危险，我们应该积极有为，引导整个新媒体的舆论。首先，我们要认可人们的个体私权利。现代性的一个核心理念就是尊重个人私权利，只要不是违法的就是自由的，公权力不得干涉个人的私人自由。这一点是现代社会的前提，不能打着国家利益的旗帜做着违背现代法治精神的事情，这样做不但不会提升意识形态的吸引力和凝聚力，反倒可能适得其反。其次，要充分发挥每个党员的积极作用。散见于各种新媒体公共领域中也有很多党员，在面对一些消极思潮的时候，每个党员应该积极发出饱含正能量的声音来，党员群体应该是维护主流意识形态，维护社会主义核心价值观的重要群体，应该充分发挥这股力量的潜能，以应对新媒体领域出现的"去意识形态化"倾向，提升社会主义核心价值观的认同度。

第二节　创设新媒体公共领域情景促成社会主义核心价值观入心入脑机制

提升社会主义核心价值观认同的关键在于如何使社会主义核心价值观入心入脑，内化于心，外化于行，成为人们日用而不觉、习焉而不察的内在行为规范。在价值观入心入脑的过程中，知识的解释与传授，重要性的说明与强调，这些理性的知识性说教固然不可或缺，但情感的熏染更具有重要意义，伦理学学者戴茂堂在为《道德的情感之源——弗兰西斯·哈奇森道德情感思想研究》一书所写的序言中指出，"长期以来，我们的道德教育效果不佳，显然既不是听众冷漠，也不是听众太迟钝，而是我们的道德说教苍白无力，不能以情动人。我们主张敞开伦理学的情感之维，就是要打落、反抗和推翻僵死的道德规范，赋予道德以生命激情，使抽象的道德回返到具体的情感生活，将那些令人眼睛热、鼻子酸、心头颤的情感生活展示出来，将那些被理性剥夺了的情感生命重新发还给人。"[①] 显然道德建设和价值观的入心入脑不能忽视情感因素，提升新媒体公共领域对社会主义核心价值观的认同当然应该充分考虑情感因素，本节就是要探讨如何充分利用情感因素提升新媒体公共领域对社会主义核心价值观的认同。新媒体公共领域作为一种新的公共领域形式，其本身就具有传播正能量、批判抵制消极价值观的机制。不管已有的研究列举了新媒体提升社会主义核心价值观的多少种方式，都不外乎正面认同机制和批判抵制消极错误思想的反向认同这两类认同机制，本节就是要探讨新媒体公共领域对社会主义核心价值观认同的这两种机制。

一　社会主义核心价值观入心入脑心理机制的重要意义

习近平总书记就如何培育和践行社会主义核心价值观有过很多论述，他常用的关键词包括"入心入脑""内化于心，外化于行""潜移默化""融化在心灵里""铭刻在脑子里""浸润心田""百姓日用而不知""文化

[①]　李家莲：《道德的情感之源——弗兰西斯·哈奇森道德情感思想研究》，浙江大学出版社，2012，第6页。

熏陶""实践养成""吸引力""凝聚力""感召力""影响力"等。这些关键词的一个最大特点就是与人的心灵有关，社会主义核心价值观培育是一个触动心灵，改善心灵的过程，社会主义核心价值观的培育关键就是入心入脑，我们研究这一问题，也应该深入到心理层面来探讨，不深入到心理层面的研究只是在社会主义核心价值观培育的"外围"徘徊，讲了一大通，连实质性的问题都没有触及。哲学家弗兰克·梯利说过，"就伦理学研究道德意识状态而言，我们简直可以说它就是心理学的一个分支。"① 作为道德教育重要领域的价值观培育当然要从心理学的层面予以研究，只有这样才能抓住问题的关键，用力的角度才没有偏。道德心理研究的目的是要揭示"人类道德判断与道德行为的决定性因素"，通过对这些决定性因素的探讨以使"我们能够在教育和政策的层面得到一个促进社会良善行为、改善不良行为的更优方案"。② 从心理层面考察入心入脑问题会自然而然地关注道德情感问题，在西方伦理思想史上，理性主义一直占主导地位，他们把思辨的理性看作道德的根基，只有到了近代道德情感才被思想家所重视，莎夫茨伯利、哈奇森和休谟等人把情感问题引入道德领域，并做了较为深入的探讨。我们这里探讨若干道德心理机制。

哈奇森的内感觉概念及其道德心理机制。哈奇森是苏格兰启蒙运动时期著名的道德哲学家，是道德情感主义的代表人物之一（情感主义代表人物还包括莎夫茨伯利、休谟），也是亚当·斯密的老师，斯密曾经敬重地称他为"永远无法忘记的哈奇森博士"③。哈奇森的一个重要理论贡献就是把感觉区分为"外感觉"和"内感觉"，所谓外感觉就是感官直接接受外物刺激所形成的感觉，它只能感知具体观念，无法感知具有普遍性的抽象观念，而"内感觉"是一种高于外感觉的感知形式，内感觉重在感知普遍的、抽象的观念。外感觉无法感知差异中的一致性，无法感知"美""善"等抽象观念，无法产生美、丑、善、恶等情感，"人们通过外在感觉所能感觉到的山就是山，红就是红，红山就是红山，不会产生雄伟、娇媚、迷人等观念。

---

① 〔美〕弗兰克·梯利：《伦理学导论》，何意译，广西师范大学出版社，2002，第 10 页。
② 马向真：《当代中国道德心理学：问题与范式》，《南京师大学报》（社会科学版）2018 年第 4 期。
③ 杨通林：《哈奇森》，陕西师范大学出版社，2017，第 7 页。

只有内感觉才能让人们形成'美''善'等抽象观念。"① 哈奇森深受当时的经验主义影响，带有明显的经验主义色彩，他把感觉区分为外感觉和内感觉对伦理学的发展发挥了重要影响。本研究在这里介绍哈奇森的内感觉概念并不是说这一概念及其所蕴含的理论就是完美的，而是要说明，社会主义核心价值观建设要真正触及人的心灵，真正进入人的"内感觉"才会发挥积极作用。表面上的热闹并不能改善人的内在心灵，只有真正进入人的心灵，社会主义核心价值观才会真正发挥作用。

　　弗洛伊德的道德心理机制。弗洛伊德把人的心理世界区分为本我、自我和超我三个部分，本我（id）是人的潜意识，代表着原始的本能冲动，主要由各种欲望所组成，而本我的基本运行原则是快乐原则，追寻欲望的满足，不顾及道德规范，所以本我就是不道德的源泉。自我（ego）则是心理世界的意识部分，表现为人的理智、修养、文明等，其运行原则是现实原则，遵循社会的基本规范。超我（superego）是人的理想人格，已经将社会的文明规范内化为自我的内在意识，严格遵循社会的道德规范，以追求理想的道德人格。在人的道德人格结构中，本我总是追求自我满足，它不会顾及社会的规范，但自我则用现实原则压抑本我，以保证人的言行符合社会规范，维系着自我的"文明形象"，而超我则是道德自我长期修养的结果。自我是本我和超我的中介，它既管束本我，以避免不合社会规范的言行出现，也接受超我的指导和管束，本我受自我约束，也受超我约束。② 弗洛伊德还很重视"内疚感"，内疚感是遏制非理性冲动的有力动因，内疚感也是道德心理的重要方面。弗洛伊德的道德心理强调了自我对各种欲望的约束，这也确实抓住了道德建设的一个重要问题，这与中国传统儒家所强调的"惩忿窒欲""存天理灭人欲"有异曲同工之妙。儒学强调在道德实践中历练自我，尤其是宋儒发明出来一套"惩忿窒欲""修诚持敬""反躬自省"的"心性修养工夫论"，这一套道德实践工夫尤其注重道德心理层面的转化。"儒家的道德心理，主要是指促成人们将道德认知转化成实际的道德信念和道德行为的心理动力机制，即情感上愿意去实践或追求某一道德行为，意志上有持之以恒的毅力的心理机制。在这个心理动力机制中，最重

---

① 杨通林：《哈奇森》，陕西师范大学出版社，2017，第16～17页。
② 车文博主编《弗洛伊德文集（09）：自我与本我》，九州出版社，2014，第161～181页。

要的情感动力是人格培养的自我满足感和人格缺失的耻辱感。"① 儒家士大夫所向往的圣人就是典型的超我，而所谓的"四端""七情"，都是对道德情感的强调。宋儒强调在"诚""敬""静"的修养体验中坚定道德信念，进而形成完善的道德人格。这些都值得社会主义核心价值观的培育工作借鉴。

具身道德的道德心理机制。具身道德问题的探讨在西方比较多，而且历史悠久，但现阶段国内伦理学界对这一领域的研究偏少，目前知网以"具身道德"为关键词搜索到的文章不出十篇。但这一探讨涉及了价值观的入心入脑问题，很值得我们去研究和借鉴，这里我们根据学界已有的研究对这个理论做一些介绍和梳理。所谓具身道德（embodied morality）就是"身体及其活动方式与道德心理和行为的相互作用"的道德研究，它认为人的身体体验能够影响道德心理和道德行为，可以塑造道德意识，它强调"身体及其活动方式与道德心理和行为的相互作用"，认为道德心理在一定程度上依赖于人的具体身体。② 人的道德判断在一定程度上与人的身体体验存在关联性，人们使用"世态炎凉""人情冷暖""冷若冰霜""热情似火"等文字隐喻某种道德状态，不仅在汉语中，英语中也有类似的表述，"a warm smile""warm-hearted""a cold heart"等都是把道德心理与人的身体体验勾连起来。③ 具身道德研究表明，与传统伦理研究偏重于理性在道德判断中的作用不同，具身道德更加注重直觉对道德意识形成的作用，瞬时的道德直觉对个体道德意识的形成具有重要影响。人们所处的环境，道德主体所看到的文字表述都有可能以隐喻的方式影响个体，有学者在实验中让被试者观看臭气、肮脏房间的视频，引发被试者的身体厌恶，结果发现身体厌恶会提升被试者道德评价的苛刻度，"这说明不道德行为通常是和厌恶感受联系在一起的，厌恶感受本身就可以影响道德判断。身体厌恶与道德肮脏联系在一起，那么身体洁净就可能是与道德纯洁联系在一起的。"④ 外在环境会影响道德主体的感受，而个体的感受则会直接影响个体的道德判断。

① 曾建平、肖三蓉：《儒家与弗洛伊德的道德心理之简略比较》，《心理学探新》2006 年第 3 期。
② 陈潇、江琦、侯敏、朱梦音：《具身道德：道德心理学研究的新取向》，《心理发展与教育》2014 年第 6 期。
③ 叶红燕、张凤华：《从具身视角看道德判断》，《心理科学发展》2015 年第 8 期。
④ 叶红燕、张凤华：《从具身视角看道德判断》，《心理科学发展》2015 年第 8 期。

这个结论对于我们推进道德建设，推进社会主义核心价值观入心入脑有重要意义，人的身体体验会在直觉层面以"内隐联想"的方式，或者以"心境诱发"的方式影响道德主体的道德判断和道德意识的形成。这就需要我们经常性地创设能够激发个体积极的道德直觉的情景，以使社会主义核心价值观入心入脑。

内心层面的入心入脑是提升社会主义核心价值观认同的关键，要深入探讨新媒体公共领域提升社会主义核心价值观的认同机制就应该掌握并利用入心入脑的心理机制，既要用感人的、触及人的灵魂的故事感动人心，把善的根芽培植成参天大树，也要充分利用新媒体公共领域的批判机制，把各种消极价值观念压制贬抑，使它们不能发挥作用。

二　强化正面情感认同机制：用正能量感化人

社会主义核心价值观的认同关键是要用正能量来感化人。新媒体在这方面可以发挥积极作用。

（一）吸收借鉴我国传统社会道德教化的方式方法

我们应该充分吸收我国传统社会价值观熏染方式中的一些好的做法。我国曾经历了漫长的封建社会，以儒家为主干文化的中国传统社会中有一套价值观培育模式，一些做法很值得我们学习和借鉴。传统社会所尊奉的核心价值观是忠孝仁义礼义廉耻，为了使这一核心价值观入心入脑，传统社会形成了一套教化系统。

首先，传统社会有一个以弘扬传统儒家文化为己任的士大夫群体。这些人多为高在庙堂的忠臣仕宦，但也不乏乡野的布衣文人，不管是在朝在野，他们都以张扬儒家文化为使命。尤其是宋明新儒学实现了儒学的革命，把儒学的关注点转向了"内圣"，"内圣外王"是儒家的核心理念，但宋儒成功地将儒学的中心转向了"内圣"，所谓"内圣"就是强调个体的自我内在道德修养，这也是道德价值观培育的关键。宋儒的使命就是"收拾人心"，就是提升道德意识，使封建社会的伦理纲常入心入脑。为了提升"内圣"的境界，宋儒提出了一套"心性修养工夫"，朱熹张扬了《大学》中的格物、致知、正心、诚意、修身、齐家、治国、平天下的"八条目"，在这八条目中，前五条，即"格物、致知、正心、诚意、修身"都是讲"内圣"

的。朱熹将《大学》列为"四书"之首，不但因为《大学》较为通俗，适合刚刚开蒙的孩童阅读，还因为这部书把儒家的核心纲领说得清楚明白，这足见他对内圣的重视程度。除了注解、集注"四书"之外，程朱理学还发展出一套"守静""修敬""持诚"的"工夫论"，心性修养的目的是体认天理，宋明理学的另一个贡献就是为儒学奠定了形而上学根基。先秦儒学更多的是孔子语录，是"该怎么做"的格言，缺乏形而上学的哲学根基。而宋明理学则借助于周敦颐《太极图说》，为儒学的伦理纲常提供了形而上学根基。周敦颐《太极图说》指出，"自无极而为太极。太极动而生阳，动极而静；静而生阴，静极复动。一动一静，互为其根。分阴分阳，两仪立焉。阳变阴合，而生水、火、木、金、土，五气顺布，四时行焉。五行，一阴阳也；阴阳，一太极也；太极，本无极也。五行之生也，各一其性。"朱熹则用"无极而太极""太极即理"解释世界，按照《太极图说》，无极是世界万物的根源，而朱熹则将其解释为，无极就是太极，太极就是理，说到底理就是世界万事万物的本根，万事万物根源于理。封建的伦理纲常就是理，理就是天（有时候"天""理"并用），伦理纲常根源于天理，所以人们要遵守伦理纲常。总之，以程朱理学为主干的宋明新儒学为封建社会的伦理纲常提供了坚实的形而上学基础，提供了具有说服力的解释话语。

其次，封建朝廷的政府系统鼓励引导传统社会的伦理纲常。封建朝廷之看重儒学并非看重其"义理"，而是看重它有利于统治的一面。南宋皇帝曾经请朱熹为皇帝讲学，朱熹为皇帝讲"存天理灭人欲"，结果不久就被赶走了。封建帝王要的是让老百姓"存天理灭人欲"，自己只是做做样子罢了。为了弘扬封建的伦理纲常，封建社会曾经通过"立贞节牌坊""赐牌匾""封官加爵"等方式褒扬那些恪守封建道德的典范，鼓励人们学习这些道德典范。各级官员要承担"教化黎民"的任务，可以说封建社会的政府系统对伦理纲常的宣传教育还是比较系统的。很多士大夫终身宣扬和践履儒家理念和信仰，"存忠孝心，立修齐志"的对联可以在很多大户人家看到，很多士大夫的家训、家书中都充满着儒家的情怀，这都是封建社会的道德传统系统。

最后，封建社会的民间也有一套教化系统。儒学的理论研究更多的是士大夫的事情，普通老百姓接触的机会不多，但传统社会也有一套民间教化系统。民间流传的很多评书、戏曲、传说等都带有浓厚的道德说教色彩，而且大多数都能寓教于乐。这些艺术形式通俗易懂，适合于文化水平较低的社会大众，比如传统评书《三国演义》《岳飞传》《杨家将》《三侠五义》《春秋演义》《隋唐演义》都是用生动有趣、感人至深的情节打动人，用有血有肉的鲜活人物感化人，使人们在娱乐中敬重岳飞、杨家将的忠，敬重关羽的义。再比如戏曲也是教化民众的一个重要形式，在这里我们以京剧《洪洋洞》为例来说明，京剧《洪洋洞》是一出骨子老戏，从京剧形成之初一直传唱至今。该剧剧情是这样的：宋朝的杨继业一家几乎全部为国捐躯，杨继业本人也因被困二郎山，在李陵碑前触碑而亡。杨家六郎杨延昭临死之前的一个愿望就是盗回父亲杨继业的尸骨，杨继业二郎山撞碑而亡后，辽国敬重其人，故将其尸骨供奉于洪洋洞内。六郎杨延昭派孟良前去盗取尸骨，而焦赞听说后也偷偷前往，孟良、焦赞两人是杨延昭的左膀右臂。在洪洋洞里，孟良在前面，焦赞偷偷跟在后边，但焦赞不小心发出了一点动静，孟良以为是敌人，也因为山洞里面黑看不清楚，就一斧子（孟良的武器是斧子）劈死了焦赞。事后孟良发现自己竟然劈死了自己的异姓兄弟，痛不欲生。盗出令公杨继业的尸骨后，把焦赞的尸体和杨继业的尸骨交代给手下的老军，自己自杀身亡。当杨延昭看到自己父亲的尸骨和孟良、焦赞的尸体一起运回来的时候，悲痛难忍，吐血而亡。这个故事很感人，其弘扬的既有忠诚，也有仁义，再配以铿锵有力的唱腔，使得《洪洋洞》这出戏久演不衰。人们在看戏的过程中，心灵也受到感化，类似的传统戏曲还很多。可以说传统社会中民间的教化系统也是存在的，而且有的还很管用。

新媒体公共领域和其他公共领域一样，是公众舆论形成的场所，本身具有惩恶扬善的机制。新媒体每天都会传播大量的充满正能量的事件，这些案例对于"收拾人心"，改善人的心灵，对于促使社会主义核心价值观入心入脑具有积极意义。提升社会主义核心价值观的认同就应该设法多创设令人感动的充满正能量的情景。

（二）社会主义核心价值观培育工作应该充分激发人的道德情感

意识形态工作不只是宣传部门的工作，而且是全党的重要工作，每个领导干部，乃至于普通党员都应该懂得意识形态工作的重要性。但不可否认，宣传部门是意识形态工作的主要承担者和领导者，应该在意识形态工作中发挥主导作用，我们的意识形态工作尤其要充分调动道德情感，在入心入脑上下功夫。

这里我们以中央电视台《感动中国》栏目为例来探讨我们该如何在社会主义核心价值观培育工作中调动道德情感因素。

社会主义核心价值观的培育是一个触动人的心灵，感化人的言行的过程，只有这样才会使之入心入脑，内化于心，外化于行，而感动则是触动人的心灵的重要方式。感动是良善事件与人的内在良知的共鸣与震颤，在被善良感动的过程中，自我内在良知被激发和强化。人是社会性的动物，在成长的过程中，任何人都要经历社会化和再社会化的过程，社会化的过程在一定的程度上培养了人的良知，良知不是先天具有的，而是后天形成的。感动实际上就是调动和激发人的良知的一种方式。中央电视台《感动中国》自 2003 年 2 月 14 日开播以来，讲述了一百余位感动中国的人物，对这些人物及其先进事迹的报道感动了无数观众，产生了重要而积极的影响。《光明日报》发表的《感动的力量经久不息》一文指出，"自 2003 年 2 月 14 日央视《感动中国》栏目开播以来，一直以其独特的魅力吸引着万千观众。17 年来，已经推选出 100 多位感动中国人物，感人的故事历久弥新，感动的力量经久不息。""感动是一种很好的道德培育方式。'高山仰止，景行行止'，虽不能至，心向往之。被高尚感动的人们，必将与高尚同行。"① 现举几个《感动中国》的例子。

2015—2016 感动中国人物张宝艳、秦艳友：建"宝贝回家寻子网"让走失的宝贝得以回家

2007 年，张宝艳、秦艳友夫妇二人建起"宝贝回家寻子网"，他们也曾经饱受孩子丢失的苦楚，办这个网站实际上就是为了帮更多孩子丢失的父母找回丢失的孩子，之后陆续找到了 1700 多个孩子，张宝艳说，找到 1700 多个孩子不是该网站的亮点，网站的一个重要效应是普及了打拐知识，营造了打拐氛围，使社会上拐卖犯罪行为得到遏制，使更多孩子避免遭受被拐卖的伤害，更多家庭少了骨肉分离的痛苦。

---

① 龚亮：《感动的力量经久不息》，《光明日报》2019 年 1 月 8 日第 4 版。

2017 感动中国十大人物杨科璋：五楼坠落仍紧抱孩子的烈火英雄

杨科璋，在灭火救援中紧急救出一名约两岁的孩子，但因烟雾太大、能见度低而踩空坠楼。从五楼坠落时杨科璋紧抱孩子，最终保住了孩子，却献出了自己年轻的生命。战友们发现杨科璋时，他仰面躺在地上，小女孩被他紧紧搂在胸前。由于杨科璋身体的缓冲，小女孩除头部擦伤外没有任何损伤，可杨科璋却伤重不治而亡。在生命最后一刻，他依然保持着抱孩子离开时的姿势。为了保护小女孩，他在坠落的过程中依然没有松手。而"大姐我救你女儿出去，你放心"竟成了他留下的最后一句话。

2019 感动中国十大人物杜富国：临危岂顾生

2018 年 10 月 11 日下午，在边境扫雷行动中，面对复杂雷场中的不明爆炸物，杜富国对战友喊出："你退后，让我来。"在进一步查明情况时突遇爆炸，英勇负伤，失去双手和双眼，同组战友安然无恙。国防部评价说：杜富国同志面对危险，舍己救人，用实际行动书写了新时代革命军人的使命担当。

一位伦理学教授指出，"无论是瞬间的壮举，还是经年累月的坚持，这些被人们推选出的感动中国人物，身上都蕴含着人性中最闪光、最美好的品质。他们之所以给人力量，在于不管世道人心发生什么变化，他们仍在坚持真善美。他们不但没有随波逐流，反而近乎苛刻地要求自己坚守某一种品格，或爱国，或孝悌，或友善，或担当。"在《感动中国》的带动下，很多媒体也开展了类似的对好人好事的报道，感动是一种很好的道德教育方式，被感动的人，必将与高尚同行；榜样的力量是无穷的，感人的故事和崇高的品德，会激励人们用爱心传递爱心，用温暖印证温暖。[①] 网站、微博、微信等新媒体公共领域每天都会有大量的激发正能量的感人事迹被传播，被播放。每个案例或许只能感动一部分人，而大量的事例则会将感人的点滴之水汇集成滔滔的正能量之河，对于社会主义核心价值观的培育发挥重要的推动作用。

---

① 龚亮：《感动的力量经久不息》，《光明日报》2019 年 1 月 8 日第 4 版。

我们再以中央电视台的《朗读者》为例，探讨主流媒体在调动道德情感中的积极作用。

中央电视台《朗读者》栏目影响较大，主要讲述能够打动人心的人物和故事，文字精美，朗读充满情感，具有较强感染力。至今《朗读者》已经播出三季，影响很大。该栏目精心选取了众多的能够打动人心灵的、充满正能量的故事，这些故事的主人翁有的是公众人物，如白岩松、罗大佑、姚明、刘烨等，也有很多是默默无闻的工作在各个岗位上的普通人，但他们的故事却有一个共同的特点，那就是感人。这里我们以朗读者徐卓为例来展示《朗读者》的风格。

> 朗读者徐卓，才 23 岁，讲述了一个为了救丹顶鹤而不幸牺牲的女孩的故事，这个牺牲的女孩就是徐卓的姑姑徐秀娟，徐秀娟为了找寻走失的小丹顶鹤而陷进了沼泽再也没有回来，这个美丽的女孩被追认为我国环保战线第一位烈士！姑姑牺牲以后，她的弟弟，也就是徐卓的父亲，继承了姐姐的守护丹顶鹤的工作……因为爷爷奶奶放不下这群鹤！强忍着失去爱女的悲痛，他们把儿子徐建峰送进了保护区。徐建峰放弃了优厚的待遇，选择了保护丹顶鹤，一直干了 18 年，同样的悲剧又发生了。"2014 年 4 月，徐建峰为了一个小鹤马上就要破壳的鹤巢，他只身前往看护。几天后，他和姐姐一样，倒在了沼泽地里再也没能起来……那一年，他 47 岁。"更让人感动的是，悲痛之中，小徐卓毅然中断了原来的大学学业，转到了野生动物专业，她说她要继承父亲的遗志……和她在一起的，还有她年迈的爷爷和奶奶！就这样，一家三代，前赴后继，为了保护国家濒临灭绝的稀有动物丹顶鹤扎根在那个叫作扎龙的地方，只是因为那些白色的大鸟——丹顶鹤！她朗读了作家张抗抗的散文——《白色大鸟的故乡》，她说她要成为那片土地上的第三代守鹤人！

《感动中国》和《朗读者》是成功的，其成功在于如下几点：

第一，它不是单纯的说教，而是讲故事，故事很具体，就是发生在每个人身边的事，但这些故事中却充满了感动，这样的节目在勾起眼泪的同时，也将正能量浸润进观众的心田。这样的栏目的成功在于他们在快餐式生活方式时代，用平凡中的崇高和伟大把碎片化的生活凝聚起来，让沉湎于平庸生活中的人们重建自己的精神家园，虽然没有道德说教，但这些栏目的"道德说教"效果远好于纯粹道德说教，我们应该创设更多的类似栏目。

第二，这些栏目的影响范围广泛。这些栏目不单纯是电视节目，在互联网空间发达的时代，媒体融合已经是必然趋势，这些栏目也实现了电视与互联网的融合。新媒体时代，人们花在看电视上的时间越来越少，而花在互联网，尤其是花在手机等移动互联网上的时间越来越多，很多观众看电视可能也是在手机上看的，这些栏目都可以在爱奇艺上看到。而且中宣部主办的"学习强国"平台还把《朗读者》作为学习内容，这就更扩大了《朗读者》的影响范围。

第三，这些栏目的一个最大特点就是感动。习近平总书记强调，"培育和践行社会主义核心价值观，贵在坚持知行合一、坚持行胜于言，在落细、落小、落实上下功夫。"要把社会主义核心价值观"日常化、具体化、形象化、生活化，使每个人都能感知它、领悟它，内化为精神追求，外化为实际行动，做到明大德、守公德、严私德"。① 而要真正实现这一任务，重视从道德情感上来感动人是重要的环节，感动都是与道德高尚有关，感动的原因多数是因为你所看到的对象高尚，感动发生的同时就是榜样的力量发挥作用的时候，也是价值观入心入脑的重要环节。

（三）充分发挥社会力量调动人们的道德情感

培育和践行社会主义核心价值观不仅要靠党和政府发挥主导作用，也需要社会发挥积极作用，只有社会的积极作用被充分调动起来，积极向上的社会氛围才会真正形成。其实社会也有一个正能量的传播机制，社会是由人组成的，社会中的人都经历了社会化，社会化过程已经将真善美与假恶丑的标准内化为社会成员的内在心理品质。也就是说，任何人内心都有崇尚真善美，贬抑假恶丑的倾向，所以一些充满着社会正能量，能够调动社会道德情感的故事也会在民间传播。微信群、QQ群就是这样民间自发的公共舆论场所，这个公共空间也存在激发人们道德情感，提升人们的道德意识的社会机制。很多形式多样、内容活泼的信息会在微信群流传，这些

① 中国文明网，http://sh.wenming.cn/TT/2014/t20140526－1966007.htm，最后访问日期2020年9月20日。

信息也能调动积极的道德情感。曾经有一段视频在微信群广为流传。

　　一段标有"腾讯视频"字样的视频在微信群中快速传播。视频中一个修车师傅蹲在路旁修电动车，修车师傅背后两个儿童手牵手往前走，这个时候正好修车师傅站起来休息一下，转过身来发现一辆汽车正冲着两个儿童飞驰过来，这个修车师傅毫不犹豫地跑过去一把抱住两个儿童往后一个后滚翻，两个孩子得救了。视频配了解说，以下是视频解说词：

　　"大家好，青岛小强今天看到了这样一段视频，有一名男子正蹲在地上修车，而在他的身后，两个小朋友正在手牵着手走路，两个小朋友逐渐停下了脚步，而男子也逐渐回过头去，男子突然上前一步搂住两个小朋友，惊险地就是一个后滚翻，弄了半天是辆车撞过来了，差一点把孩子撞上，这个男子回头一看，车冲着孩子撞过来了，连寻思都没寻思，迅速做出反应。有的网友看完视频说，'舍身救人，根本没有思考的时间，完全是本性使然，必须点赞'；也有的网友说，'能救一个人就很厉害了，没想到是救了两个'；青岛小强要说，'其实这位修车师傅也救了开车司机，如果稍微反应慢那么一点，司机撞上了两个小孩，对于这位司机来说也要承受很多'。这段视频时间并不长，但是在朋友圈里却引发了极大的关注，很多朋友想通过转发朋友圈的方式找到这位师傅，也想知道这位师傅在后滚翻救人的时候，他有没有受伤。看到这段视频的朋友无一例外都对这位师傅表示了自己的敬佩，让我们在一起再看一下。"视频又重复了一遍，在重复的过程中视频中打出来"为修车师傅点赞，转发正能量"字样，接着视频幕后继续解说，"青岛小强希望朋友们通过点赞和转发的方式祝好人一生平安。"然后视频又重复了几次，最后视频上打出，"希望看到这个视频的网友，动动手指转发出去，让更多人看到，多一人看到就多一分警惕，转发提醒，感恩戴德！"

　　这个视频不是十分清晰，很明显是路边监控录下的，公众号又以"青岛小强"的名义做出剪辑和解说，而且"青岛小强"的解说还带有浓厚的山东味，是以纯粹民间的方式，甚至略带诙谐的口吻解读这平凡世界中的高尚，所有看到这段视频的人从内心深处敬佩这位平凡的修车师傅，这段视频也给每一位网友以心灵的温暖与教育，它或多或少地给人以感动，传播了正能量，新媒体公共领域对于德性的弘扬就是通过这些点滴汇聚成一股重要的力量。

三　反面认同机制：在批判中惩恶扬善

批判是否定的扬弃，是对假恶丑的否定和真善美的弘扬，一定程度上的批判也有助于社会文明程度的提高，当然马克思时代的青年黑格尔派那种认为批判就是社会进步发展的动力的唯心主义哲学是错误的，马克思早期的很多著作都是为了批判这种哲学。虽然批判不是社会发展的根本动力，但批判也不是一无是处，我们不能在非此即彼的形而上学的思维中徘徊，对于一个社会来说，批判是从抨击负能量的反面角度弘扬正能量。在探讨新媒体公共领域批判机制之前，我们需要廓清批判这一概念的内涵，本来批判概念的内涵比较容易理解，但近代哲学的发展却使这一概念呈现不同的倾向。现代主义的高歌猛进造就了对主体、自由、平等等现代性理念的无批判接纳，这种哲学引起了一些敏感的哲学家的警觉，进而后现代主义哲学思潮应运而生，但后现代主义却在批判现代性的名义下走向了另一个极端，它们对主体性、自由、民主等现代性理念展开了"见神杀神、见佛杀佛"式的"否定一切"的批判性解构，后现代主义的批判确实打中了现代性理论的"七寸"，但它没有进行建设性的思考与建构，社会总是要发展的，人类总是要进步的。建设性的批判反思是我们应该坚持的态度，郑杭生认为建设性的反思就是"通过反思批判这样一种理性思维活动，实事求是地肯定该肯定的东西，否定该否定的东西，并根据这种分析提出积极的建设性的改进意见和方案，以增促社会进步，减少社会代价"，"这种建设性的反思批判精神，是肯定和否定的辩证统一，它既不赞同'否定一切'的颠覆性或毁灭性的变味批判，又不赞同'肯定一切'的无反思批判的盲从态度。""人和人类，社会现实，既有真善美的一面，又有假恶丑的一面，需要通过反思批判，来发扬光大前者，抑制减缩后者。"[①] 这是辩证的批判

[①]　郑杭生：《论建设性反思批判精神》，《华中师范大学学报》（人文社会科学版）2008 年第 1 期。

观，也符合马克思主义的批判观，马克思就是在批判旧世界的同时建构新世界。马克思终其一生都在批判资本主义，资本主义推动了生产力的巨大发展，在《资本论》及其手稿中，对资本逻辑的积极作用，马克思毫不吝啬其溢美之词，"资产阶级在它的不到一百年的阶级统治中所创造的生产力，比过去一切世代创造的全部生产力还要多，还要大。"① 资产阶级何以创造如此巨大的生产力，资本的逻辑功不可没。但资本也充斥着诸多弊端，"资本来到世间，从头到脚，每个毛孔都滴着血和肮脏的东西。"② 资本造成人的异化，资本使人依赖于物成为社会的常态，资本造成拜金主义的泛滥，资本批判是资本主义批判的前提，但并非资本主义批判的全部，马克思对资本主义批判的最终结论是：资本主义有它自身没法解决的矛盾，那就是生产力的社会化与生产资料私人所有制之间的矛盾，这一矛盾靠资本主义自身是没法解决的，要解决这一矛盾就要进行社会主义革命，推翻资本主义，建构一个更加合理的共产主义社会。我们所主张的就是建设性批判，这是以马克思主义为基础的批判理论。

新媒体公共领域一方面正面伸张道义力量，传播正能量；另一方面也批判恶势力和负能量事件，通过对错误的批驳而弘扬正能量。新媒体公共领域的批判机制可以分为如下几个方面：

第一，讽刺批判不诚信行为

比如有一条讽刺假疫苗的微信曾经在微信群中流传，微信诙谐、搞笑但却极具讽刺意味。

　　一张白纸上写着："通知：为了民众的安全，请大家把狗拴好。疫苗是假的，狗可是真的。"这个图片简洁、风趣但又充满着讽刺，是对假疫苗的一种调侃与批判。

还有一段讽刺性视频在微信群流传：

　　一个操着东北口音的农民在给木耳打药，一边打农药，一边对话：

① 〔德〕马克思、恩格斯：《共产党宣言》，人民出版社，2018，第32页。
② 〔德〕马克思：《资本论》第1卷，人民出版社，2004，第871页。

问："你打药都打到木耳上了？"

回答："不打也不行啊，木耳招虫子了，不打没有产量了，木耳二十块钱一斤。"

问："直接打到木耳上危害比较大啊！"

回答："那也没办法啊，为了赚钱吗！是吧。先考虑经济效益。"

问："一年得打几次啊？"

回答："除草的打两次，打虫子的打两次。"

问："不打产量受损失，打了对人有危害。"

回答："肯定有危害啊，别吃多了，少吃点。"

问："话说了，退回三十年前，那时候基本没有打的。"

回答："对，那时候都不知道打药。那个时候木耳二十多块钱一斤，但人工工资很低，一天才几块钱，现在人工、材料都涨了，但木耳的价格没怎么涨。没办法。"

问："你说打上这玩意还能吃吗？"

回答："咱自己是不吃，反正。"

问："你不吃，你卖给别人啊？"

回答："对啊，没办法啊，为了赚钱嘛！"

问："现在都这样吗？"

回答："哎呀，有几个不这样的。都打。这是公开的秘密，不是什么隐私。收木耳的光看你的质量，不管你打不打药啊。"

问："从健康的角度来说，你说不改一改，对人的危害实在是太大了，木耳还不像别的，你直接打到木耳上了，别的还有什么外皮啊什么的。"

回答："木耳直接吸收了，这还没打营养药呢，有的还打营养药、激素，增产又看着漂亮。"

问："太可怕了，这玩意。"

回答："太可怕了吧，我是不吃啊。管不了那么多了，为了挣钱嘛！"

问："以后还得争取改一改。"

这些视频所反映的问题并不具有普遍性，是个别现象，但就是这个别现象也让人触目惊心，虽然有些菜农的赢利压力比较大，但不管怎么也不应该为了挣钱而危害他人。视频实际上鞭笞了为了赚钱而不管顾客健康的行为。

第二，讽刺批判人际冷漠现象

视频中始终只有一个图片，天安门广场上下着雨，为警卫士兵设的大伞下挤满了人，而警卫士兵却在大伞外边淋着雨。滚动字幕打着："《冷漠的耻辱》，今天的北京天安门广场，暴雨急下，游人无处躲雨，纷纷来到广场执勤战士的大伞下避雨，包括带伞的人也站在战士的伞下，但是这帮冷血动物，却看不到战士挺胸昂首站在雨中，替这帮人感到羞耻。通过这张照片看到了人性的无私与自私，你们有雨衣，有雨伞，还要挤到这柄大伞下来避雨，可是你们想过这是谁的伞吗？这柄伞的主人怎么就反而站到了大雨中？太多人都把别人的付出当作当然，不会将心比心。他们为祖国奉献着自己的青春和热血，然而这个国家的一些人却消耗着他们的生命，冷漠已成为这个社会的一种常态。"背景音乐是歌曲《爱的奉献》。

视频中的图片配上《爱的奉献》的音乐背景极具讽刺意味。

第三，综合性批判

如果说前两类是对某种不道德行为的批判，还是比较具体的，那么综合性批判就是对各种不道德行为的总体批判。这类批判更加全面、系统，比如曾经流传过一则"21世纪'不要脸'图鉴"的微信。该微信以图鉴的方式列举了很多不道德的行为，包括"高铁霸座男""兰州装载橘子的卡车侧翻后被哄抢""苏州一大爷游泳馆内公然排便""合肥一女子为等候丈夫阻止高铁关门""武汉某女博士因飞机延误而情绪失控，掌掴机场工作人员"等。这些微信整合了近年来典型的不道德行为，以"21世纪'不要脸'图鉴"为名予以批评讽刺。

新媒体公共领域中批判性的信息还有很多，限于篇幅我们就不再举例了，这些案例已经足以说明新媒体公共领域的批判功能了，这些批判功能的"反向"正能量作用也已经得以展现。

第三节　利用新媒体公共领域传播规律提升
社会主义核心价值观认同度

新媒体一个新事物，习惯于传统媒体的我们对于新媒体还存在诸多不适应之处，但新媒体发展迅速，已经成为影响人们生活的一个重要方面，培育和践行社会主义核心价值观必须抓住新媒体这一工具。前文已经阐明，新媒体公共领域的传播是有规律可循的，社会主义核心价值观培育工作要遵循传播规律，运用传播规律，为此我们应该从如下几个方面努力。

一　用"正的沉默螺旋"打破"负的沉默螺旋"

"沉默的螺旋"是一种客观趋势，提升新媒体公共领域对社会主义核心价值观的认同就需要打破新媒体公共领域中不利于社会主义核心价值观传播的"负的沉默螺旋"，形成有利于社会主义核心价值观传播的"正的沉默螺旋"。所谓"正的沉默螺旋"就是使符合社会主义核心价值观的、充满正能量的观点成为公众讨论的主流观点，成为公众舆论的道德制高点，使得符合社会主义核心价值观的观点、倾向理直气壮地表达出来，而使那些"非主流"观点、倾向避免被边缘化而保持沉默。为此，我们的努力方向如下。

（一）深入挖掘社会主义核心价值观的吸引力和凝聚力

促使社会主义核心价值观入心入脑可以有两个路向：一个是大力宣传，通过各种方式让人们了解、识记社会主义核心价值观，进而使社会主义核心价值观入心入脑；另一个则是提升社会主义核心价值观自身的吸引力和凝聚力，充分挖掘社会主义核心价值观的魅力，以促使人们主动认同、主动践行。西方资产阶级思想家的思想曾经使人们"若为自由故"，连"生命"和"爱情"这样美好的东西都可抛却，根源就是人们被他们所宣扬的思想所吸引，资产阶级思想家充分挖掘了他们所宣扬的思想的吸引力和凝聚力，提升社会主义核心价值观的认同需要充分挖掘社会主义核心价值观的吸引力和凝聚力。

第一，充分挖掘社会主义核心价值观培育的意义。社会主义核心价值体系的"共同理想"是"中国特色社会主义"，社会主义核心价值观是社会主义核心价值体系的"高度凝练和集中表达",体现了社会主义核心价值体系的"根本性质和基本特征"。① 社会主义核心价值观的国家层面是"倡导富强、民主、文明、和谐",这是社会主义现代化的目标,也是人们对国家富强的期待。近代以来的中国积贫积弱,"落后""挨打"是中国人经历了近代历史而总结出的经验,所以追寻国家富强、民族振兴是近代以来人们的梦想。不只是近代,中国前现代社会中的士大夫心中也充满了"达则兼济天下,穷则独善其身""天下兴亡,匹夫有责"的家国情怀,把国家的价值视为高于个人价值的价值,这是中华优秀传统文化的一个重要方面。国家和个人的命运是一致的,国家富强才有人民幸福。改革开放以来,中国共产党领导人民把科学社会主义基本原则和中国的实际相结合,形成了中国特色社会主义道路,这是中国人"富起来"的根本,中国要从"富起来走向强起来"就必须坚定中国特色社会主义的道路自信、理论自信、制度自信、文化自信。从这个角度看,社会主义核心价值观建设意义重大,也只有把社会主义核心价值观的重大意义充分挖掘出来,向人们讲清楚说明白,社会主义核心价值观才能吸引和凝聚人心。

第二,充分彰显社会主义核心价值观的吸引力。价值观之所以对人们有吸引力和凝聚力,根本原因在于这种价值观是适合这一社会的发展状况的。唯物史观基本原理表明,作为观念上层建筑的意识形态是由经济基础决定的,不适应经济基础的意识形态不可能对这个社会产生吸引力和凝聚力,价值观是意识形态的核心部分,适应经济基础发展状况是价值观对民众产生吸引力的根本。社会主义核心价值观是中国特色社会主义的意识形态,它反映了中国特色社会主义的经济基础,这是它能够散发出魅力的根本。但社会主义核心价值观的魅力并不会自发释放出来,需要人为地进行阐释和解读。彰显社会主义核心价值观的吸引力和凝聚力就要把社会主义核心价值观融入人们的日常生活,在落实、落小、落细上下功夫;推进社会主义核心价值观贴近生活、贴近群众、贴近实际;避免高高在上的"政治化""教条化""口号化"的宣传教育,而应该真正把价值观融入"随风潜入夜,润物细无声"的生命化教育过程之中。

第三,充分挖掘社会主义核心价值观培育的说服力。吸引力和凝聚力

---

① 《关于培育和践行社会主义核心价值观的意见》,人民出版社,2013,第3页。

的目的是说服人心、征服人心、赢得民心，让受众从内心深处认可社会主义核心价值观，提升自信。要提升社会主义核心价值观的说服力，首先，社会主义核心价值观要回应民众所关切的问题。社会主义核心价值观要吸引人民群众就必须对人们所关心的各种社会问题予以高度关切，否则就只能是高高在上的红头文件，无法激起人们的情感温度。其实在相当的程度上，社会主义核心价值观是对时代课题的反思与解答，比如社会主义核心价值观"社会层面"所倡导的"自由、平等、公正、法治"就是对现阶段存在的各种诸如收入差距过大等社会问题的高度关切，"自由、平等、公正、法治"就是我们要追求的价值，这些内容具有很直接的针对性和现实意义。其次，要凸显以人民为中心的理念。唯物史观告诉我们，人民群众是历史的创造者，也是历史发展的价值目标，社会主义核心价值观充分彰显了人民性。社会主义核心价值观的教育要拉近与人民群众的距离，要真正彰显人民群众的主体地位，要从发展为了人民，发展依靠人民，发展成果由人民群众共享的高度推进社会主义核心价值观培育工作。最后，要贴近人民群众的内心与情感。社会主义核心价值观培育工作要充分释放吸引力和凝聚力就要真正贴近人心，关注人民群众所关注的问题，把叙事与抒情结合起来，把说理寓于讲故事之中，把情感寓于说理之中，做到以理服人、以情动人、理事相融以推动社会主义核心价值观的入心入脑。

（二）培育我们自己的意见领袖

意见领袖也被叫作舆论领袖，意见领袖概念的作用被充分彰显源于拉扎斯菲尔德《人民的选择》一书中提出的"两级传播流"理论，[①] 所谓"两级传播流"即媒体的信息首先传播给意见领袖，然后由意见领袖再传播给受众，在这一过程中意见领袖发挥十分重要的作用，他的主要作用是审查筛选信息，并通过的自己的影响力把经过自己审查和筛选的信息传播出去。意见领袖概念所针对的并非新媒体，而是一般意义上的传播现象。意见领袖早在人际传播的时代就已经存在，费孝通在《乡土中国》中就曾经指出，传统社会不论是婚丧嫁娶等大事，还是家庭矛盾、邻里纠纷等鸡毛

---

① 〔美〕保罗·F. 拉扎斯菲尔德、〔美〕伯纳德·贝雷尔森、〔美〕黑兹尔·高德特：《人民的选择——选民如何在总统选战中做决定（第三版）》，唐茜译，中国人民大学出版社，2012，第 128 页。

蒜皮的小事，都会请有权威的老者来评判，或者是提供参考意见，这个有权威的老者实际上就是意见领袖的雏形。在新媒体时代，意见领袖的影响日渐扩大，对于新媒体每天涌现的海量信息，普通民众不可能予以全部关注，在如何取舍的问题上，意见领袖发挥的作用越来越大，可以说受众所关注的信息很多都是经过意见领袖筛选过的，在哪些信息能够被关注、哪些信息被忽视的问题上，受众会受到意见领袖的影响。有学者把新媒体时代意见领袖的作用概括为如下方面："意见领袖发起"—"粉丝关注"—"行动由线上变为线上线下同步"—"成为公众议事日程"—"影响官方政策制定"。① 可以说，意见领袖在一定程度上就是一个新的信息源，他拥有影响人们看法的权力。

意见领袖的角色是由人来承担的，而承担意见领袖角色的人是有价值取向的，他的价值取向直接影响着他对信息的筛选，一个持有"左"的错误观点的人会从他的视角去看待各种信息，也会从他的角度对信息做出评判，如果这个人承担了意见领袖的角色，那么他的价值观就会表现在他的信息筛选上。同样道理，个别自命"公共知识分子"的人会把自己对西方价值观的向往体现在信息取舍上面，如果这样的人承担了意见领袖的角色，那么他所传播信息的消极影响将会随着他的影响力的扩大而扩大。意见领袖可以分为积极的意见领袖和消极的意见领袖，这一区分的标准是意见领袖所持有的观点和见解，那些由衷认可主流意识形态，积极宣传主流意识形态的意见领袖是积极的意见领袖；而那些认可"左"的、自由主义的、民粹主义的、历史虚无主义等消极错误的思潮或价值倾向的意见领袖是消极的意见领袖。积极的意见领袖是党的意识形态的支持者，而消极的意见领袖则是意识形态建设所面临的挑战。

相对于传统媒体而言，我们党对新媒体的控制能力还是比较弱的，一个重要原因就是新媒体时代人人都是信息源，信息的生产可控性较低，但意见领袖对信息的生产发挥着重要的作用，提升新媒体公共领域对社会主义核心价值观的认同就应该积极培育我们自己的积极意见领袖。新媒体时代的意见领袖不同于传统社会的意见领袖，新媒体时代的意见领域可以分为如下几个种类：第一，因对问题分析深入独到，且有较高社会责任感而

---

① 庄园、麻皓博：《微博视阈下意见领袖概念的变迁》，《新闻传播》2013 年第 1 期。

赢得大量粉丝的网民。这类意见领袖多见于 BBS、网络社区等空间，比如在水木清华（BBS）、天涯社区、关天茶舍、强国论坛等，这类意见领袖本身就是网民，因思想深刻而被网民关注，进而成为影响其他网民的意见领袖。他们的文章被很多网民阅读甚至转载，他们的思想被很多网民所引用。第二，平台意见领袖。新媒体时代的意见领袖形态发生了很大变化，网站、社会组织、新闻媒体都承担了意见领袖的职能，而且他们的影响力还相当大。涂凌波认为，"传统新闻媒体在微博平台上不但没有衰落反而强势崛起，比如《人民日报》、央视新闻、新华视点、《解放军报》、中国之声、《中国日报》等微博号都拥有千万级的粉丝数。"① 这些组织承担了"两级传播"的功能，是发挥着审查、筛选等作用的平台，他们是新型的意见领袖。第三，微信时代的意见领袖。微信的发明及其迅速普及深刻影响了人们的生活方式，但微信时代更加"去中心化"，意见领袖形成的难度加大。微信公众号可以被看作意见领袖形成的平台，但它是网站或者微博的模式在微信中的运用，一些人之所以在微信群中也能发挥意见领袖作用，在一定程度上源于他在微博、社区中塑造的形象。

我们应该积极培育和塑造我们的意见领袖，其努力方向如下。

首先，做大做强主流网站。主流网站是我们的舆论阵地，现阶段我们的主流网站影响力、传播力、公信力很高，大多数人觉着这些网站的消息可信度高，值得信赖，这是我们的优势，我们要把这一优势继续做大做强。网站承担意见领袖的功能，在提升新媒体公共领域对社会主义核心价值观的认同上发挥重要作用。

其次，培育具有较高引导力的评论员。面对众多的社会热点、事件和问题，我们该怎么看，这是一个涉及能否把社会舆论引向积极健康方向去的重要问题。任其自由发展，一些人可能会形成消极的、具有负面效应的见解和观点，这种心理如果被别有用心的人所利用，可能会产生诸多不良后果。我们要培育具有较高引导力的评论员，用强有力的引导力来引导广大人民群众形成积极向上的认识和见解。

最后，党员干部要积极承担正能量的传播责任。社会主义核心价值观

---

① 涂凌波：《草根、公知与网红：中国网络意见领袖二十年变迁阐释》，《当代传播》2016 年第 5 期。

培育工作是意识形态建设的重要方面，而意识形态建设具有极端重要性，每个党员干部都应该积极承担意识形态工作，在各种消极错误观点和思潮面前不能做"开明绅士"，要敢于积极"亮剑"，要旗帜鲜明地反对错误观点和宣传党的理论、方针、政策。《中共中央关于加强党的政治建设的意见（2019 年 1 月 31 日）》中明确指出，"要强化忧患意识、风险意识，增强政治敏锐性和政治鉴别力，对容易诱发政治问题特别是重大突发事件的敏感因素、苗头性倾向性问题，对意识形态领域各种错误思潮、模糊认识、不良现象，保持高度警惕，做到眼睛亮、见事早、行动快。"① 如果大多数党员在新媒体公共领域中都能够积极作为，提升新媒体公共领域对社会主义核心价值观的认同将会有坚强的后盾。

（三）加强新媒体公共领域管理

加强新媒体公共领域管理是提升新媒体公共领域的重要方面。

第一，强化新媒体公共领域信息生产的审查过滤。新媒体公共领域每天都会生产出大量的信息，这些信息中也包括一些消极错误的，甚至有害的信息，我们有必要审查过滤掉这些信息。就连标榜言论自由的西方资本主义国家也做了很多筛查过滤新媒体信息的工作，他们的审查过滤有"潜规则"，也有"明举措"，具体的过滤机制包括"技术过滤""人工过滤""'关键词'过滤""内容过滤和冻结'争议'账号""内容过滤工具集合用户举报"等等，审查过滤的内容包括"暴恐信息""淫秽及'软色情'信息""侵犯性、侮辱性言论""垃圾信息""视频及直播内容的监管过滤"等等。② 西方新媒体监管机制研究表明，一方面西方所标榜的言论自由是虚伪的，另一方面也对我国新媒体公共领域的管理工作提供了诸多启示，要有效管理新媒体公共领域就要充分利用技术监管、人工监管以及关键词过滤等措施强化新媒体公共领域的监管，以促使新媒体公共领域充分张扬正能量，而减少负能量的传播。

第二，加强和完善新媒体公共领域的立法管理。新媒体产生的时间短，但发展迅速，新媒体的快速发展需要有相关的立法予以管理，我们的相关

---

① 《中共中央关于加强党的政治建设的意见》，人民出版社，2019，第 16 页。
② 刘瑞生、孙萍：《海外社交媒体的内容过滤机制对我国互联网管理的启示》，《世界社会主义研究》2018 年第 4 期。

立法明显滞后于新媒体的发展，这就需要我们的立法工作加快进程，以适应新媒体发展的需要。在建立健全关于新媒体公共领域的法律的同时，也需要完善相关管理制度，目前的新媒体管理体制存在一些亟待解决的问题，比如："众多未经许可的业务屡禁不止"，"互联网创新内核与发展潜质遭受双杀"，"政府有限的资源与无穷变化的互联网遭遇监管悖论"，以及管理中的部门、条块分割，立法部门化利益化倾向，管理手段单一、管理方法机械等等。① 要提高新媒体公共领域的管理绩效，就要完善相关的管理制度，消除这些问题，形成风正气顺的新媒体公共空间。

第三，强化公民道德建设，提升网民自律。道德是社会秩序的基础，自律是各种规范生效的心理根基，新媒体公共领域管理固然离不开法律制度规范的刚性约束，但更需要网民的道德自律，作为他律的外在规范和作为自律的内在道德良知是相互影响、相互促进的，没有自律的他律是外在形式，而没有外在他律的自律则会流于虚假空泛。强化网民的道德自律需要综合运用学校教育、社会倡导、媒体引导等手段，也就是说，新媒体公共领域虽然是公民教育的一个重要平台，但它自身需要有较高公民道德水准的网民，而网民的素养则受多种因素影响。道德素养的提升是一个综合的过程，需要调动整个社会的教育机制，我们不能只就新媒体讨论新媒体，而应该把新媒体放在整个社会有机体中来研究。

二　提升新媒体公共领域中的议程设置能力

议程设置能力是研究探讨媒体舆论引导问题的重要理论工具，提升新媒体公共领域对社会主义核心价值观的认同必然涉及议程设置能力问题，传统媒体时代，主流媒体垄断了议程设置高地，也自然主导了舆论话语权，而那时的受众也习惯于单一的信息传播方式，"顺从单一化的信息话语结构"。② 新媒体时代传播结构的变迁也使得议程设置问题扑朔迷离，新媒体如何提升社会主义核心价值观的议程设置能力是一个重要的问题。

---

① 岳爱武、苑芳江：《从权威管理到共同治理：中国互联网管理体制的演变及趋向——学习习近平关于互联网治理思想的重要论述》，《行政论坛》2017 年第 5 期。

② 郝雨程、旦丹：《微信"全网民时代"：议程设置的赋值与强化》，《社会科学论坛》2017年第 3 期。

（一）提升主流网站的议程设置能力

议程设置是通过赋予某一个议题以"显要性"，进而使得该议题得到广泛的讨论和关注，最终影响受众的认知、价值观和行为态度的过程。在这一过程中，媒体的作用十分巨大，一些学者把议程设置区分为媒体议程、公众议程和政策议程。所谓媒体议程就是媒体在众多的信息中确定哪些信息是最重要的过程，媒体关注得最多、讨论最集中的问题就是媒体所设置的话题；公众议程则是公众所关切的问题；政策议程是政府的决策者所关注的问题。① 公众所关注的热点话题看似是自发形成的，但实际上都受到媒体议程设置的影响，甚至可以说公众议程就是媒体人为设计和引导的结果，在新媒体时代，政府议程在相当大的程度上受到媒体议程和公众议程的影响，这三者之间相互影响。主流媒体是我们党的喉舌，主流网站实际上是传统主流媒体的数字化，传统媒体的引导力和影响力在主流网站中不仅没有减弱，反而得到强化，数字化使得传统纸媒的影响力得以放大。传统媒体的议程设置能力也会随着纸媒的数字化而得到放大，在提升社会主义核心价值观认同的问题上，新媒体的议程设置应该凸显这样几个方面：

第一，抓住时机设置能够感化人的议题。道德感动是社会主义核心价值观入心入脑的重要环节，我们的主流网站应该抓住每个合适的机会设置能够感化人的人格、净化人的灵魂的议题。比如：2019 年 3 月 31 日四川凉山州木里县雅砻江镇火灾救火中牺牲了 30 名救火人员，其中 27 名是凉山森林消防支队的指战员。对于这样一个令人痛心的事件，各大主流媒体在报道的同时，都在积极宣传防火员的这种英勇牺牲精神。

如光明网发表作者彭景晖、姚亚奇的短评——《痛惜与致敬，在泪别消防英雄的日子里》：

> "我志愿加入国家消防救援队伍，对党忠诚，纪律严明，赴汤蹈火，竭诚为民……不畏艰险、不怕牺牲，为维护人民生命财产安全、维护社会稳定贡献自己的一切。"这誓词，带着浩然之气，在烈火中熔铸，在山谷中回荡。天地英雄气，千秋尚凛然。689 个年轻人勇敢地走

---

① 潘雅婷、杨永恒：《中国新媒体时代下的政策议程设置——以天津"8·12"爆炸事件为例》，《中国行政管理》2019 年第 9 期。

向火海，30个人永远留在了他们所拯救的大凉山。活着的英雄，牺牲的英雄，他们的身前是危难中的国家资源、百姓安危；身后是亲人的牵挂、人民的重托。他们以血肉之躯，以舍生忘死的英勇气概，在人民群众与危难之间搭起一道坚实的屏障。在生与死、血与火的考验中，他们用坚定的脚步，刻下了民族最闪亮的坐标。[①]

2019年4月5日的《新闻联播》中播报了一条"英雄事迹动人心，爱心礼物表敬意"的报道，现将主播的话摘录如下：

> 有一种精神生生不息，有一种感动穿越时空，最近四川木里火灾扑救中英勇牺牲的烈士感动了人们，大家在痛心的同时也把目光聚焦在身边的消防员身上，他们纷纷以各种方式送去心意留下祝福。厦门消防支队浮屿中队门口有人留下两箱矿泉水和三箱牛奶，并留下一张纸条，上面写着："哥哥们，愿你们在所有危险来临时都能躲过，我不希望你们满身荣誉，只愿你们平安归来，这份礼物请你们收下。"

接下来厦门消防支队浮屿中队消防员王猛在接受采访时说，"上面字看完之后，眼泪就在眼眶里打转，就感觉我这当兵（消防员）6年来，所做的一切不管是累了也好，流过血流过汗也好，感觉都是值得的。"报道还列举了其他几个类似的例子。

在笔者看来，这些都是主流网站议程设置的意图，而且这些报道也都收到了很好的效果，人们从内心深处受到了感动，也引起了人们的关注和讨论。

第二，设置批判各种错误思潮的议程。历史虚无主义、民粹主义、自由主义等思潮的存在对意识形态建设产生一定的消极影响，要提升新媒体公共领域对社会主义核心价值观的认同，就要旗帜鲜明地批判这些错误思潮。各大主流网站应该充分利用自己所掌握的强大的议程设置能力设置各种意在批判这些错误社会思潮的议程。[①]主流媒体应该倡议形成批判错误

---

① 彭景晖、姚亚奇：《痛惜与致敬，在泪别消防英雄的日子里》，《光明日报》，2019年4月5日第2版。

思潮的"正的沉默螺旋"。应该让批判这些错误思潮成为社会的主导舆论，而不能让这些错误思潮成为舆论主导，现阶段个别的思潮在少数领域还存在，甚至还有一定的市场，比如以"还原历史真相"为名的历史虚无主义具有一定的迷惑性，民粹主义在表面上貌似非常"群众化"，其观点似乎占据了道德制高点，等等。这些思潮具有很强的迷惑性，一些人很容易被他们"带进沟里"，媒体应该打破这些思潮的"沉默螺旋"，形成有利于主流舆论的"正的沉默螺旋"。②在社会热点问题上主流媒体要发声。对于同一个客观事实，从不同的角度观察可以得出不同的结论，比如对于现阶段社会发展中所出现的收入差距过大、房价偏高、道德滑坡、个别官员腐败、食品安全等问题。这些社会问题的出现是社会发展所导致的，邓小平同志就曾经强调，发展起来的问题不比不发展少。任何一个国家在走向现代化的过程中都会出现这样那样的问题，英、法、美等发达资本主义国家也不例外，只不过它们已经度过了那个问题丛生期，我们还处于现代化过程之中，还处于问题丛生期。只有解决这些问题，我们才能实现社会主义现代化强国的目标。我们的主流网站应该对这些重大社会问题积极发声，发声的关键在于解释现实，在解释中设置正确的观察问题角度，引导民众正确地看问题，这实际上就是在建构中国特色社会主义的话语权。

第三，增加媒体议程、公众议程和政策议程之间的互动。媒体议程设置的目的是影响公众议程，媒体议程的设置能力就在于它对公众议程的影响力上，议程设置的主要功能是影响受众"关注什么问题"，媒体议程的功能就在于引导公众议程。媒体议程蕴含了主流媒体的主观意图，而公众议程则更多地表现为自发形成的热点问题，一般而言，公众议程所关注的社会热点问题来源于媒体议程，但也并非都是这样，公众也有自己在口耳相传过程中形成的热点问题。媒体议程与公众议程之间的差异性较小，意味着媒体具有较强的议程设置能力，否则就意味着媒体的议程设置能力弱，媒体议程设置能力与媒体的公信力、权威性等因素密切相关。而公众议程影响着政策议程，公众关心的问题应该是政府关心的问题，习近平总书记讲，"人民对美好生活的向往，就是我们的奋斗目标"，政府应该积极回应并解决公众议程所设置的热点问题。提升主流网站的议程设置能力，应该积极推动媒体议程、公众议程和政府议程的互动，媒体议程要关注公众议程所热议的话题，并积极引导公众舆论，在有效引导公众舆论的同时积极设置有关社会主义核心价值观的议程。政府议程更应该积极关注公众议程，对公众议程所关注的热点问题积极回应并予以解决。这三者的积极互动是主流网站提升议程设置能力应该积极关注的问题。

（二）提升新媒体互动公共空间的议程设置能力

新媒体互动公共空间更类似于哈贝马斯所谓的"咖啡馆""沙龙"式的公共领域，BBS、网络社区、QQ群、微信群就是这类公共空间，这类公共空间摒除了个人身份，参与者只是公共平台上的一个账户，人与人之间是平等的，没有权威。议程设置需要有一个设置者，设置者要拥有权威，这样才能推动议程设置。而新媒体互动公共空间本身不具备议程设置的条件，该如何提升其议程设置能力呢？第一，提升主流媒体议程设置能力对新媒体互动公共空间的影响力。相对于主流媒体的议程设置，新媒体互动公共空间的议程更类似于公众议程，公众议程是受媒体议程设置影响的，新媒体互动公共空间的议程是主流网站媒体议程设置的延伸，它本身的议程设置能力不高，其议程设置主要来源于主流媒体的议程设置影响。第二，积极培育具有社会责任感的意见领袖。微博中的意见领袖、"大V"是非常活跃、拥有大量粉丝的公众人物，他们具有较大的影响力，在新媒体互动公共平台上具有一定的权威性。如果他们都是有社会责任感的人，他们对于在新媒体互动公共领域中设置社会主义核心价值观的议程还是具有较高的影响力的，所以要积极培养我们的意见领袖和网络"大V"。

三 正面塑造党和政府的形象

社会主义核心价值观个人层面有爱国的价值要求，社会主义核心价值体系的共同理想就是"中国特色社会主义"，党和国家形象塑造是提升社会主义核心价值体系认同的一个重要方面。学术界一般从三个维度来解读"政府形象"，即"客观形象""媒介形象""认知形象"，所谓"客观形象"就是政府客观现实的表现，是政府行为日积月累的叠加和沉淀；"媒介形象"是公众与政府客观形象之间的"建构性形象"，该形象与政府的客观形象存在一定的差距；"认知形象"是公众对政府的主观评价和印象，来源于公众对政府行为和活动的把握。政府的客观形象、媒介形象和认知形象之间的相互影响、相互作用形成"政府形象生态圈"。① 因为新媒体具有强质疑性特征，这会导致有悖于"正统媒体"的"独特"声音受到追捧，并得到扩散，② 可以说新媒体对于政府形象塑造既有机遇，也面临严峻的挑战。

第一，要引导新媒体公共领域舆论塑造党和国家的正面形象。政府形象塑造最根本的应该是客观形象塑造，即政府要提升自己的管理效率和服务水平，真正把为人民服务落到实处，这是塑造政府形象的根本。新媒体在政府形象塑造方面所能发挥的作用就是"把故事讲好"，党和政府在四十余年的改革开放实践中领导人民取得了令世人瞩目的成就，人民群众的生活水平得到了明显提高，人民的需求已经从"温饱"转向了"美好生活"，可以说现阶段的中国"有好故事"，但在新媒体公共领域中也并不都是"好声音"，这一方面是因为现阶段中国特色社会主义的发展还确实面临一些有待解决的社会问题，另一方面则源于新媒体公共领域的"强质疑性"，一些不同于主流的声音更容易引起关注，这导致了一些不利于政府正面形象塑造的信息在新媒体中传播。新媒体是塑造政府媒介形象的重要渠道，是把中国"好故事"讲好的关键环节，这就需要积极引导新媒体公共领域中的社会舆论。首先，要客观准确报道政府的行为，尤其是报道党和国家领导人的活动，把"好故事"讲全面、讲系统。其次，充分利用"大数据"等现代技术手段，建立健全舆论监测系统，尽量全面地监测舆情发展动向，尽早发现舆论发展的苗头倾向，对各种舆情尽早制定科学对策，避免各种不利于正面塑造政府形象的事件发生。信息技术的发展，使得新媒体舆情监测成为可能，也提高了舆情应对的能力。

第二，在新媒体公共领域塑造正面的中国特色社会主义形象。塑造党和国家形象离不开中国特色社会主义的形象塑造，中国特色社会主义是我们的道路、制度、理论和文化的综合，也是党和国家形象的重要方面，塑造良好的中国特色社会主义形象也就是在塑造党和政府的形象。习近平在《在党的新闻舆论工作座谈会上的讲话（2016 年 2 月 19 日）》中指出，"要讲好中国特色社会主义的故事，讲好中国梦的故事，讲好中国人的故事，

---

① 李旻、刘雅楠：《自媒体环境下政府形象的树立与优化——以 2015 年社会热点及重大体育事件为例》，《江西社会科学》2017 年第 3 期。

② 李旻、刘雅楠：《自媒体环境下政府形象的树立与优化——以 2015 年社会热点及重大体育事件为例》，《江西社会科学》2017 年第 3 期。

讲好中华优秀文化的故事，讲好中国和平发展的故事。"塑造中国特色社会主义形象在国际舞台上尤其重要，"我国综合国力和国际地位不断提升，国际社会对我国的关注前所未有，但中国在世界上的形象很大程度上仍是'他塑'而非'自塑'，我们在国际上有时还处于有理说不出、说了传不开的境地，存在着信息流进流出的'逆差'、中国真实形象和西方主观印象的'反差'、软实力和硬实力的'落差'。"① 在世界话语体系中，中国的国家形象就是中国特色社会主义的形象，让世界人民接纳和认可中国就是要让世界人民认可中国特色社会主义的道路、制度、理论和文化。中国和西方发达资本主义国家的主要不同之处就在于道路的不同，中国特色社会主义的话语建设就是要让整个世界习惯于用中国的标准看待中国，而不是用西方资本主义标准看待中国。中国"挨骂"的根本原因就是世界话语体系仍然以西方文明为核心话语，世界人民仍习惯于用西方的标准（尤其是政治标准）评判中国。建构中国特色社会主义话语体系的目标就是要让世界人民习惯于用中国特色社会主义标准来评判中国的发展。这需要发挥哲学社会科学的作用，建构中国特色社会主义话语体系，提升中国新闻媒体的传播力。习近平强调，"关于中国特色社会主义，要加大宣传力度，结合当代中国实际与时俱进，多讲中国二十一世纪的马克思主义、新时代的马克思主义。思想舆论工作也要久久为功，我们的观念和主张要经常说、反复说，不能长在深山无人知。"②

第四节　构建新媒体公共领域话语权

话语权建构是意识形态建设中的重要问题，是中国特色社会主义发展所面临的重大时代课题，也是迫切需要解决的理论问题。在国际上，逐渐走向经济大国的中国与其在世界话语体系中所处的地位不相称，很多国家还习惯于用西方的话语标准来评判中国的体制；在国内，用西方的标准批评我们的体制和问题的做法同样有一定的市场，在新媒体公共领域中，这

---

① 习近平：《在党的新闻舆论工作座谈会上的讲话（2016年2月19日）》，载中共中央文献研究室编《习近平关于社会主义文化建设论述摘编》，中央文献出版社，2017，第212页。

② 习近平：《当前工作中需要注意的几个问题（2014年10月23日）》，载中共中央文献研究室编《习近平关于社会主义文化建设论述摘编》，中央文献出版社，2017，第210页。

种趋势也有一定的苗头，这是我们意识形态建设所面临的重大现实和理论问题。习近平总书记在哲学社会科学工作座谈会、文艺工作座谈会、新闻舆论工作座谈会以及全国党校工作会议等多个场合谈到了意识形态话语权的建设，强调在成功解决了"挨饿""挨打"之后，要解决"挨骂"的问题，而新媒体公共领域则是各种意识形态集聚的领域，是意识形态话语权建设难度较大、但又必须争夺的领域。

一 话语权的实质

话语体系、话语权等概念的研究根源于福柯等人的探讨。福柯认为，有三种塑造话语权的"排斥系统"，分别是"禁止性的语言、疯狂的区分和真理意志"。禁止性的语言即禁忌，话语一旦被列入禁忌就被剥夺了话语权，成为被控制的对象；"疯狂的区分"主要是讲疯子的语言，一旦某话语被认定为疯子的语言，它就会被歧视、不信任，被剥夺了话语权；"真理意志"即真理是一种权力，话语一旦被标明为真理，那它就被赋予了某种权力，而且有时候"真理在其自身必然的显露中掩盖了真理意志及其变化"，也就是说，真理这一语词（话语）蕴含了人的某种权力意志，真理变成了有权力的人控制他人的工具。① 话语权和话语体系是分不开的，话语体系是一套意义结构、思考框架，它把所有问题都放在自己的框架中来理解，这就形成了话语权。在福柯上述的三种话语权中，前两种是被边缘、抹杀了的话语权，而第三种才是正面的话语权。话语权以实力为后盾，实力决定了话语权，但话语权又具有一定的相对独立性，不会随着实力的上升而立即上升，也不会随着实力的衰弱而马上被边缘化。话语权有相对独立性的另一个表现就是它有自身的逻辑，长时间浸润在某种话语体系中的民众会自觉践行这套逻辑，不管你怎么说，他只信任这一套逻辑，只相信心中的逻辑和标准。

话语的表现形式就是概念，话语体系就是概念的群落，而作为话语的概念蕴含了十分丰富的内涵。

第一，概念是人类对世界认识的结晶，人类在认识世界的过程中有一个从感性到理性，从现象到本质的过程，概念的形成是人类对世界认识的

---

① 〔法〕米歇尔·福柯：《话语的秩序》，肖涛译，许宝强、袁伟选编《语言与翻译的政治》，中央编译出版社，2001，第3~7页。

深化，清晰的概念表明人类对客观世界或者世界的某一个方面有了较为深入、清晰的认识。比如资本主义概念的形成，表明人类对资本主义社会已经有了总体的较为深入的认识。

第二，概念本质上是人类对客观世界的主观建构，通过语言和概念，人类建构了一个主观的世界，这个世界是对客观世界的反映，但不是直接的反映，而是经过了概括、抽象、综合等思维活动而建构起来的世界，人们坚信自己的主观世界就是客观世界的准确反映，甚至在大多数人心目中主观世界就是客观世界，人们不自觉地将两个世界等同。人们的主观世界带有明显的"主观性"，这一主观性表现在主观世界反映世界的角度、立场不同，其实他所反映的世界与客观世界已经存在一定的差距了，但在人们的信念中，他并没有认为他的认识带有主观偏见，而且习惯之后这种主观偏见也会逐渐成为人们的无意识。

第三，概念是人类认识世界、解释世界的一种方式。客观世界具有客观性，但人们对客观世界的认识却带有明显的主观色彩，这一主观色彩主要体现在概念上，概念是人类认识世界的工具，也是解释世界的工具。改革开放以来，中国特色社会主义的发展取得了令世人瞩目的成就，但西方人用西方的那套话语来解释中国模式，把中国道路纳入西方的话语来解释，这就造成中国的发展被西方话语所误读的结果，致使我国在世界舆论中处于弱势地位。

第四，概念反映了某种思维方式。作为话语的概念反映了使用者的思维方式，概念本身蕴含着特定的思维方式、价值理念、文化特征、人文精神等内涵，对同一个对象用不同的概念解释会得出不同的结论。比如对剩余价值这个问题，马克思使用"剩余价值"概念，而资产阶级思想家则使用"利润"概念，这两个概念所指代的对象是相同的，但这两个概念对同一个对象所做出的解释却具有明显的差异性。"剩余价值"概念解释的则是资产阶级对无产阶级的剥削，而"利润"概念解释的则是资本增值的部分，前者揭露的是无产阶级和资产阶级斗争的根源，后者则掩盖了这一根源。话语权就是对客观世界的解释权，不同的话语代表着不同的解释，而不同的解释则反映政权不同的合法性解读。话语权属于观念上层建筑的成分，是意识形态的重要因素，话语权与经济实力是相互匹配的，一般来讲，在国际话语体系中，经济实力决定着话语权的实力，西方所主导的话语权固然离不开启蒙精神的宣扬，但其根源在于资本主义经济基础的发展，资本主义的发展决定了资产阶级的话语权击溃了封建社会的话语权，使资产阶级自由主义成为主导话语权。但是话语权的形成具有相对独立性和滞后性，它不会随着经济实力的发展迅速成为话语体系的主导，话语权的提升滞后于经济实力的发展。西方话语反映了西方人的思维方式，在他们的话语体系中，什么是民主、自由、平等，有一套逻辑标准和价值示范，符合这一套标准的就是民主、自由、平等的，否则就是不民主、不自由、不平等的。中国特色社会主义的发展走的是非资本主义的现代化途径，中国的现代性不同于西方资本主义的现代性，硬把中国的现代性事实纳入西方的现代性话语框架中，只会使中国处于被动挨骂的地步。

话语权的本质是作为话语的概念所形成的权力，话语权是软实力，它的软实力集中表现在话语建构起了一个道德高地。挨骂本质上是道德上面临的压力和谴责，在西方的话语中，他们的道路、制度处于道德制高点，只有符合他们标准的才是道德的，否则就是不道德。中国特色社会主义道路只有纳入我们自己的话语体系才能得到合理解释，但我们在国际舆论体系中不掌握话语权，这是我们被动挨骂的关键所在。中国有好故事，却没有好话语，发生在中国的故事，只有用中国的话语才能讲出好故事，用西方的话语讲中国故事讲不出好故事，西方学者对中国故事充满了误读，有的是无意的，有的是有意而为之的。

二 话语权建构的重大意义

尽管改革开放四十多年我们取得了令世人瞩目的成就，但在国际舆论中，我们还没有能够很好地解决话语权问题，我们已经解决了"挨打"问题和"挨饿"问题，但还没有解决挨骂问题，挨骂问题就是话语权问题，尤其是对外话语权问题。

挨骂问题的关键就是我们在国家话语体系中不掌握主导权。中国在国际舞台上扮演着十分重要的角色，中国已经日益走近世界舞台的中央。但西方一些国家不用我们的方式理解我们，而是用他们的方式解读我们，西方的主流意识形态是以"三权分立""轮流执政""军队国家化"等理念为主要内容的自由主义，资本主义的发展和资产阶级思想家的启蒙使得这些理念深入人心，成为人们常识性的认知，因此他们习惯于用这一套理念来解读现实。中国的发展引起了西方资本主义国家的高度关注，他们高度评价中国的经济发展，但在政治领域，他们习惯于用西方的解读框架来解读中国，用这一框架解读中国的结论就是中国经济发展令人钦佩，但政治上不民主。在这里，问题的根源不是我们不民主，而是他们用西方的解读框架来解读我们。中国的故事只有用中国的话语才能解释清楚，西方人习惯于用他们的解读方式来解读中国，而不是用中国的话语来解读中国，这是我们没有解决"挨骂"问题的关键之所在。

中国经济实力的发展在国际上是有目共睹的，但我们在国际话语体系中的话语权并没有随着经济实力的发展马上占据主导地位，关于现阶段我国话语权现状，李德顺撰文指出，"我们的学术思考远离于世界历史的进程，我们意识形态的话语也远远落后于党中央的战略意识。"① 新媒体公共领域中的情形和李德顺所说的现状很相似，要积极推进新媒体公共领域对社会主义核心价值观的认同，构建新媒体公共领域话语权就要注重在新媒体公共领域"讲好中国故事""构建好话语权"，实现这一任务的几个关键问题是：谁来讲，讲好中国故事的主体问题；讲什么，讲好什么样的中国故事；怎样讲，如何讲好中国的好故事。

三　新媒体公共领域意识形态话语权建构所面临的挑战

在新媒体公共领域中，以马克思主义为主导的主流意识形态牢牢掌握了意识形态的主动权、话语权，但也不可否认，新媒体公共领域也出现了诸多对主流意识形态话语权构成威胁的思想倾向或因素，概括起来，这些思想倾向或因素包括如下几个方面。

第一，新媒体公共领域对意识形态问题的关注度和热情呈下降趋势。新媒体公共领域是人们讨论公共事务的新的平台，但参与这一平台的人们关注政治事务和意识形态问题的热情呈现下降趋势，而娱乐性的话题越来越成为新媒体公共领域参与者关注的热点。一项关于"新浪博客总流量排行榜"TOP100 排名的实证研究显示，在所统计的点击量排名前 100 名的人中，包括影视演员、歌星、模特在内的演艺人员占 36 人；包括记者、主持人、自由撰稿人在内的媒介从业人员共 29 人；作家 9 人；专家学者 6 人；

---

① 李德顺：《重视构建话语体系的路径思考》，《中共中央党校学报》2018 年第 3 期。

企业名人 5 人；团体博客 4 个；剩下的草根 11 人。① 这一统计数据显示，娱乐、热点新闻、名人成为大家关注的热点。我们在使用微信等新媒体公共领域的时候也可以印证这一点，充斥微信公共领域的更多的是逗乐搞笑、热点新闻、新奇事件、健康保健等内容。自觉关注意识形态，尤其是自觉从正面宣传主流意识形态的内容相对偏少，人们的关注热情存在下降趋势。对这一趋势我们要辩证地看待，一方面这种状况对意识形态话语权的建构形成了一定的挑战，毕竟话语权建构的关键是要让民众认同甚至信仰我们的话语体系，用我们的话语标准评判自己，并从内心深处不认同甚至抵触西方的话语体系。如果民众对意识形态话语权热情不高、兴趣不浓厚，意识形态话语权的认同就不容易形成。另一方面，我们也应该明确，对政治社会关注热情的降温乃是现代社会的常态，马克思曾经说过，"旧的市民社会直接具有政治性质"，而现代社会则是市民社会和政治国家的分离，② 政治权力有了严格的边界，人们更多地将精力和注意力放在如何在经济领域发家致富的问题上，而政治领域则交给了专门人士去负责。改革开放前的那种全民关心政治，一切领域都是"政治挂帅"的状态也不应该是现代社会的正常状态。随着我国现代化的进步和社会主义市场经济的进一步发展，人们对待意识形态的态度存在理性化、冷淡化的趋势，这是意识形态话语权建构面临的挑战，但也是现代化的必然趋势，是我们必须接受的现实。

第二，一些社会思潮在新媒体公共领域中的存在甚至盛行对主流意识形态的话语权构成一定的挑战。相对于传统媒体，新媒体公共领域具有明显的不可控性，它就是思想的自由市场，各种社会思潮相互竞争，相互争鸣，有些竞争和争鸣甚至是直接针对我们的主流意识形态的。比如：自由主义思潮以其"三权分立""轮流执政""个人主义""军队国家化"等理念在新媒体公共领域占有一定市场；"左"派思潮也有一定的影响，它的特点是用改革开放以来出现的诸如收入差距过大、个别官员的腐败、食品安全、道德滑坡等问题质疑改革开放方向的正确性，甚至试图用改革开放前的"左"的理论代替中国特色社会主义理论体系。改革开放总设计师邓小

---

① 丁未：《从博客传播看中国话语权的再分配——以新浪博客排行榜为个案》，《同济大学学报（社会科学版）》2006 年第 6 期。

② 《马克思恩格斯全集》第 3 卷，人民出版社，2002，第 186 页。

平同志早就提醒过我们，"左"在我国存在一定的基础，右可以葬送社会主义，"左"也可以葬送社会主义。而相对来说，自由主义思潮的影响却大有逐渐增强的趋势，它们用西方的标准评判现阶段的社会问题，以其"看似有一定的道理"的迷惑性在新媒体公共领域有一定的市场，而且这一思潮具有西方背景，甚至背后有人支持，是新媒体公共领域话语权建构的主要威胁之一。除了上述两大思潮之外，以道德制高点自居，否定权威的民粹主义；以"还历史事件本来面目"自居，消解英雄，解构革命神圣性的历史虚无主义等思潮在新媒体公共领域也有一定的市场，也是不可小觑的负面能量。这些思潮的存在对新媒体公共领域意识形态话语权的建构构成了一定的挑战，从一定意义上说，新媒体公共领域意识形态话语权建构的关键就是要让我们的话语体系战胜这些话语体系，让我们的话语体系成为新媒体公共领域的强势话语，成为人们评判政治社会的圭臬，而要做到这一点就要从理论上制服这些社会思潮。

第三，新媒体公共领域客观上为西方国家的和平演变策略提供了工具和平台。两种社会制度的并存决定了意识形态的PK并没有随着冷战的结束而结束，西方资本主义国家对我国的和平演变从来都没有停止过，只是变得更加隐蔽了。西方以自由主义为核心理念的主流意识形态自启蒙以来，经过了多次修补和完善，已经成功吸引和凝聚了西方社会的广大民众。经过几百年的经营，西方思想家已经成功使广大民众形成固定的观念，每个人都按照自己观念中的那一套认识框架来看问题，他们相信资本主义的民主是真民主，而实际上资本主义民主只是有钱人的民主，何曾有真民主。自由、民主、平等、博爱等核心价值观已经成功实现大众化和生活化，入心入脑，成为人们生活的基本理念。但西方的自由、民主、平等、博爱具有欺骗性，虽然他们处处以自由社会自居，而那些靠出卖劳动力谋取生活资料的工人何曾真正自由过。但西方的启蒙和教育成功地把这些意识形态价值观灌输到了广大民众心灵深处，致使广大民众认同他们的"民主制度"，甚至对他们的制度有一定的自负。和平演变的基本策略就是要使社会主义国家的人也逐渐认同他们的核心价值观和话语体系，其实现逻辑大致呈这样一个过程：首先让我们的普通民众认同甚至崇拜西方话语体系，尤其是认同和崇拜西方评判一个社会制度民主与否的标准；其次，我们的民众一旦认同了这一标准，就会用这一标准来评判我们自己的体制，结果当然会得出有利于西方的结果；最后，自然而然的结果就是，接受了这一标准的人再看我们自己的体制就会觉着这也不行，那也不行。传统媒体具有较强的可控性，西方的声音几乎没有发声和传播的渠道，但新媒体公共领域是一个不可控的舆论空间，客观上为西方意识形态的传播提供了一个便捷的平台，因此新媒体公共领域意识形态话语权的建构面临严峻的挑战。

第四，我国社会转型期出现了一些问题，这些问题在新媒体公共领域引发的讨论对主流意识形态话语权构成一定的挑战。意识形态是观念上层建筑，它对政治上层建筑发挥着合法性论证和理论支撑作用，它要回击任何对政治上层建筑的威胁。话语权的争夺不是单纯的意识形态说教，而会结合现实问题。改革开放以来，中国特色社会主义在取得令世人瞩目的成就的同时，也出现了一些问题。典型的问题包括：收入差距过大、个别官员腐败、食品安全、道德滑坡、一定程度上的诚信危机等。新媒体公共领域意识形态话语权的争夺也会依托对这些问题的讨论，由对这些问题的讨论把矛头指向我们的政治体制。他们的观点在新媒体公共领域拥有一定的市场，具有很强的迷惑性，表面上看它好像有一定的道理，但实际上他们不懂得人类历史发展的规律，尤其不懂得社会主义建设规律。人类历史发展规律尤其是现代化规律表明，任何国家在走向现代化的过程中都会出现一个矛盾凸显期，亨廷顿说过，"现代性孕育着稳定，而现代化过程却滋生着动乱。"① 也就是说，成熟的现代社会是稳定的，定型的传统社会也是稳定的，但从传统社会向现代社会转变的现代化过程却是充满动荡问题的。我国改革开放四十余年走过了西方发达资本主义国家上百年所走过的历程，当然也会集中它们在上百年内所出现的问题，由于问题都集中在这四十余年中爆发，所以有些问题表现得相当突出和尖锐，但这不是制度问题，而是任何国家在走向现代化过程中必然会出现的问题。只要我们成功超越这样一个矛盾凸显期，我们就会实现富强、文明、和谐的社会主义现代化。

四　新媒体公共领域意识形态话语权弱化的原因分析

新媒体公共领域中主流意识形态话语权存在弱化的趋势，中央也意识

---

① 〔美〕塞缪尔·P. 亨廷顿：《变化社会中的政治秩序》，王冠华等译，三联书店，1989，第38 页。

到了这一点，习近平总书记在文艺座谈会、新闻舆论工作座谈会、全国宣传思想工作会议、哲学社会科学工作座谈会、党校工作会议等场合多次强调这一问题。新媒体公共领域意识形态话语权弱化趋势是客观现实，我们不必讳疾忌医，而是应该认真分析原因病灶，以找寻化解路径。新媒体公共领域意识形态话语权弱化的原因可以概括为如下几个方面。

第一，转型期的我国，社会思想空前活跃，新媒体公共领域中社会思潮多元化的趋势只是现实社会分化的反映。我们正在经历的社会转型是从传统计划经济的社会主义模式向以市场经济为主要资源配置方式的中国特色社会主义的转型，这一转型是社会结构重构、利益格局重组的过程，在这一过程中，以单位组织为主导的高整合性社会逐渐分化为多元化的利益主体。不同的群体、阶层在社会转型过程中利益得失不同，知识背景不同，所处环境不同，这些差异造就了对改革开放看法的差异性，这些差异是各种社会思潮的现实基础。新媒体公共领域中的各种社会思潮只是现实社会中不同阶层和人群在新媒体中的发声。

第二，我们还没有娴熟地掌握新媒体公共领域的传播规律，没有能够充分利用新媒体公共领域来维护主流意识形态。以连接互联网的电脑、手机以及各种终端为主要载体的新媒体出现的时间不长，是一个新事物，新媒体公共领域与传统媒体的差异性较大，而且新媒体的发展日新月异，微信出现才几年就几乎成为所有人交往沟通的工具了，这使得我们对这个新事物研究得还不够，对它的传播规律，对于如何娴熟驾驭这一新事物的了解不够。我们还习惯于用传统媒体的宣传方式在新媒体公共领域开展宣传工作，这使得我们的宣传效果大打折扣。

第三，中国特色社会主义话语体系及其宣传方式有待进一步完善。在国际上，我们经济大国的身份和我们在国际话语体系中的地位不相称，这当然需要我们继续努力，使我们从经济大国逐渐走向经济强国，但也需要我们积极建构并完善中国特色社会主义话语体系，提出更具解释力和生命力的新概念、新命题，以负责大国的形象参与国际事务。以习近平同志为核心的党中央近年来提出的命运共同体、"一带一路"等概念就是我们话语体系建设中的成功典型，我们在世界范围内的议程设置能力和话语权正在逐渐提升。话语体系具有自身相对独立的运行逻辑，我们要在提升国家硬实力的同时，注重建构更加合理的话语体系，提升意识形态话语权，提升文化软实力。同时还要改进对内对外宣传方式，讲好中国故事，传播好中国声音，提升国家形象。

五　新媒体公共领域意识形态话语权的建构路径

习近平总书记在全国宣传思想工作会议上强调，"意识形态工作是党的一项极端重要的工作"，"能否做好意识形态工作，事关党的前途命运，事关国家长治久安，事关民族凝聚力和向心力。"① 意识形态话语权的建设是意识形态工作中的重中之重，新媒体公共领域意识形态话语权的建设问题则更具紧迫性。

第一，大力推进中国特色社会主义经济社会建设，为中国特色社会主义话语权提供更加坚实的基础。话语体系和话语权属于上层建筑范畴，上层建筑依赖于经济基础，只有经济基础雄厚了，上层建筑才会更加牢固。话语权的基础是实力，软实力是硬实力的基础，只有有了实力，我们才会在全球话语体系中提升话语权。随着中国特色社会主义经济社会的发展，尤其是针对现阶段出现的诸如收入差距、个别官员腐败、食品安全、社会建设滞后等问题提出有效的对策，以至逐渐消除这些问题，成功超越这一矛盾凸显期，实现中国特色社会主义的现代化，那些唱衰中国、抹黑中国的做法，以及自由主义、"左"派等社会思潮将会不攻自破，逐渐失去市场。中国特色社会主义的成功发展是最大的话语权，它将使整个社会对中国特色社会主义的道路、理论、制度、文化更加自信，从内心深处认同中国只有走中国特色社会主义道路才能成功，自觉抵制西化观点。

第二，建构和完善中国特色社会主义话语体系。话语权建设当然需要坚实的实力为后盾，但话语体系有自身的一套逻辑，我们要积极构建中国特色社会主义意识形态话语体系，并使我们的话语体系争得话语权。为此，我们的话语体系必须具备如下特征：①能够解决重大时代课题。话语体系不是凭空设想的空中楼阁，而是在解决时代重大课题的过程中形成的，也只有对时代课题具有较高解释力和化解问题能力的话语体系才能够赢得人们的认同，我们提出的"命运共同体""生态文明建设""一带一路"等话

---

① 中共中央宣传部：《习近平总书记系列重要讲话读本》，学习出版社、人民出版社，2016，第193页。

语就对化解当今世界重大问题有重要推进意义，也赢得了国际社会的认同和好评，只要我们继续朝着这个方向努力，我们的话语体系就会逐渐得到国际社会的认同和支持，赢得话语权。②以马克思主义为指导，以中国特色社会主义为依托。我们意识形态建设的任务就是巩固马克思主义在意识形态领域的主导地位，且马克思主义是科学的世界观和方法论，是指导实践的法宝，我们的话语体系必须以马克思主义为指导。中国特色社会主义是我们意识形态建设、话语权建构的意义所在，争取话语权就是为了进一步论证中国特色社会主义道路、制度和理论的合法性，话语权要有非常明确的价值指向。③话语体系要有亲和力。意识形态建设的核心问题是如何让我们的主流价值观入心入脑、大众化、生活化，成为人们自觉的行为方式，而要做到这一点，我们的话语体系本身就应该具备较高的亲和力，能够吸引和凝聚人民群众。如果话语体系脱离现实，过于高大上，令人敬而远之、望而生畏，那它只能是印在文件上，写在标语上，而无法真正写入公民的心中。

第三，要根据新媒体公共领域的特点，有针对性地建构意识形态话语权。新媒体公共领域有诸多不同于传统媒体的新特点，要想提高主流意识形态的话语权就必须针对这些特点采取有效的措施。前文所述的新媒体公共领域的特征更多的是从技术层面来讲的，这里所说的特征主要是新媒体公共领域参与者的特征，因为话语权建设的核心问题是人的问题。新媒体公共领域的这些特征包括：①新媒体公共领域具有平等性。传统媒体中，信息发布者是权威，受众被动接受，而新媒体公共领域不存在权威，人人都是麦克风，参与者是平等的，只有那些有道理的、与受众产生共鸣的观点才能够被大家所接受和认可。我们的意识形态宣传切忌自命权威、高高在上，这样不但不会有良好的效果，还会引起公众的反感，人为造成意识形态话语权建构的障碍。意识形态建设的关键是要以理服人、以情动人，入心入脑、刻骨铭心。②新媒体公共领域参与者存在一些明显的心理特征，话语权建设要掌握这些心理特点。他们都是现代公民，具有强烈的主体意识和个性，话语权建设要充分尊重他们，不仅尊重他们的人格，还要尊重他们的叙事方式和言说风格，用他们能够接受和认同的方式建构话语体系，传播话语体系。③新媒体公共领域存在明显的猎奇心理，新奇的事物容易引起关注，这就需要我们的话语权建设针对他们的特点，增强吸引力和凝聚力。④整个社会关切政治的热度趋于冷静。利益最大化的逻辑成为支配大多数人的内在逻辑，相应地对政治的关切度有所下降，这就需要我们的宣传把国家意识形态建设和个人利益结合起来，以此调动新媒体公共领域的热情和关切度。新媒体公共领域意识形态话语权的建构要顺应这些特点，只有用参与者能够接受的方式宣传和言说，才能有效提升意识形态话语权。

第四，通过影视媒体与互联网相结合塑造良好的国家形象。新媒体也可以在娱乐中塑造国家形象，尤其是影视作品通过与爱奇艺合作可以提高收视率、扩大影响。应该说我国电影业的发展也迎来了一个新的春天，很多电影也在积极正面地塑造我们的国家形象。《战狼2》曾经成功赢得了很高的票房，而这部电影也在观众心目中塑造了"日益走进世界舞台中央"的中国形象，"负责任的大国的形象"。对于非洲的华资企业，我们有实力保护其员工的安全，当我们的车队经过政府武装和反政府武装的交战区时，主人公冷锋高举起中国国旗，交战双方看到中国国旗纷纷停止射击，让中国车队过去，中国车队在五星红旗的引领下平平安安开过了交战区，这就是在正面塑造政府形象。《流浪地球》中的中国已经不只是保卫自己的国家，而是参与处置全球性灾难，并在一定程度上主导了这项"流浪地球计划"。电影在娱乐中不知不觉地将良好的国家形象植入了受众内心，是建构话语权的一个重要方式。其实美国好莱坞的电影早就在电影中植入了国家形象，尤其一些美国大片，这些大片在其他国家的播映成功地将美国想要的政府形象植入了其他国家的民众心中，所以电影也是意识形态争夺的一个领域。在新媒体时代，电影和新媒体的结合扩大了电影的传播范围，新媒体时代的人们喜欢某部电影可以反复观看，重复观看更加深了民众对电影的理解。

第五节　提升社会主义核心价值观吸引力和凝聚力

新媒体对人们的影响十分巨大，我们应该充分利用新媒体的优势提升社会主义核心价值观的吸引力和凝聚力。增强社会主义意识形态的吸引力和凝聚力是要让广大人民群众由衷地认同我们的意识形态，这个提法体现了我们党在意识形态建设方面的创新。过去我们意识形态建设强调较多的是灌输，从外在的方面让广大人民群众认同意识形态，这多少有点强迫之嫌，意识形态"吸引力和凝聚力"的提法是从内在方面来建设意识形态，使广大人民群众由衷地认可意识形态。但是真正要增强意识形态的吸引力和凝聚力，让广大人民群众由衷地认同意识形态则是一个十分复杂的过程，需要动用各种机制，其中发挥新媒体的作用是增强意识形态吸引力和凝聚力的重要途径。而且新媒体在增强社会主义核心价值观的吸引力和凝聚力方面有巨大的可发挥作用的空间。

一　社会主义核心价值观的吸引力和凝聚力

培育和践行社会主义核心价值观的重要性已经为学界所公认，但我们对于什么是"培育""建设"以及如何"培育""建设"则关注得不够。社会主义核心价值观建设不同于高楼大厦的建设，它要建设的是价值观念，所谓价值观念的建设实际上就是将价值观灌输到人们的头脑中，"入心入脑""内化于心，外化于行"是最关键的环节。价值观不但要入心入脑，而且还要成为支配人们行为的"自由意志"。人的行为是受意志支配的，而人的意志在很大程度上受自己的价值观念影响，社会主义核心价值观建设的最终目的是让善良行为成为社会的主导，让那些不善的行为受到抵制和批判，所以价值观建设的目的是改善社会的行为趋势，而不仅仅是影响意志，影响意志仅仅是达到改善社会行为的手段。目标明确之后，手段就成为最重要的事情了。要想使价值观影响人的意志，就必须使价值观真正被人们所接纳和认可，由衷地认为这种价值观念确实是我们社会所必需的，也是个人所必需的，真正发自内心地认同这一价值观念。价值观念对人的影响可以分为两种情况：一种情况是自己刻意追求某种价值观念，刻意让自己的行为体现某种价值观，是个人有意为之的行为；另一种情况是某种价值观已经深入心灵深处，已经成为不自觉地支配自己行为的内在的心理品质。①

有意识做出来的文明还不是真正的文明，真正变为人的本能，融化在日常生活方式中的文明才是真正的文明。社会主义核心价值观培育就要使社会主义核心价值观融化在人们的日常生活方式之中。而要做到这一点就

---

① 李永杰：《增强社会主义核心价值观的吸引力和凝聚力》，《湖北社会主义学院学报》2011年第 2 期。

需要使社会主义核心价值观真正被人们所认可接纳。

一般来说意识形态——尤其是现在社会的意识形态可以分为两种：一种是显性的，一种是隐性的。前者指一个社会形态确立之后，政治上层建筑需要建立新的观念上层建筑——意识形态，而新的意识形态则与前一个社会形态的意识形态具有一定的差异，此时虽然新的社会形态已经建立，但由于意识形态具有相对独立性，旧的意识形态还会在广大民众头脑中大量存在，甚至有的还占一定的统治地位，新的社会形态建立初期，社会需要广大民众形成新的意识形态，人们此时虽然已经接受了新的意识形态，但这种新的意识形态还没有真正内化到民众内心深处。此时的意识形态还是显性的意识形态，人们用理性控制自己去接受新的意识形态，这种意识形态还不是个体坚定的自由意志。新的意识形态建立了相当长的时期后，意识形态会逐渐内化到了民众内心深处，人们的言行不必经过刻意的、有意识的控制就能符合新的意识形态的要求。此时的意识形态已经内化为国民人格的一部分，成为民众自发的思维方式。人们即便"随心所欲"也不会"逾矩"。虽然这个时候意识形态没有刻意留在心中，但意识形态已经深深植根于人的头脑，成为不言而喻、自然而然的内在东西了。隐性的意识形态是意识形态建设的最终目标。

增强社会主义核心价值观的吸引力和凝聚力就是要使社会主义核心价值观入心入脑，转化为人们"日用而不觉""习焉而不察"的日常行为习惯和人们的价值判断能力、价值选择能力、价值塑造能力。

新媒体公共领域在这方面存在大有可为的空间。媒体对人的影响巨大，综合学界既有的研究，媒体的功能可以概括为如下几个方面：一是思想功能，即新媒体在提升群众的意识和觉悟，形成社会理想、志向、动机等方面的作用。二是组织、协调功能，在现代社会，新媒体作为公共论坛，成为协调大众利益的基本场所。通过意见的讨论、交换，可以缩小乃至消除分歧，达成社会共识，并且通过强化社会规范，维护社会共同的价值观。三是文化教育功能，在学习型社会里，学习成为终生的过程，除了学校教育等常规的教育外，新媒体也用鲜活的方式起着文化传递的作用，把新知识、新成果、新理论、新观点，乃至于使整个社会的统一的价值观、社会规范、社会文化遗产等都传递给新一代的年轻人。四是娱乐功能，新媒体通过报纸里的幽默专栏，广播里的娱乐节目以及网络、电影等形式充分显示出它的娱乐功能。

二　新媒体公共领域能够增强社会主义核心价值观的吸引力和凝聚力的几个方面

新媒体并不是在所有方面都能增强社会主义核心价值观的吸引力和凝聚力，有些单纯的信息提供和娱乐供给并不能对价值观念产生影响，而且有些方面还会对社会主义核心价值观的吸引力和凝聚力构成挑战。这就需要我们明确新媒体在哪些方面可以增强社会主义核心价值观的吸引力和凝聚力。

第一，提供能满足受众需求的观点可以影响受众。新媒体提供的观点能否被受众所接受，一个关键点就是这个观点能够在多大程度上满足受众。面对新媒体提供的海量的信息，人们最关心与自己有关的信息。首先，人们会关注自己需要的东西；其次，人们也总是关注那些和自己的观点相一致的信息，这些信息让自己感到舒服。人们总是关注他们想要关注的内容，不感兴趣的内容，即便媒体提供得再多也不会进入读者的视线，或者顶多只是过目即忘，这叫作选择性接触。对于新媒体，人们不仅进行选择性的接触，而且还会选择性理解，比如当不吸烟的人阅读关于吸烟的文章时，会下意识地寻找吸烟与癌症相关的段落以求得自我安全、满足甚至快乐，因为这些信息肯定了不吸烟是明智选择。而与此相反，那些烟民读这段文字的时候，便没有关注吸烟与癌症有关系的段落。① 每个人都只是从自己的角度去理解媒体所提供的信息。根据新媒体的这一特征，在社会主义核心价值观宣传的时候是否能够以引人注目的形式进行宣传就成为非常关键的因素了。如果仅仅是说教和理论论证与阐释，则恐怕难以引起普罗大众的兴趣，也就很难增强社会主义核心价值观的吸引力和凝聚力。新媒体要增强社会主义核心价值观的吸引力和凝聚力，关键的不是做多少说教与介绍，而是如何将社会主义核心价值观融入人们所喜闻乐见的活动。比如，可以将其融入文学作品中，可以融入电影、电视剧等娱乐活动中，这样会让受众在娱乐中，在艺术的陶冶中不知不觉地接纳了社会主义核心价值观念，

---

① 〔美〕约翰·维维安：《大众传播媒介（第七版）》，顾宜凡等译，北京大学出版社，2010，第445页。

价值观念才会进入人们的心灵深处。

第二，新媒体的社会化功能可以影响人们的价值观念。人是社会性的动物，人总是要获得各种信息及价值观念以适应他人及社会，这就是社会化。社会化本质上是从生物人成长为社会人的过程，这一过程不仅发生在孩童时期，而且还会贯穿人的一生。随着时过境迁，人们总是需要跟得上日新月异的当代社会，这就需要社会化。新媒体在人的社会化过程中发挥着十分重要的作用，不管是孩童的社会化，还是成年人的再社会化，新媒体都发挥重要的作用。价值观念的培育是社会化的重要组成部分，一个成长于西方社会的人和一个成长于东方社会的人其价值观念是不一样的，造成这一差别的关键就是其所接受的社会化不一样。新媒体完全可以利用其在人的社会化中的这种特殊地位进行社会主义核心价值观建设，可以使人们在获得适应社会的信息及信念的过程中增强社会主义核心价值观的吸引力和凝聚力。

第三，印象刻板化可以影响人们的价值观念。所谓刻板化就是人们对于某个形象形成了固定的看法，比如，我们看戏的时候，一看到白脸就形成了大奸臣的印象。刻板化可以使交流变得更加容易和更加简单，对于一些形象和符号，人们不需要费力去思考它到底是什么。刻板化有两种：一种是好的刻板化，一种是负面的刻板化。负面的刻板化，比如戏剧中的白脸，好的刻板化就是对所指称的对象产生美好的想象。新媒体对于价值观念也会形成一定的刻板化，比如在西方，人们提到自由、平等等价值观念的时候就会产生由衷的欢喜情怀，而对于相反的价值观念则会产生厌恶的感觉。如果广大人民群众对社会主义核心价值观产生了良好的刻板化现象，那社会主义核心价值观入心入脑就容易得多了。但是现阶段的现实是，很多人对于社会主义核心价值观形成了一定程度的负面刻板化，或许是我们的宣传方式存在不合理之处，或许是我们的宣传还不到位，很多人一提到社会主义核心价值观的时候，第一印象就没有那么亲切。在大学生中，一提到思想政治课（很大程度上是进行价值观教育）就有一种厌烦情绪，很多学生是能逃课就逃课，实在无法逃课也只是心不在焉地坐在教室里。如果这种刻板化倾向延续下去，恐怕社会主义核心价值观建设的难度会越来越大。要想增强社会主义核心价值观的吸引力和凝聚力，就要改变现实中的这一趋势，努力形成良好的刻板化倾向。新媒体在这方面大有可为，它完全可以利用其多样化的途径，比如对各种偏颇的价值观的批判，尤其是结合着某个热点案例进行评论，让受众在"围观"中不知不觉接受教育，对社会主义核心价值观产生由衷的认同。

三　如何利用新媒体公共领域增强社会主义核心价值观的吸引力和凝聚力

新媒体对人们的生活产生了重要的影响，我们应该充分利用新媒体的影响力提升社会主义核心价值观的吸引力和凝聚力。

（一）抓住受众的心理需求增强社会主义核心价值观的吸引力和凝聚力

充分了解受众需求，按照能够满足受众需求的方式进行宣传，这是提高宣传工作效果的重要方面。面对新媒体提供的海量信息，人们是有选择地接纳的，而要想被受众所选择，就需要提供能够满足受众需求的信息。当然，需求是宽泛意义上的，而非仅仅包括物质需求，物质需求仅仅是一个方面。现阶段人民群众的需求更多的是涉及公平正义的问题，民主、平等、自由等权利，尊严、地位和体面等"美好生活"方面的需要，这些方面可能比物质需求更加重要。现阶段互联网热议的很多话题都和这些方面有关，这些话题之所以能够引发人们的关注，一个重要的原因就是这些话题切中了人们的需求，很多参与讨论的人对此都有亲身感受。新媒体对社会主义核心价值观的宣传应该和人民群众最关心的话题结合起来，只有能够解决人们最关心的话题的宣传才是有效的，如果对人们所关注的话题置若罔闻，或者几乎没有涉及人们最关心的话题，人们会以"冷处理"的方式对待你的宣传，即对所宣传的话题不予关注，不予讨论，这实际上影响了宣传的效果。我们的社会主义核心价值观是能切中时弊的价值观，但我们的宣传还存在不足之处，应该与时俱进，改变传统的宣传方式，充分利用新媒体，并且充分结合人们最需要、最关心的事情进行宣传，这样才会收到应有的效果。

关于新媒体的效果，其理论分析经过了这样几个阶段，早期的大众传播学者认为新媒体的功能是强大有力、威力无穷、影响巨大的，产生了"魔弹论"或者"枪弹论"，也有人称为"刺激反映论"或者"皮下注射论"。随后，在 20 世纪四五十年代，有限效果理论作为"魔弹论"的对立面出现了。这种观点认为，新媒体虽然可以强化受众已有的观点和态度，或使受众的态度进一步明朗化，但在改变受众原有态度方面，作用却非常小。1959 年美国学者卡茨提出了使用与满足理论，他的研究立足于受众，认为对象不再是被动地接受信息，而是积极地搜寻信息为我所用。德国学者伊丽莎白·诺利－诺依曼提出了累积效果理论，认为虽然媒体没有强大的直接效果，但是随着时间的流逝，媒体的影响是可以逐渐积累的。新媒体在形成大众的意识和觉悟方面的效果如何，直接决定了新媒体在增强社会主义意识形态吸引力和凝聚力的作用如何。

新媒体对大众的宣传、说服和教育的功能并没有强大到像"皮下注射论"那样有效，笔者认为新媒体的宣传效果可能更倾向于累积效果理论，即新媒体的效果和影响力会随着时间的流逝逐渐累积。有了这样一个理论支撑，我们应该努力研究受众的心理接受过程，科学地把握受众的心理变化和规律，发挥新媒体对于增强意识形态凝聚力的作用。

研究表明，人们在选择媒体时符合一致性理论。即"面对与自己观点一致的信息和截然相反的信息，人们总是更多地注意那些使他们觉得舒服的信息，而相反的信息则很少能回想起来，包括选择性接触、选择性理解、选择性记忆和选择性回忆在内的这些现象，被称为一致性理论"。① 那么人们凭什么去接触并信服新媒体提供的信息内容呢？这就要求媒体记者要深入了解受众的心理需求、兴趣和好奇心所在，单凭硬性的宣传和"灌输"是得不到较好的宣传效果的。

对于增强意识形态吸引力和凝聚力来讲，社会主义信仰、意识形态的宣传、马克思主义理论的普及等首先要通过受众对这些外来信息的筛选和过滤这一关。受众会根据自己的生活经验和经历、知识水平和价值取向等对所宣传的信息进行理解，并尽量能取得认知上的一致，通过选择性的接触、理解后就进入了选择性记忆的关键阶段。这也是所宣传的信息进入受众心灵深处的阶段了。这是受众真正认可、认同价值取向的一个重要阶段，因为只有成为受众记忆的一部分，才能真正融入受众的思想观念、知识体

---

① 〔美〕约翰·维维安：《大众传播媒介（第七版）》，顾宜凡等译，北京大学出版社，2010，第 445 页。

系和价值结构中，新媒体的宣传才能深入人心，它的思想功能、说服教育作用才真正起作用。

影响新媒体宣传效果的另外一个因素是逆反心理。这体现了新媒体的效果的有限性一面，即当各种媒介提供的信息全是与对象已有的观点、态度不一致的时候，仍然长时间、大剂量地说服、灌输时，受众在这些信息里找不到可选择接触和理解的信息，就会产生适得其反的效果，即逆反心理的产生。所以新媒体在进行理论宣传、意识形态的说服教育时要尽量利用大众容易接受的鲜活的语言、通俗易懂的报纸、寓教于乐的电视节目（包括电视剧、电影、小品等娱乐形式），让人们在生活、娱乐中接受新媒体思想教育功能，使人们在不知不觉中接受、认同了社会主义的信仰、价值观等意识形态。

从众心理是一种重要的心理现象，值得我们关注。从众心理对于新媒体的宣传来讲，有一定的优势，对于新媒体的信任、对于偏离的恐惧等原因会使受众改变自己所坚持观念而选择同多数人一致的意见或者决定。这要求新媒体能够把握整体舆论的议程设置，把握整个社会的主流意识形态，掌握宣传主流意识形态的主动权和领导权，只有这样才能让受众在一种积极健康的氛围内做出正确的选择。否则，如果整体社会的意识形态是多元、无序的，甚至被西方具有渗透颠覆阴谋的意识形态所掌握的话，后果不堪设想。

（二）提高新媒体公共领域的公信力增强社会主义核心价值观的吸引力和凝聚力

马克思主义认为，新媒体属于意识形态范畴，它本身就在充当一定的政治角色，发挥着一定的政治功能。它在传播信息，提供娱乐的同时，也发挥着思想引导、传播价值观念的作用。但新媒体是否具有公信力，直接影响着新媒体的宣传效果，即能否有效增强意识形态的吸引力和凝聚力。

随着市场经济中拜金主义等负面影响的出现，新媒体也产生了一些消极影响，尤其是对新媒体公信力产生了负面的影响，这对于我国媒体公信力的维护提出了新的挑战。比如一些媒体出现了不实报道，引发了公众对于新媒体公信力的怀疑。一些记者为了自己的私利，为了追求轰动效应不顾事实报道，甚至一些报纸以监督之名，行创收之实，违反新闻基本原则进行欺诈、非法获利等活动。另外，在重大突发事件发生时，媒体能否如实报道真实情况也是一个关键性问题，这也关系到新媒体的公信力问题。突发性公共事件发生的时候，一些媒体出于维护稳定的目的，在时事报道上缺乏实事求是的态度，这不但没有能够平息民众的气愤，甚至还会因为缺乏客观有效的信息源及有效的传播途径，而致使问题更加严重。这些问题在社会分层日益多元化和文化选择多样性的情况下，对于能否维护好新媒体的公信力显得尤其重要。媒介是党的"喉舌"，是党和政府的宣传机器，但是在具体的运作中，如果能够实事求是地宣传党的政策而不夸大事实，过多渲染，在宣传党的理论时避免生硬、呆板，避免公众的"逆反心理"和"从众心理"，通过政府和党的工作的实际效果真正使社会公众从心理上接受社会主义核心价值观念，理论的宣传和说服才会取得更好的效果，新媒体才会更好地发挥增强社会主义核心价值观的吸引力和凝聚力的作用。所以公众充分信任新媒体的前提是，新媒体能够提供正确、可靠、无偏见、完整的信息，这是公众进行选择性接触、理解和记忆的前提，如果公众认为新媒体提供的信息不符合上述的要求，那么就会渐渐失去对新媒体的信心。

强化新媒体公共领域管理，营造风正气清的新媒体公共空间，对于提升新媒体公信力至关重要。很多学者都对公共领域进行了探讨，其中阿伦特和哈贝马斯最引人注意，尤其是哈贝马斯，其《公共领域的结构转型》一书几乎被看作是公共领域研究的集大成者。自从这一话题被引入中国之后，我国学界也给予广泛而深入的探讨。公共领域是一个时代性很强的学术话题，它必然会随着时代的变迁而与时俱进，互联网的充分发展为人们探讨公共话题提供了广泛的平台，这实际上就是一个虚拟公共领域，而且这一公共领域具有传统公共领域所不具有的一些特点，比如它的虚拟性、匿名性、广泛性、开放性等都是传统公共领域所无法比拟的。公共领域是价值观形成的重要领域，因为公共讨论总是有一定标准的，什么是真善美，什么是假恶丑，什么是光荣的，什么是耻辱的，是人们讨论公共话题的圭臬，人们总是以这些标准来衡量现实，批判现实。在这一批判过程中，人们心目中的真善美和假恶丑的标准就更加明确，其基本的荣辱观也会更加明确。在这一讨论过程中，人们也会对具有社会"正能量"的案例进行赞扬，当然更多的是对具有社会"负能量"的案例进行鞭笞。在互联网公共领域的赞扬与鞭笞中，整个社会的"正能量"会逐渐增加，"负能量"会逐渐降低，人们对社会主义核心价值观也会逐渐培育情感，增加认同，社会主义核心价值观的吸引力和凝聚力也会与日俱增。

（三）维护人民群众的根本利益，增强社会主义核心价值观的吸引力和凝聚力

马克思说过："人们奋斗所争取的一切，都同他们的利益有关。"① 如果我们的意识形态只注重宣传和灌输，而忽视普通公民的利益诉求，那么这样的意识形态很难吸引和凝聚民众。而且社会主义之所以优越于资本主义的最重要一点就在于它是最广大人民群众的利益能得到充分伸张的社会形态。虽然目前一部分群众利益诉求出现了表达渠道不畅通的现象，甚至个别地方还存在人民群众利益受损的情况，但这只是社会发展过程中的问题，是任何一个国家走向转型和现代化过程中必然会出现的矛盾和问题。

虽然我国在走向现代化的过程中出现了一些问题，但是，新中国成立以后七十多年全国各族人民砥砺奋进，我国经济发展取得了举世瞩目的成就，特别是"党的十八大以来，我们成功驾驭了我国经济发展大局，形成了以新发展理念为主要内容的新时代中国特色社会主义经济思想"②，我国经济已由高速增长阶段转向高质量发展阶段，2015—2019 年这五年来，我国经济年均增长 7.1%，2017 年经济总量达到 80 多万亿元，对世界经济增长贡献率达到 15%，我国对世界经济增长的贡献率年均超过 30%，超过美国、欧洲、日本贡献率的综合，成为世界经济增长的主要动力源和稳定器。③ 这对于提高人们对社会主义制度的认同和社会主义制度的优越性的认可提供了重要的物质支撑。所以说，提高广大民众的生活水平，保障和改善民生建设，是新媒体能充分发挥其在增强社会主义意识形态吸引力和凝聚力的作用的一个重要的物质前提。

在维护人民群众根本利益的同时，改善宣传方式，使社会主义核心价值观形成正面的刻板化印象。价值观念的建设，最重要的是所提出的价值观念必须适合时代，能够与普通民众产生共鸣，这是价值观念深入人心的

---

① 《马克思恩格斯全集》（第 1 卷），人民出版社，1956，第 82 页。
② 《习近平谈治国理政》（第三卷），外文出版社，2020，第 236 页。
③ 《习近平谈治国理政》（第三卷），外文出版社，2020，第 232 页。

基础。应该说，我们提出的社会主义核心价值观是适合我们中国特色社会主义的现实的，既包含了社会主义的精髓，也包含了我们的民族特色，既考虑到了传统的价值，也涉及了现代社会的特征。党的十八大提出倡导富强、民主、文明、和谐；自由、平等、公正、法治；爱国、敬业、诚信、友善的社会主义核心价值观念。这些观念具有很强的时代气息，真正反映了社会的需求。可以说，从社会主义核心价值观本身来说，它已经具有了吸引力和凝聚力的基础。但是其吸引力和凝聚力的充分发挥还需要广播电视、新闻报刊、文学艺术、互联网等各个传播途径都发挥其积极作用。新媒体的作用非常大，它应该积极引导舆论，实现对社会主义核心价值观的良好刻板化，让人们一想到这个核心价值体系就有一种倾心和仰慕，一种由衷的崇敬油然而生。做到这一点是有一定的难度的，我们的宣传在多大程度上能为人民群众所认可和接纳取决于人民群众是否对我们的宣传有兴趣，如果缺乏兴趣，即便我们的宣传再丰富多样，人民群众也只会充耳不闻。这就需要我们的宣传切中群众的需求，只有切中需求的宣传才会引发受众的兴趣，也才会促使社会主义核心价值观良好刻板印象的形成，才会增强社会主义核心价值观对人民群众的吸引力和凝聚力。

参考文献

期刊、论文类：

白苏婷、秦龙、杨兰：《认同概念的多学科释义与科际整合》，《学术界》2014 年第 11 期。

曹卫东：《从"认同"到"承认"》，《人文杂志》2008 年第 1 期。

邓集文：《论大众传媒的政治社会化功能》，《湘潭大学学报》（哲学社会科学版）2004 年第 1 期。

高清海：《信仰理性·认知理性·反思理性——理性"天然合法性"的根据何在》，《学海》2001 年第 2 期。

韩志刚：《2009 网络语境与网络语言的特点》，《济南大学学报》（社会科学版）2009 年第 1 期。

江作苏、李理：《传播视野：国家形象的官方民间舆论场互补建构》，《华中师范大学学报》（人文社会科学版）2014 年第 6 期。

匡和平：《论农民政治社会化的主体性原则》，《长白学刊》2006 年第 1 期。

李春玲、刘森林：《国家认同的影响因素及其代际特征差异——基于 2013 年中国社会状况调查数据》，《中国社会科学》2018 年第 4 期。

李玲：《大学生社会主义核心价值体系认同现状与对策》硕士学位论文，大连理工大学，2010。

李永杰、郭彩霞：《社会主义核心价值观发生论研究》，《中共福建省委党校学报》2013 年第 8 期。

李永杰：《增强社会主义核心价值体系的吸引力和凝聚力》，《湖北社会主义学院学报》2011 年第 2 期。

刘秀芳：《当代大学生对中国特色社会主义的认同研究——以山西高校在校

学生为例》硕士学位论文，太原科技大学，2015。

马立诚：《交锋：当代中国的八种思潮》，《同舟共进》2010 年第 1 期。

孟威：《民粹主义的网络喧嚣》，《人民论坛》2016 年第 3 期

曲彦斌、王焯：《网络语言的模式、特征及发展趋势——兼就〈中国语言生活状况报告〉有关部分谈网络语言生活的和谐问题》，《辽东学院学报》（社会科学版）2009 年第 3 期。

王冀：《历史虚无主义思潮透析》，《探索》2018 年第 2 期。

王娟：《论网络段子中的民粹主义倾向》，《学习月刊》2014 年第 16 期

王庆节：《道德感动与儒家的德性示范伦理学》，《学术月刊》2018 年第 8 期。

吴传飞：《中国网络语言研究概观》，《湖南师范大学社会科学学报》2003 年第 6 期。

杨金华、黄陈晨：《"精日"现象透视》，《红旗文稿》2018 年第 17 期。

杨荔敏：《文化认同视野下的高校学生马克思主义认同问题研究》硕士学位论文，山东大学，2017。

张媛媛：《网络环境下大学生马克思主义认同的现状及对策》硕士学位论文，山东师范大学，2018。

章辉：《"积淀说"与"视域融合"——李泽厚与伽达默尔的一个比较》，《外国文学研究》2003 年第 1 期。

赵玉林：《法治中国背景下互联网管理机制的整体设计——消解互联网公共舆论的"内向坍塌"危机》，《情报杂志》2016 年第 5 期。

赵志裕、温静、谭俭邦：《社会认同的基本心理历程——香港回归中国的研究范例》，《社会学研究》2005 第 5 期。

郑杭生：《论建设性反思批判精神》，《华中师范大学学报》（人文社会科学版）2008 年第 1 期。

著作类：

《马克思恩格斯全集》第 30 卷，人民出版社，1995。

《马克思恩格斯全集》第 3 卷，人民出版社，2002。

〔德〕马克思、恩格斯：《德意志意识形态（节选本)》，中央编译局译，人民出版社，2018。

〔德〕马克思：《共产党宣言》，人民出版社，2018。

车文博主编《弗洛伊德文集（09）：自我与本我》，九州出版社，2014。

《辞海（普及本）》（上册），上海辞书出版社，2010。

《辞源（第三版）》（上卷），商务印书馆，2010。

《邓小平文选》第3卷，人民出版社，1993。

〔美〕弗兰克·梯利：《伦理学导论》，何意译，广西师范大学出版社，2002。

傅静坤：《二十世纪契约法》，法律出版社，1997。

《关于培育和践行社会主义核心价值观的意见》，人民出版社，2013年。

《〈关于若干历史问题的决议〉和〈关于建国以来党的若干历史问题的决
　　议〉》，中共党史出版社，2010。

郭玉锦、王欢：《网络公共领域建构研究》，北京邮电大学出版社，2015。

〔美〕哈耶克：《科学的反革命》，冯克利译，译林出版社，2003。

（汉）许慎：《说文解字注》（下卷），段玉裁注，凤凰出版社，2015。

胡锦涛：《高举中国特色社会主义伟大旗帜为夺取全面建设小康社会新胜利
　　而奋斗——在中国共产党第十七次全国代表大会上的报告》，人民出版
　　社，2007。

胡锦涛：《坚定不移沿着中国特色社会主义道路前进为全面建成小康社会而
　　奋斗——在中国共产党十八次全国代表大大会上的报告》，人民出版
　　社，2012。

江泽民：《全面建设小康社会开创中国特色社会主义事业新局面——在中国
　　共产党第十六次全国代表大会上的报告》，人民出版社，2002。

李实、罗楚亮：《中国收入差距的实证分析》，社会科学文献出版社，2014，

李泽厚：《李泽厚十年集》第1卷，安徽文艺出版社，1994。

〔德〕马克思：《1844年经济学哲学手稿》，人民出版社，2018。

〔澳〕迈克尔·A. 豪格、〔英〕多米尼克·阿布阿姆斯：《社会认同过程》，
　　高明华译，中国人民大学出版社，2011。

人民日报社经济社会部：《深入学习贯彻中央经济工作会议精神》，人民出
　　版社，2017。

任仲文编《学习贯彻习近平总书记8·19重要讲话精神人民日报重要言论
　　汇编》，人民日报出版社，2013。

（宋）朱熹撰：《孟子集注》，中国社会科学出版社，2013。

王南湜：《社会哲学——现代实践哲学视野中的社会生活》，云南人民出版社，2002。

〔西班牙〕曼纽尔·卡斯特：《网络社会的崛起》，夏铸九、王志弘等译，社会科学文献出版社，2001。

习近平：《在庆祝改革开放 40 周年大会上的讲话》，人民出版社，2018。

《习近平总书记系列重要讲话读本（2016 年版）》，学习出版社、人民出版社，2016。

徐光春主编《马克思主义大辞典》，长江出版传媒崇文书局，2018。

杨通林：《哈奇森》，陕西师范大学出版总社，2017。

〔英〕约翰·汤普森：《意识形态与现代文化》，高括等译，译林出版社，2012。

昝玉林：《网络群体研究》，人民出版社，2014。

张首吉、杨源新、孙志武等《党的十一届三中全会以来新名词术语辞典》，济南出版社，1992。

《中共中央关于加强党的政治建设的意见》，人民出版社，2019。

《中共中央关于深化文化体制改革　推动社会主义文化大发展大繁荣若干重大问题的决定》，人民出版社，2011。

中共中央文献研究室编《邓小平年谱》（下卷），中共中央文献出版社，2004。

中共中央文献研究室编《十三大以来重要文献选编》（上），人民出版社，1991。

中共中央文献研究室编《十四大以来重要文献选编》（上），人民出版社，1996。

中共中央文献研究室编《十五大以来重要文献选编》（上），人民出版社，1996。

《中国共产党纪律处分条例》，中国方正出版社，2018，第 22 页。

后 记

书稿能够付梓，要感谢中共福建省委党校福建行政学院马克思主义理论省级重点学科的资助，也要感谢学科带头人林默彪教授的大力推荐。诚挚感谢科学社会主义与政治学教研部领导和同事们对我的鼓励、支持和帮助，还要感谢我的家人对我的全力支持。

郭彩霞

2020 年 8 月

图书在版编目（CIP）数据

新媒体公共领域对社会主义核心价值观的认同／郭
彩霞著． —— 北京：社会科学文献出版社，2021.12
ISBN 978 - 7 - 5201 - 8972 - 9

Ⅰ.①新…　Ⅱ.①郭…　Ⅲ.①社会主义核心价值观 –
研究 – 中国　Ⅳ.①D616

中国版本图书馆 CIP 数据核字（2021）第 178970 号

新媒体公共领域对社会主义核心价值观的认同

著　　者／郭彩霞

出 版 人／王利民
责任编辑／崔晓璇
责任印制／王京美

出　　版／社会科学文献出版社·政法传媒分社（010）59367156
　　　　　　地址：北京市北三环中路甲 29 号院华龙大厦　邮编：100029
　　　　　　网址：www. ssap. com. cn
发　　行／市场营销中心（010）59367081　59367083
印　　装／三河市东方印刷有限公司

规　　格／开　本：787mm × 1092mm　1/16
　　　　　　印　张：17.75　字　数：292 千字
版　　次／2021 年 12 月第 1 版　2021 年 12 月第 1 次印刷
书　　号／ISBN 978 - 7 - 5201 - 8972 - 9
定　　价／98.00 元

本书如有印装质量问题，请与读者服务中心（010 – 59367028）联系